Der Freiberufler in der Insolvenz

Europäische Hochschulschriften
Publications Universitaires Européennes
European University Studies

**Reihe II**
**Rechtswissenschaft**

Série II Series II
Droit
Law

**Bd./Vol. 4248**

PETER LANG
Frankfurt am Main · Berlin · Bern · Bruxelles · New York · Oxford · Wien

Wolf Harlfinger

# Der Freiberufler in der Insolvenz

PETER LANG
Europäischer Verlag der Wissenschaften

**Bibliografische Information Der Deutschen Bibliothek**
Die Deutsche Bibliothek verzeichnet diese Publikation in der Deutschen Nationalbibliografie; detaillierte bibliografische Daten sind im Internet über <http://dnb.ddb.de> abrufbar.

Zugl.: Kiel, Univ., Diss., 2004

D 8
ISSN 0531-7312
ISBN 3-631-54394-8



www.peterlang.de

## Inhaltsverzeichnis

# A. Einleitung

## I. Ein typischer Fall

Ein 35-jähriger Kiefer- und Gesichtschirurg eröffnet Mitte der achtziger Jahre nach Abschluss eines Zahnmedizin- und eines Medizinstudiums eine eigene Praxis in einer deutschen Großstadt. Bald hat er einen ansehnlichen Stamm an Patienten, bekommt zahlreiche Patienten für Operationen überwiesen und genießt einen über die Grenzen seiner Stadt reichenden guten Ruf. Das wirtschaftliche Umfeld für Kiefer- und Gesichtschirurgen ist insgesamt gut, so dass notwendige Anfangsinvestitionen, vor allem der Kauf einer Praxisimmobilie und Anschaffung von Behandlungs- und OP-Einheiten, planmäßig abgezahlt werden können. In den ersten 15 Jahren seiner Tätigkeit hat er durchschnittlich einen Verdienst vor Steuern von 650.000 DM pro Jahr. Mitte der neunziger Jahre rät ihm ein neu mandatierter Steuerberater zu einem steuergünstigen Kauf von Immobilien in Ostdeutschland mit einem Investitionsvolumen von 3 Mio. DM. Die Finanzierung basierte auf der Annahme konstanter Gewinne. Etwa in den gleichen Zeitraum fiel der Kauf eines Privathauses mit einer Wohnfläche von 600 qm.
Aufgrund der Gesundheitsreform gehen die Erträge bis Anfang 2001 auf 300.000 DM bis 350.000 DM pro Jahr zurück. Ende 2001 stellt die Finanzverwaltung wegen rückständiger Steuern im Umfang von knapp 250.000 € einen Insolvenzantrag. Zu diesem Zeitpunkt ist der Kiefer- und Gesichtschirurg 49 Jahre alt, die offenen Forderungen belaufen sich insgesamt auf 1,5 Mio. €. Hauptgläubiger mit Gesamtforderungen von knapp 1 Mio. € ist die Hausbank des Arztes. Sie zieht eine sanierende Übertragung der Praxis in Betracht. Der Arzt möchte seine Praxis gerne fortführen und hofft, sich auf diese Weise so rechtzeitig von seinen Schulden befreien zu können, dass er noch einen Vermögensstamm aufbauen kann, der ihm einen sorgenfreien Eintritt in den Ruhestand ermöglicht.[1]

## II. Die Ausgangssituation in der Freiberuflerinsolvenz

Dies ist eine typische Ausgangslage für eine der 144 Freiberuflerinsolvenzen aus dem Arzt- und Zahnarztbereich aus dem Jahr 2002 (2003: 195).[2] Nicht wesentlich anders stellen sich die Eckdaten bei den Freiberuflerinsolvenzen in anderen Berufsfeldern dar.

Kennzeichnend für viele Freiberuflerinsolvenzen ist die Tatsache, dass die wirtschaftliche Schieflage zum Zeitpunkt der Einleitung des Verfahrens schon über einige Jahre hinweg bestand. Dies bedingt, dass zum Zeitpunkt der Verfahrenseröffnung kaum freie Masse vorhanden ist. Viele Freiberuflerinsolvenzen, die früher mangels Masse abgewiesen wurden, werden heute nur mit Hilfe der Kostenstundung nach §4a ff InsO er-

---

[1] Fall nach AG Lübeck, 53b IN 85/02.

[2] Daten vom Statistischen Bundesamt, Tabelle: 3.1 Unternehmensinsolvenzen nach Wirtschaftsbereichen, Jahre 2001, 2002, 2003.

öffnet und sind praktisch masselos. Dabei arbeitet die Praxis selber in vielen Fällen trotz erheblicher Umsatzeinbußen nach wie vor operativ erfolgreich. Ursache für die finanzielle Schieflage ist dann neben einem zu aufwendigen privaten Lebensstil die Verschuldung durch Investitionen in Immobilien oder andere Steuersparmethoden.
Prägend für die Freiberuflerinsolvenz ist weiterhin, dass die Gesamtzahl der Gläubiger gering ist. Hauptgläubiger sind neben einer bzw. mehreren kreditgebenden Banken die Finanzämter. In der Regel steht mindestens eine Immobilie im Eigentum des insolventen Freiberuflers, die wertausschöpfend mit Grundpfandrechten zugunsten der Kreditgeber belastet ist. Darüber hinaus sind die Banken für gewährte Kredite durch Gehaltsabtretungen gesichert. Den Banken ist die wirtschaftliche Schieflage bzw. die Zahlungsunfähigkeit als kreditgebendes und kontoführendes Institut in den weitaus meisten Fällen bekannt, sog. verdeckte Insolvenz.[3]
Seitens der Banken besteht aufgrund der ihnen eingeräumten Sicherheiten kein Interesse an der Stellung eines Insolvenzantrags: Denn auch wenn die Kredite über Jahre hinweg nicht in der vereinbarten Form getilgt werden, so stehen sie doch besser als andere Kleingläubiger des Freiberuflers und v.a. besser als sie nach Eröffnung eines Insolvenzverfahrens mit einer aller Voraussicht nach geringen Quote und dem Verlust ihrer das Geschehen diktierenden Position stünden.

Schlagwortartig seien nochmals die folgenden, die Freiberuflerinsolvenz kennzeichnenden, Faktoren aufgezeigt, die bei den weiteren Untersuchungen im Auge behalten werden müssen:

- Das Verfahren ist praktisch masselos.
- Im Eigentum des Freiberuflers stehende Immobilien sind wertausschöpfend mit Grundpfandrechten belastet.
- Die Gläubigerzahl ist gering; Hauptgläubiger sind gesicherte Banken als Kreditgeber, denen die wirtschaftliche Schieflage über Jahre hinweg bewusst war.
- Die freiberufliche Praxis als solche arbeitet operativ gewinnbringend.

Vor diesem Hintergrund drängen sich eine Reihe von Fragen auf: Welche Perspektive hat ein Freiberufler wie der eingangs erwähnte Kiefer- und Gesichtschirurg? Hat er die Möglichkeit, sich seine Praxis als Existenzgrundlage unter den genannten Voraussetzungen nach Abzahlung seiner Schulden zu erhalten? Wie gelangen seine Gläubiger auf der anderen Seite zu einer bestmöglichen Befriedigung?

## III. Gang der Untersuchung

Die Beantwortung der zuvor aufgeworfenen Fragen gliedert sich grob in zwei gedankliche Schritte: In einem ersten werden die besonderen Voraussetzungen und Probleme der Freiberuflerinsolvenz dargestellt und erörtert; daran schließt sich die Darstellung der Sanierungsmöglichkeiten unter Berücksichtigung der gefundenen Lösungen an.

---

[3] siehe dazu: *Hertling* in INDat-Report 8/2003, S.6.

Zu Beginn der Arbeit wird die neue Zielsetzung der Insolvenzordnung gegenüber der Konkursordnung aufgezeigt und hinterfragt, inwieweit sich hieraus Konsequenzen und Chancen für die Freiberuflerinsolvenz ergeben. Die Beantwortung dieser Frage steht im Mittelpunkt der vorliegenden Arbeit.
Nach einer Auseinandersetzung mit dem Begriff des „Freien Berufs" werden den rechtlichen Fragen Daten und Statistiken zur wirtschaftlichen Lage der Freiberufler und zur Insolvenzenzahl vorangestellt und ausgewertet. In einem nächsten Abschnitt werden Ursachen und Erklärungen für die sich in den Daten abzeichnende Entwicklung erörtert.

Den einzelnen Problemen der Freiberuflerinsolvenz ist eine Übersicht über Voraussetzungen und Chancen einer außergerichtlichen Sanierung der freiberuflichen Praxis vorweg gestellt.
Bei den insolvenzrechtlichen Fragen werden zunächst zwei verfahrensrechtliche Punkte untersucht: Einerseits wird klargestellt, ob der Freiberufler unter die Vorschriften des Regel- oder des Verbraucherinsolvenzverfahrens fällt, andererseits inwieweit ein Eigenantrag auf Eröffnung des Insolvenzverfahrens zur Erlangung der Restschuldbefreiung erforderlich ist.

Anschließend wird sich mit den Problemfeldern auseinandergesetzt, die sich nach Eröffnung des Verfahrens spezifisch in der Freiberuflerinsolvenz ergeben. Eingehend wird untersucht, wie weit der Insolvenzbeschlag im Fall der freiberuflichen Praxis hinsichtlich der Material- und der Immaterialgüter reicht.
Daraufhin wird sich der Frage gewidmet, welche Auswirkungen die finanzielle Schieflage des Freiberuflers auf dessen berufsrechtliche Zulassung hat, und unter welchen Voraussetzungen ein Zulassungsentzug vermieden werden kann.
In den folgenden Abschnitten wird erörtert, ob die Ansprüche eines Arztes oder Zahnarztes gegen die Kassenärztliche bzw. Kassenzahnärztliche Vereinigung als Bezüge aus einem Dienstverhältnis i.S.d. §114 InsO zu qualifizieren sind. Schließlich wird geklärt, nach welchen Vorschriften sich Vergütung und Unterhalt des Freiberuflers in der Insolvenz bestimmen und inwieweit dieser durch Fortsetzung seiner selbständigen Tätigkeit Masseverbindlichkeiten begründen kann.

In einem nächsten Schritt wird dargestellt, welche Konsequenzen und Möglichkeiten sich aus den zuvor gefundenen Lösungen für die Verfahrensgestaltung ergeben. Besondere Aufmerksamkeit wird der Frage geschenkt, ob die Eigenverwaltung und der Insolvenzplan oder die Verbindung beider Institute geeignete Wege der Sanierung der freiberuflichen Praxis darstellen. Hierzu werden zuerst die Ziele, die der Gesetzgeber mit Einführung der beiden Sanierungsinstrumente verfolgte, sowie deren Umsetzung dargestellt. In einem nächsten Abschnitt wird die Literatur und bisherige Rechtsprechung zu Insolvenzplan und Eigenverwaltung ausgewertet.
Es wird herausgearbeitet, dass beide Institute in der Praxis der Freiberuflerinsolvenz trotz vehementer Plädoyers für deren Anwendung keine Rolle spielen. Abschließend wird untersucht, worin die Ursachen für diese Diskrepanz zwischen Theorie und Praxis liegen, und inwieweit die mangelnde Akzeptanz in der Verwaltungspraxis berechtigt ist.

## IV. Ziel der Arbeit

Seit Anfang der achtziger Jahre hat sich international die Überzeugung durchgesetzt, dass Insolvenzverfahren mit dem Ziel der Erhaltung von Unternehmen gleichberechtigt neben das Liquidationsverfahren treten müssen.[4] So entfernt sich die am 01.01.1999 in Kraft getretene Insolvenzordnung von ihren vollstreckungsrechtlichen Wurzeln und verleiht dieser neuen Überzeugung Ausdruck. Neben dem primären Zweck, den Gläubigern möglichst umfassend Befriedigung zu gewähren, zielt sie auf eine Sanierung des Schuldners, §1 InsO.
Überdies soll im Falle der Insolvenz einer natürlichen Person dieser die Möglichkeit eingeräumt werden, sich unter bestimmten Voraussetzungen nach einem festen Zeitraum von ihren Schulden zu befreien.[5]

Für den Freiberufler, wie dem vorgestellten Kiefer- und Gesichtschirurgen, der einerseits als natürliche Personen im Rechtsverkehr auftritt, andererseits die berufliche Tätigkeit aber unternehmerisches Tätigwerden in erheblichem Umfang erfordert, hält die Insolvenzordnung keine besonderen Verfahrensmöglichkeiten bereit.
Die hieraus resultierende Unsicherheit im Umgang mit der Freiberuflerinsolvenz hat zu kontroversen Diskussionen darüber geführt, auf welche Normen der Insolvenzordnung zurückgegriffen werden kann, welche Rechte daraus für den Insolvenzverwalter resultieren, welche Pflichten der freiberufliche Schuldner in der Insolvenz hat und auf welche Weise eine Sanierung Erfolg haben kann.[6]

Ziel der vorliegenden Arbeit ist die Erfassung und Erörterung der Probleme, die in finanzieller Krise und Insolvenz eines Freiberuflers auftreten. Im Mittelpunkt der Betrachtung stehen weniger Liquidation und Sanierung durch Übertragung, als vielmehr die Möglichkeiten der Sanierung unter Fortführung durch den bisherigen Berufsträger. Besonderes Augenmerk wird gerichtet auf die Möglichkeiten, die die neuen Institute des Insolvenzplans und der Eigenverwaltung für den Freiberufler in der Insolvenz bieten.[7]

## V. Begriff des Freiberuflers

Den insolvenzrechtlichen Problemen vorangestellt wird die Frage, was unter dem Begriff der freien Berufe zu verstehen ist. Eine gesetzliche Definition des Begriffs „Freier Beruf" existiert nicht. Der Gesetzgeber hat es stets vermieden, eine Legaldefinition mit

---

[4] siehe z.B. *Flessner* in ZIP 1981, S.113, 118; *Uhlenbruck* in KTS 1981, S.513, 520.

[5] s. ausführlich zu den Verfahrenszielen der InsO: *Uhlenbruck* in Uhlenbruck, InsO, 12.Aufl., §1, Rz.5 ff.; *Smid* in Smid, InsO, 2.Aufl., §1, Rz.15 ff.

[6] mit dem Problem des Selbständigen/Freiberuflers in der Insolvenz haben sich jüngst beschäftigt: *Hess/Röpke* in NZI 2003, S.233; *Uhlenbruck* in FS Henckel, 1995, *ders.* in ZVI 2002, S.49; S.877; *Vallender* in FS Metzeler, S.21; *Schick* in NJW 1990, S.2359 ff.; *Voigt/Gerke* in ZInsO 2002, S.1054; *Graf/Wunsch* in ZIP 2001, S.1029.

[7] s. ausführlich zur Eigenverwaltung: *Huhn,* Die Eigenverwaltung im Insolvenzverfahren, Diss., *Koch,* Die Eigenverwaltung nach der Insolvenzordnung, Diss.; ausführlich zum Insolvenzplan s.: *Smid/Rattunde,* Der Insolvenzplan, *Herzig,* Das Insolvenzplanverfahren, Diss.

einer einheitlichen und abschließenden Begriffsbestimmung aufzustellen. *Th. Heuss* hat bereits 1906 festgestellt, dass der „geläufige Begriff des Freien Berufes (...) nur eine überlieferte Sprachgewöhnung (ist), mit der man in concreto nicht viel anfangen kann.“[8] Man hat deshalb die Freien Berufe teilweise als den „großen Topf“ bezeichnet, in dem man alles unterzubringen versucht, was in die bekannten übrigen Gruppen von Berufstätigen nicht hineinpasst.[9] Das Bundesverfassungsgericht (BVerfG) schiebt die Beantwortung der Frage, was ein freier Beruf ist, auf die Soziologie und andere Wissenschaften ab. Es handele sich bei einem freien Beruf nicht um einen mit spezifischen Verfassungswirkungen verknüpften Rechtsbegriff, sondern um eine soziologische Wortschöpfung.[10]
Etwas weiter hervorgewagt hat sich das Bundesverwaltungsgericht (BVerwG) im Jahr 1977: Es versteht unter einer freiberuflichen Tätigkeit eine „freie, wissenschaftliche, künstlerische und schriftstellerische Tätigkeit höherer Art, sowie persönliche Dienstleistungen höherer Art, die eine höhere Bildung erfordern.“[11]
*Friauf* weist in seiner Kommentierung zur Gewerbeordnung darauf hin, dass von einem Freiberufler erwartet werde, dass er nicht ausschließlich des Gewinnstrebens wegen arbeitet.[12]

Das Partnerschaftsgesellschaftsgesetz (PartGG) in seiner Fassung vom 01.08.1998 bekennt sich zumindest zu einer Typologie des freien Berufes, wenn auch die Umschreibung sehr allgemein gehalten ist. §1 II S.1 PartGG lautet: „Die Freien Berufe haben im allgemeinen auf der Grundlage besonderer beruflicher Qualifikation oder schöpferischer Begabung die persönliche, eigenverantwortliche und fachlich unabhängige Erbringung von Dienstleistungen höherer Art im Interesse der Auftraggeber und Allgemeinheit zum Inhalt.“
Auch diese Umschreibung lässt keine abschließende Aufzählung der freien Berufe zu. Diese Offenheit dient dem Zweck der Vorschrift, freie Berufe weiterzuentwickeln bzw. neue zu schaffen.
Orientierung gibt zuletzt auch §18 I Einkommenssteuergesetz (EStG), der eine umfassende Aufzählung der freien Berufe bietet, die vom Arzt über den Heilpraktiker bis hin zum Bildberichterstatter reicht. Obwohl immerhin 24 Berufsgruppen genannt werden, ist auch §18 EStG ausweislich seines Wortlautes nicht abschließend. Geltung hat immer noch die Feststellung *Schicks* aus dem Jahr 1973, der freie Beruf biete ein vielfältig schillerndes, nicht nur in Randzonen verschwommenes Bild.[13]

---

[8] *Heuss* in FS Brentano, S.237; zitiert von *Sodan* in Freie Berufe als Leistungserbringer im Recht der gesetzlichen Krankenversicherung, S.13.

[9] *Bräuer* in „Die Frage der Heranziehung der Ärzte zur Gewerbesteuer“, S. 53, 54.

[10] so in BVerfGE 10, S.354, 365 sowie BVerfGE 11, S.117; zustimmend: *Kahl* in Landmann/Rohmer, GewO, Einl., Rz.65.

[11] so BVerwG, Urt. v. 24.06.1977 – I C 56/74 = NJW 1977, S.772 (Campingplatzfall).

[12] *Friauf*, GewO, §1, Rz.94 ff.; kritisch: *Kahl* in Landmann/Rohmer, GewO, Stand 5/2003, Einl., Rz.65.

[13] *Schick* in Die freien Berufe im Steuerrecht, S.1.

Ein anderer Ansatz ist der, in der Öffentlichkeit zu fragen, was unter dem Begriff des freien Berufs verstanden wird. Typische Vertreter der freien Berufe sind danach vor allem Ärzte und Rechtsanwälte. Bei einer im Jahr 1985 durchgeführten Umfrage wurden Ärzte von 57% und Rechtsanwälte von 38% als typische Vertreter genannt.[14] *Quaas* bezeichnet diese Berufe als die „substantielle Mitte“ der freien Berufe.[15] Mit dieser Einschätzung lagen die Befragten nahe der tatsächlichen Lage: Von den insgesamt 783.000 Selbständigen in den freien Berufen im Jahr 2003 waren die Ärzte und Zahnärzte mit 178.000 Berufstätigen (23%) die größte Gruppe, gefolgt von den Rechtsanwälten mit insgesamt 83.500 Berufstätigen (11%).[16]

Diese beiden Berufsgruppen stehen daher im Mittelpunkt der folgenden Betrachtungen. Dies rechtfertigt sich nicht nur dadurch, dass sie die „substantielle Mitte“ der freien Berufe darstellen, sondern auch durch folgende weitere Überlegungen: Einerseits stellen diese beiden Gruppen die weitaus meisten Freiberufler. Dies betrifft nicht nur deren absolute Zahl, sondern v.a. die Anzahl der Freiberufler in der Insolvenz (dazu siehe sogleich). Einen weiteren Aspekt halte ich jedoch für wesentlicher: Die freien Berufe stehen nach wie vor, wie bereits angedeutet, unter dem Postulat, nicht rein gewinnorientiert zu handeln. Anhand der Berufe des Arztes und des Rechtsanwaltes lässt sich das gewandelte Berufsbild der freien Berufe am deutlichsten zeigen. Der einzelne Berufsträger arbeitet inzwischen weitgehend auch als Unternehmer, Kanzlei und Arztpraxis sind zunehmend kommerzialisiert worden. Dieser Befund ist, wie noch zu zeigen sein wird, insbesondere für einige insolvenzrechtliche Fragestellungen von essentieller Bedeutung.

Die wesentlichen in dieser Arbeit dargestellten Problemfelder und vorgeschlagenen Lösungen werden sich also an diesen beiden Professionen orientieren. Soweit sich interessante Abweichungen oder weitere Fragestellungen für andere Berufsgruppen ergeben, wird dies an geeigneter Stelle aufgezeigt. Insbesondere hinsichtlich der Berufsgruppe der Apotheker werden einige Besonderheiten untersucht. Diese ergeben sich daraus, dass der Apotheker an der Schnittstelle zwischen den Heilberufen und dem Handel steht.[17]

---

[14] Quelle: Artikel von *Quaas* in MedR 2001, S.34.

[15] *Quaas* in MedR 2001, S.34, 35.

[16] Quelle: Institut der freien Berufe der Universität Erlangen, www.ifb.uni-erlangen.de/statistik/statistik1_zehlstruk.htm. Umstritten ist, inwieweit der Notar zu den Freiberuflern zu zählen ist. Die Frage spielt für die vorliegende Arbeit keine Rolle und bleibt daher offen. Siehe zum Meinungsstand: *Frentz* in Eylmann/Vaasen, BNotO, §2, Rz.10; *Schippel* in Seybold/Schippel, BNotO, §1, Rz.14.

[17] zum Meinungsstand siehe *Kahl* in Landmann/Rohmer, GewO, Stand 5/2003, Einl. Rz.68.

## B. Zahlen und Ursachen

### I. Statistiken

Dass der eingangs geschilderte Fall des insolventen Kiefer- und Gesichtschirurgen kein Einzelfall ist, verdeutlicht ein Blick auf die Insolvenzstatistiken der letzten drei Jahre.

**Übersicht: Entwicklung der Insolvenzen Selbständiger in freien Berufen**

| | Jahr 2001 | Jahr 2002 | Veränderung ggü. Vorjahr | Jahr 2003 | Veränderung ggü. Vorjahr |
|---|---|---|---|---|---|
| Rechtsanwalt | 29 | 36 | +24,1% | 41 | +13,9% |
| Wirtschaftsprüfer | 2 | 7 | +250% | 13 | +85,7% |
| Steuerberater | 47 | 54 | +14,9% | 43 | -21,3% |
| Architekturbüros | 200 | 237 | +18,5% | 265 | +11,8% |
| Ingenieurbüros | 479 | 587 | +22,6% | 644 | +9,7% |
| Facharztpraxen | 34 | 32 | -5,9% | 51 | +59,4% |
| Allg. med. Praxen | 38 | 40 | +5,3% | 60 | +50% |
| Zahnarztpraxen | 50 | 72 | +44% | 84 | +16,7% |
| Massage/Krankengymnastik | 30 | 45 | +50% | 50 | +11,1% |
| Apotheken | 11 | 18 | +63,9% | 21 | 16,7% |
| Tierarztpraxen | 5 | 5 | - | 11 | +120% |

Prägnant ist die Steigerung vor allem bei der Zahl der Insolvenzen der freiberuflich tätigen Mediziner. Die Zahl der insolventen Allgemeinärzte stieg allein 2003 gegenüber 2002 um 50%, die der Fachärzte um fast 60%. Die Zahl der Zahnärzteinsolvenzen nahm im Zweijahreszeitraum von 2001 bis 2003 um fast 70% zu.
Die Zahl der insolventen Rechtsanwälte stieg in den Jahren 2001 bis 2003 um über 40%.
Im Vergleich dazu nahm die Zahl der Insolvenzen von Einzel- und Kleinunternehmen sowie der freien Berufe 2003 gegenüber 2002 im Durchschnitt lediglich um etwa 11% auf etwa 15.000 zu.[18]

Dabei ist auch zu berücksichtigen, dass sich die Zahl der Selbständigen in den freien Berufen im hier erfassten Zeitraum (2001 – 2003) von ca. 739.000 auf ca. 783.000 erhöht hat (+ 6%).[19]

Wie aussagekräftig solche Statistiken hinsichtlich der wirtschaftlichen Situation von Freiberuflern tatsächlich sind, ist indes fraglich. Gerade bei Ärzten dürfte die Zahl derer, die in der „versteckten" Insolvenz arbeiten, sehr hoch sein. So hat der Vorsitzende

---

[18] so *Hahlen* auf der Pressekonferenz des Statistischen Bundesamtes „Insolvenzen in Deutschland 2003" – Strukturen und Entwicklung – am 18.03.2004.

[19] Quelle: Institut der freien Berufe der Universität Erlangen, www.ifb.uni-erlangen.de/statistik/selbst-fb78-03.htm.

der KV Niedersachsen Strahl bereits im Jahr 1997 gewarnt, dass etwa 45% der in seinem Bezirk niedergelassenen Ärzte unter Bankkuratel stünden. Die KV Thüringen hat festgestellt, dass 1994 30% der niedergelassenen Ärzte ihre Honorarforderungen an Banken abgetreten hatten, 1997 waren es bereits 55%.[20] Bei Zahnärzten stellt sich die wirtschaftliche Situation nicht besser dar. Auch hier arbeiten viele in der Grauzone der verdeckten Insolvenz, die entweder durch Einkommen des gut verdienenden Ehegatten subventioniert werden oder ebenfalls unter Bankenaufsicht stehen.[21]
Die tatsächliche wirtschaftliche Lage vieler Freiberufler dürfte also eher noch schlechter sein, als dies die veröffentlichten Insolvenzstatistiken vermuten lassen.

Es wird vermutet, dass der Zenit der Insolvenzenzahl bei Freiberuflern auch im Jahr 2003 noch nicht überschritten worden ist. So gab der Präsident des Statistischen Bundesamtes Hahlen im März 2004 bekannt, dass bei den freien Berufen von einem weiteren Anstieg der Insolvenzenzahl ausgegangen wird.[22]

## II. Ursachen

Die Gründe für die steigende Zahl von Insolvenzen in den genannten Berufsgruppen sind vielfältig. Ausschlaggebend sind abgesehen von dem schlechteren wirtschaftlichen Umfeld der letzten Jahre die veränderten rechtlichen Rahmenbedingungen der Insolvenzordnung als Nachfolgerin der Konkursordnung.

### 1. Rechtliche Faktoren

Bis zum 01.01.1999 stellte die Freiberuflerinsolvenz eine Ausnahme dar. Grund hierfür war neben den besseren wirtschaftlichen Bedingungen die Tatsache, dass die bis dahin geltende Konkursordnung kaum attraktive Verfahrenswege für die Sanierung einer natürlichen Person durch Insolvenz bereithielt.
So gab es für natürliche Personen nicht die Möglichkeit der Restschuldbefreiung nach sechsjähriger Wohlverhaltensphase, so dass die Eröffnung eines Konkursverfahrens je nach Verschuldung des Freiberuflers mit einer lebenslangen Schuldentilgung verbunden sein konnte. Der Gang in die Insolvenz bot daher für den Freiberufler keine erheblichen wirtschaftlichen Vorteile gegenüber dem jahrelangen Arbeiten unter Bankkuratel, war aber gleichzeitig mit einem Gesichtsverlust verbunden.
Auch den Sanierungsweg des Insolvenzplans gab es unter der Ägide der Konkursordnung nicht. Dem Insolvenzplanverfahren vergleichbar war allenfalls das vorkonkursliche Vergleichsverfahren nach der Vergleichsordnung, das jedoch eine Quote von mindestens 35% vorsah.

---

[20] Ärztezeitung vom 11.02.1997.

[21] siehe dazu: *Hertling* in INDat-Report 8/2003, S.6; ähnlich auch: *Niedernhöfer* in Handelsblatt vom 21.07.2004, S.14.

[22] Pressekonferenz des Statistischen Bundesamtes „Insolvenzen in Deutschland 2003“ – Strukturen und Entwicklung – am 18.03.2004 von Präsident Johann Hahlen.

Eine Vielzahl von Verfahren kam trotz Vorliegens von Zahlungsunfähigkeit mangels Masse nicht zur Eröffnung. Gegen Ende der Geltung der Konkursordnung wurden 75% aller Insolvenzen abgewiesen, nur 25% wurden eröffnet.[23] Die Möglichkeit einer Stundung der Verfahrenskosten, wie §4a InsO sie ermöglicht, sah die Konkursordnung nicht vor. Eine weitere Maßnahme zur Vermeidung massearmer Verfahren unter der Insolvenzordnung ist die Einführung der drohenden Zahlungsunfähigkeit als Insolvenzeröffnungsgrund. Nicht zuletzt wird die Masse dadurch angereichert, dass §35 InsO den Neuerwerb des Schuldners zur Masse zieht. Flankiert wird §35 InsO von §114 InsO, der vorsieht, dass Lohnpfändungen mit Verfahrenseröffnung unwirksam werden und Lohnabtretungen nach zwei Jahren ihre Wirksamkeit verlieren.
Bei Kapitalgesellschaften hat sich dadurch die Eröffnungsquote in den ersten drei Jahren der Geltung der Insolvenzordnung von 36% auf 50% verbessert, bei den Verbraucherinsolvenzen gibt es praktisch keine Abweisung mangels Masse mehr.[24]

Die besseren verfahrensrechtlichen Voraussetzungen, die die Insolvenzordnung bietet, ist damit ein Grund für die seit einigen Jahren stetig steigende Zahl von Freiberuflern in der Insolvenz.

## 2. Wirtschaftliche Faktoren

Der andere Grund ist darin zu sehen, dass sich die wirtschaftliche Situation für viele Freiberufler seit Mitte der neunziger Jahre erheblich verschlechtert hat. Hinsichtlich der Ursachen einer finanziellen Schieflage bei Freiberuflern muss unterschieden werden zwischen internen und externen Ursachen. Als intern werden solche Ursachen bezeichnet, die unmittelbar mit dem von dem Freiberufler betriebenen Geschäft zusammenhängen, extern sind diejenigen Ursachen, die im außerbetrieblichen bzw. im privaten Bereich liegen.

### a) Interne Ursachen

Im internen Bereich ist die wirtschaftliche Schieflage v.a. auf Fehlentscheidungen bei der Gründung der freiberuflichen Praxis zurückzuführen. Probleme bereiten zu hohe Büro- oder Praxismieten, zu hohe Anfangsinvestitionen bei gleichzeitig ungünstigen Kreditbedingungen und eine zu hohe Personalstärke sowie die falsche Standortwahl.
Als weitere Ursachen für finanzielle Probleme sind rückgehende Umsätze wegen der allgemein schlechten Wirtschaftslage und eine zu hohe Dichte an Berufsträgern zu nennen. Bei den Arztberufen kommt die durch die Gesundheitsreform eingeführte Budgetierung hinzu, die zu einem Umsatzeinbruch bei gleichzeitig steigenden Kosten geführt hat. Schon für den Zeitraum von 1995 bis 1997 ergibt sich beispielsweise für Urologen ein Einkommensrückgang von 7,8%, für Hautärzte von 6%, für Augenärzte

---

[23] Pressekonferenz des Statistischen Bundesamtes „Insolvenzen in Deutschland 2003" – Strukturen und Entwicklung – am 18.03.2004 von Präsident Johann Hahlen.

[24] Pressekonferenz des Statistischen Bundesamtes „Insolvenzen in Deutschland 2003" – Strukturen und Entwicklung – am 18.03.2004 von Präsident Johann Hahlen.

von 5,6% und für HNO-Ärzte von 5,5% pro Jahr.[25] Inzwischen bestätigen aktuellere Zahlen, dass freiberuflich tätige Ärzte seit Einführung der Budgetierung Einkommensrückgänge von bis zu 60% zu verzeichnen hatten.[26]

Aufschlussreich ist in diesem Zusammenhang eine Studie der Kassenärztlichen Vereinigung Westfalen-Lippe (KVWL): Die KVWL hat die Daten einer schuldenfreien Allgemeinarztpraxis in ihrem Gebiet analysiert und für das Jahr 2003 hochgerechnet. Der Arzt rechnet 1.000 Fälle im Quartal ab. Sein Umsatz geht vor allem bedingt durch die stetig steigende Arztzahl um 1,2% auf 207.000 € zurück, im Gegensatz dazu steigen die Sach- und Personalkosten im gleichen Zeitraum um knapp 2%.
Dies wirkt sich folgendermaßen auf seinen Gewinn nach Steuern und Altersvorsorge aus: Dem Arzt verbleiben netto monatlich 2.638 € im Jahr 2003 statt 2.911 € im Jahr 2002, was einem Einbruch von über 10% in nur einem Jahr entspricht.[27]

Die wirtschaftliche Situation der in einer Einzelkanzlei tätigen Rechtsanwälte hat sich in den letzten Jahren ebenfalls erheblich verschlechtert. So ist der persönliche Jahresumsatz von Vollzeit-Rechtsanwälten in Einzelkanzleien in Westdeutschland zwischen 1995 und 2001 stetig von 289.000DM auf 205.000DM gefallen (-29%). Noch deutlicher fällt der Rückgang beim persönlichen Jahresüberschuss ins Gewicht, der im gleichen Zeitraum von 123.000DM auf 80.000DM gefallen ist (- 35%).
Bei diesen Zahlen handelt es sich um Durchschnittswerte. Weiter verschärft wird das Bild durch die hohe Zahl derjenigen, die sich am unteren Ende dieser Einkommensskala bewegen: So hatte fast die Hälfte der Rechtsanwälte in Mecklenburg-Vorpommern im Jahr 2001 ein zu versteuerndes Monatseinkommen von unter 2.000€, in Nordrhein-Westfalen waren es immerhin noch über 1/3 aller Anwälte.[28]

### b) Externe Ursachen

Wenn der Freiberufler trotz operativ erfolgreichen Geschäfts in die Krise gerät – dies ist wie eingangs erwähnt kein seltener Fall -, liegen die Ursachen außerhalb des betrieblichen Bereichs. Solche externen Ursachen können beispielsweise zu hohe Privatentnahmen für einen aufwendigen Lebensstil und die Scheidung im gesetzlichen Güterstand sein.
Die wohl häufigste Ursache bei über Jahren hinweg gut verdienenden und wohlhabenden Freiberuflern sind riskante Anlagemodelle.[29] Insbesondere die steuerliche Begünstigung von Investitionen in den neuen Bundesländern hat viele dazu verleitet, sich dort marode Wohn- und Geschäftshäuser zuzulegen, die nun seit Jahren leer stehen, keine

---

[25] Arzt und Abrechnung, Nr.1/2000, S.17, 18.

[26] Siehe z.B.: www.araratingen.de/ARA%20facharztde.pdf oder www.solidaritaet.com/neusol/2001/15/deutsch. htm; für Apotheker: www.apotheker.de/sixcms/detail.php.

[27] zu den Zahlen vgl. *Hertling* in INDat-Report =08/2003, S.6.

[28] Quelle: STAR-Analyse des Instituts für Freie Berufe, Nürnberg, Auswertung: *Schmucker* in BRAK-Mitt. 6/2003, S.254.

[29] so auch *Niedernhöfer* in Handelsblatt vom 21.07.2004, S.14.

Rendite abwerfen und fast unverkäuflich sind.[30] Die zur Finanzierung aufgenommenen Kredite erweisen sich unter solchen Voraussetzungen trotz nach wie vor guter Einkünfte als zu hohe Belastung.

Anders als die internen Ursachen indiziert das Vorliegen derartiger externer Ursachen nicht zwingend das berufliche Versagen des Schuldners. Trotz seines wirtschaftlichen Zusammenbruchs kann der freiberuflich tätige Schuldner wertvolle Kenntnisse, Erfahrungen und persönliche Kontakte in die Sanierung einbringen und eine solche unter Umständen erst möglich machen.[31] Dieser Befund spielt insbesondere im Zusammenhang mit der Frage eines drohenden Zulassungswiderrufs des Berufsträgers eine große Rolle, worauf noch im Detail einzugehen sein wird.
Es wird außerdem zu zeigen sein, dass eine optimale Gläubigerbefriedigung in vielen Fällen nur dann erreicht werden kann, wenn diese mit dem Schuldner persönlich verbundenen Potentiale nutzbar gemacht werden.[32]

---

[30] s. zu dieser Problematik: *Fiedler,* Vizepräsident der RAK Berlin auf www.rak-berlin.de/infomitglieder/Berufsrecht/Zulassung/Widerruf.htm.

[31] zum Zusammenhang zwischen Insolvenzursache und Sanierungsmöglichkeiten s. *Koch*, Eigenverwaltung, Diss., S.106 ff.

[32] ähnlich auch *Ries* in ZVI 2004, S.221, 222.

## C. Die außergerichtliche Sanierung

Bevor Probleme und Sanierungswege in der Insolvenz des Freiberuflers erörtert werden, wird ein kurzer Blick auf Wege und Möglichkeiten einer außergerichtlichen Sanierung geworfen.[33]

Eine außergerichtliche Sanierung, die das frühzeitige Erkennen der finanziellen Probleme und ein Ergreifen entsprechender Maßnahmen voraussetzt, stellt grundsätzlich das schonendste und effektivste Mittel zum Erhalt der Freiberuflerpraxis dar.
Eine außergerichtliche Sanierung hat zwei Vorteile: Einerseits werden die Sanierungschancen dadurch verbessert, dass erkannte Probleme frühzeitig bekämpft werden, was die Sanierungschancen deutlich verbessert, andererseits werden die Kosten, die ein Insolvenzverfahren mit sich bringt, reduziert.
Auch eine außergerichtliche Sanierung kann aber in der Regel nur durch kompetente rechtliche und betriebswirtschaftliche Unterstützung erreicht werden. Einer außergerichtlichen Sanierung hat nämlich wie einer Sanierung durch Insolvenz eine intensive Prüfung der Sanierungsbedürftigkeit und der Sanierungsfähigkeit der Praxis vorauszugehen. Die wesentlichen Schritte dieses Prüfungsverfahrens, die für die Sanierung in der Insolvenz in gleichem Maße von Bedeutung sind, werden im Folgenden kurz skizziert:

### I. Die Sanierungsprüfung

Am Anfang der außergerichtlichen Sanierung steht die Sanierungsprüfung. In einem ersten Schritt dieser Prüfung ist die Sanierungsbedürftigkeit der freiberuflichen Praxis festzustellen, in einem zweiten Schritt deren Sanierungsfähigkeit.

#### 1. Sanierungsbedürftigkeit

Eine Praxis ist sanierungsbedürftig, wenn sie sich in der Krise befindet, d.h., dass die Illiquidität droht und eine zunehmend negative Vermögensentwicklung festzustellen ist.[34] Erste Voraussetzung für eine Sanierungsbedürftigkeitsprüfung ist, dass die Krisensituation überhaupt erkannt wird.
Typische Symptome im finanzwirtschaftlichen Bereich ergeben sich aus einem abnehmenden Umsatz, einer abnehmenden Rentabilität, einer Erhöhung des Verschuldungsgrades, einem sinkenden cash-flow sowie einer abnehmenden Liquidität der Arztpraxis.[35]

---

[33] siehe ausführlich zu den Möglichkeiten einer außergerichtlichen Sanierung: *Keller*, Unternehmenssanierung, S.73 ff.; zu den Vor- und Nachteilen der außergerichtlichen Lösung s. *Uhlenbruck* in BB 2001, S.1641 ff.

[34] für das Unternehmen: *Schmidt* in Schmidt/Uhlenbruck, GmbH in Krise, Sanierung und Insolvenz, S.3, Rz.5.

[35] für das Unternehmen: *Picot/Aleth*, Unternehmenskrise und Insolvenz, S.87, Rz.245.

Im leistungswirtschaftlichen Bereich ergeben sich Krisensymptome aus Abnahme des Patienten-/Mandantenstammes, der Arbeitsunzufriedenheit der Mitarbeiter sowie aus der zunehmenden Belastung durch Fixkosten.[36] Eine nicht vorhandene Finanzbuchhaltung sowie der mangelnde Überblick des Berufsträgers über seine finanzielle Gesamtsituation sind eine häufige Begleiterscheinungen in der Krise einer freiberuflichen Praxis.

Die Feststellung des Sanierungsbedarfes setzt eine Aufnahme des Ist-Zustandes der Praxis voraus. Es müssen Daten zusammengestellt werden über die bisherige Entwicklung der Praxis, ihre rechtliche Verhältnisse, die leistungs- und finanzwirtschaftlichen Verhältnisse sowie die organisatorischen Grundlagen. Anhand dieser Daten wird die Praxis analysiert, Sachverhalte und Zusammenhänge werden aufgedeckt. Insbesondere dient die Aufnahme des Ist-Zustandes der Feststellung der Schwachstellen.
Nach der Feststellung der Schwachstellen der Praxis muss erörtert werden, wie diese beseitigt werden können. Ergibt die vorgenommene Analyse, dass die Existenz der Praxis bei Nichteinleitung von Sanierungsmaßnahmen gefährdet ist, ist die Sanierungsbedürftigkeit zu bejahen.[37]

## 2. Sanierungsfähigkeit

Stellt der Freiberufler den Sanierungsbedarf seiner Praxis fest, so schließt sich eine Sanierungsfähigkeitsprüfung an. Diese läuft letztendlich auf eine Unternehmensbewertung hinaus.[38] Stellt sich heraus, dass der Fortführungswert einer Praxis geringer ist als deren Liquidationswert, so ist eine Fortführung der Praxis bzw. eine Sanierung aus betriebswirtschaftlicher Sicht nicht sinnvoll.
Ergibt sich jedoch aus einer Gegenüberstellung von Fortführungswert - als Barwert der in Zukunft erzielbaren Jahresergebnisse - und Liquidationswert, dass ersterer größer ist, so ist die Praxis sanierungsfähig. Dabei ergibt sich der Liquidationswert aus der Summe der Vermögenspositionen unter Abzug der Liquidationskosten. Dagegen errechnet sich der Fortführungswert für die notleidende Praxis aus dem Unternehmenserfolg und dem Kapitalisierungszinsfuß, der wiederum von den Erwartungen der Sanierungsinteressenten und den Risikozuschlägen abhängt.[39]
Es geht im Ergebnis also um die Frage, ob die freiberufliche Praxis nach erfolgter Sanierung in der Lage ist, einen Jahresüberschuss zu erwirtschaften, der abgezinst die erforderlichen Sanierungskosten deckt.[40]

---

[36] für das Unternehmen: *Picot/Aleth*, Unternehmenskrise und Insolvenz, S.87, Rz.246.

[37] für das Unternehmen: *Picot/Aleth*, Unternehmenskrise und Insolvenz, S.90, Rz.259.

[38] *Schmidt* in Schmidt/Uhlenbruck, GmbH in Krise, Sanierung und Insolvenz, S.140, Rz.235; ausführlich zur Unternehmensbewertung: *Vogt,* Sanierungsplanung, Diss., S.162 ff; siehe zu den möglichen Bewertungsverfahren auch ausführlich unten: S.61 ff.

[39] vgl. ausführlich zum Ganzen hinsichtlich der Unternehmenssanierung: *Picot/Aleth*, S.93, 94, Rz.269 ff.

[40] so *Picot/Aleth*, Unternehmenskrise und Insolvenz, S.94, Rz.273.

## II. Die Sanierung

Entscheidet sich der Freiberufler für eine außergerichtliche Sanierung, werden als Spiegelbild der festgestellten Insolvenzursachen interne und externe Maßnahmen notwendig.
Interne Maßnahmen greifen in den leistungswirtschaftlichen, den organisatorischen, den finanziellen und den rechtlichen Bereich ein. Die Sanierungsprüfung hat die Voraussetzungen dafür geschaffen zu entscheiden, welche Umstrukturierungen zur Kostenreduktion notwendig sind. In Betracht kommt hier eine Veränderung des Inhalts oder Bestands der Arbeitsverhältnisse, die Einführung einer kontrollierbaren und effizienten Buchhaltung, eine optimierte Praxisplanung zur Schaffung reibungsloser Arbeitsabläufe, der Abschluss günstigerer Dienst- und Serviceverträge und nicht zuletzt auch eine Änderung des Privatentnahmeverhaltens des Freiberuflers.

Die externen Maßnahmen beteiligen die Gläubiger des Freiberuflers an dem ins Auge gefassten Sanierungskonzept. In erster Linie geht es darum, die Gläubiger zu einem völligen oder teilweisen Verzicht auf ihre Forderungen zu bewegen. In Betracht kommt auch die Vereinbarung von Stundungen und Ratenzahlungen. Soweit die Hausbank des Freiberuflers in die Sanierungsplanung einbezogen wurde, wird diese im Einzelfall auch bereit sein, die Sanierung mit einem Kredit zu unterstützen.
Eine Sanierung durch einen außergerichtlichen Sanierungsvergleich erfordert die Einbeziehung aller Gläubiger des Freiberuflers, soweit möglich auch des Finanzamtes. Die Verhandlungsposition des Freiberuflers bzw. dessen Beraters ist zu diesem Zeitpunkt besser als nach Eröffnung eines Insolvenzverfahrens. Das Vertrauen in ihren Schuldner ist größer, wenn die Gläubiger erkennen, dass dieser frühzeitig und von sich aus Maßnahmen zur Tilgung seiner Schulden ergreift und nicht seine Zahlungsunfähigkeit und das damit notwendige Insolvenzverfahren abwartet. Hier spielen auch psychologische Aspekte eine wesentliche Rolle, denn ein später unter Umständen notwendiges Insolvenzverfahren wird von einem Großteil der am Wirtschaftsleben Beteiligten nach wie vor mehr als Liquidierungsprozess denn als Sanierungsprozess gesehen.[41]
Darüber hinaus gilt es den Gläubigern vor Augen zu führen, dass die außergerichtliche Sanierung auch für sie finanzielle Vorteile mit sich bringt. Die Kosten des Insolvenzverfahrens, die die ohnehin kaum vorhandene Masse zu Lasten der Gläubiger schmälern, können teilweise vermieden werden.[42] Auch kann eine außergerichtliche Einigung für Gläubiger dadurch an Attraktivität gewinnen, dass sich dem Freiberufler nahe stehende Dritte für den Fall einer Einigung zu Beischüssen bereit erklären. Diese Bereitschaft ist in der Praxis häufig vorhanden.
Überdies kann mit den Gläubigern, anders als im Restschuldbefreiungsverfahren, vereinbart werden, dass der Erlass von Forderungen unter der aufschiebenden Bedingung steht, dass er bei einer Besserung der finanziellen Verhältnisse entfällt.[43] Durch eine

---

[41] so auch *Zeller/Wlecke* in FAZ Nr.153/2004 vom 05.07.2004, S.18.

[42] Die Insolvenzquote für den unbesicherten Normalgläubiger liegt in Deutschland zwischen 3 – 5% der Forderungssumme.

[43] *Heinrichs* in Palandt, BGB, §271, Rz.14.

Vergleichsrechnung kann den Gläubigern zu diesem Zeitpunkt verdeutlicht werden, wie sie bei einer außergerichtlichen Sanierung stehen und wie sie bei einer Sanierung bzw. Liquidation nach Eröffnung eines Insolvenzverfahrens stünden.

**Exkurs: Besteuerung des Sanierungsgewinns**

Ein Problemkreis, der sowohl bei der außergerichtlichen als auch bei der insolvenzrechtlichen Sanierung zutage tritt, resultiert aus der Tatsache, dass die Vereinbarung eines Forderungsverzichtes nach Aufhebung des §3 Nr. 66 Einkommenssteuergesetz (EStG) als Sanierungsgewinn steuerpflichtig ist. Es muss also bei entsprechenden Verhandlungen berücksichtigt werden, welcher Sanierungsgewinn bei Abschluss eines Vergleichs unter Berücksichtigung der Verlustvorträge des Freiberuflers entsteht, und welcher Steuerforderung der Freiberufler sich aufgrund des Sanierungsgewinns ausgesetzt sieht.[44]

Problematisch an dieser Regelung ist, dass Gläubiger häufig nicht bereit sind, Forderungsverzichte auszusprechen, wenn als Folge daraus der Fiskus höhere Steuereinkünfte hat.[45]

Durch die Aufhebung des §3 Nr. 66 EStG entsteht also ein Konflikt mit den Sanierungszielen der InsO. Das Bundesministerium der Finanzen (BMF) versucht, diesen dadurch zu mildern, dass es die Besteuerung des Sanierungsgewinns als erhebliche Härte für den Steuerpflichtigen einstuft. Auf Antrag des Steuerpflichtigen nach §163 Abgabenordnung (AO) wird die Steuer abweichend festgesetzt und nach §222 AO mit dem Ziel des späteren Erlasses (§227 AO) zunächst unter Widerrufsvorbehalt ab Fälligkeit gestundet.[46]

Eine Sanierung einer freiberuflichen Praxis wird in der Regel eine Vielzahl interner und externer Sanierungsmaßnahmen, die ineinander greifen, beinhalten. Festzuhalten bleibt, dass die außergerichtliche Sanierung gegenüber der im Insolvenzverfahren erhebliche Vorteile mit sich bringen kann, die die Chancen des Sanierungserfolges erhöhen.

---

[44] *Smid* weist auf das Problem hin und bezeichnet die Aufhebung des §3 Nr.66 EStG als sanierungsfeindlich, *Smid* in Smid, InsO, 2.Aufl., §155, Rz.70.

[45] *Wutzke* in ZInsO 1999, S.1, 5; *Wittig* in NZI 1998, S.49, 53 sowie *Scholten* in ZInsO 1998, S.82, 83.

[46] so das Schreiben des BMF vom 27.03.2003 – IV A 6 – S2140 –8/03 = ZIP 2003, S.690.

## D. Verfahrensrecht

### I. Regel- oder Verbraucherinsolvenzverfahren

Entscheidend für die Lösung einiger der im Ausgangsfall aufgeworfenen Probleme ist die Frage, ob der Selbständige unter die Vorschriften des Verbraucher- oder des Regelinsolvenzverfahrens fällt. So stehen bspw. die Sanierungsmöglichkeiten des Insolvenzplans oder der Eigenverwaltung nur demjenigen offen, der unter die Vorschriften des Regelinsolvenzverfahrens fällt. Andererseits bietet auch das Verbraucherinsolvenzverfahren mit seiner vereinfachten Schuldenbereinigung nach den §305ff. InsO erhebliche Anreize für den Schuldner. Mit dem Insolvenzordnungsänderungsgesetz (InsOÄndG) vom 26.10.2001 ist §304 InsO neu gefasst worden. Dies führt zu entscheidenden Änderungen für die Zuordnung eines Selbständigen in der Insolvenz zum Verbraucher- bzw. Regelinsolvenzverfahren.[47]

Den Erörterungen vorangestellt sei folgender Fall aus Hamburg: Drei Architekten betreiben ein Büro in der Form einer Gesellschaft bürgerlichen Rechts. Durch die Auftragsflaute in der Bauwirtschaft gehen die Umsätze zurück, der Gewinn vor Steuern sinkt von ca. 300.000€ auf knapp 80.000€, so dass getätigte Investitionen in einzelne Projekte kaum mehr getragen werden können. Ein Insolvenzantrag wegen Zahlungsunfähigkeit wird schließlich unausweichlich, nachdem ein Bauherr seinen noch offenen Verbindlichkeiten i.H.v. 300.000€ gegenüber den Architekten aus der Planung eines Bürokomplexes wegen eigener Zahlungsunfähigkeit nicht mehr nachkommen kann. Die Architekten betreiben ihr Geschäft in einem 100qm-Büro in der Hamburger Innenstadt, das im Eigentum der Gesellschafter steht. Angestellt sind neben zwei Bürokräften drei Bauzeichner. Zum Zeitpunkt der Antragstellung beläuft sich die Summe der offenen Verbindlichkeiten auf ca. 250.000 €.
Zu klären ist, ob in diesem Fall die Vorschriften über das Verbraucher- oder Regelinsolvenzverfahren einschlägig sind.

#### 1. Rechtslage bis 2001

Noch bis 2001 konnte gem. §304 I InsO a.F. Schuldner in einem Verbraucherinsolvenzverfahren eine natürliche Person sein, die keine oder nur eine geringfügige freiberufliche selbständige wirtschaftliche Tätigkeit ausübte. Ob ein Selbständiger unter die Vorschriften des Verbraucherinsolvenzverfahrens fiel, hing damit zunächst davon ab, ob er eine geringfügige selbständige wirtschaftliche Tätigkeit ausübte, was §304 II InsO a.F. dahingehend konkretisierte, dass von Geringfügigkeit insbesondere dann auszugehen war, wenn Art und Umfang des Betriebs eine kaufmännische Organisation nicht nötig machten. Zwar knüpfte die InsO damit an die Definition des Minderkaufmannes i.S.v. §4 I HGB a.F. an, jedoch war der Anwendungsbereich der Vorschrift nicht auf den Minderkaufmann beschränkt, was sich schon aus dem Wort „insbesonde-

---

[47] zu der Neuregelung im Einzelnen s. die Kommentierung von *Haarmeyer* in Smid, InsO, 2.Aufl., §304, Rz.15-17; *Vallender* in Uhlenbruck, InsO, 12.Aufl., Vor §§304-314, Rz.7 ff.

re" ergab.[48] Nach dieser Fassung der InsO fand das Regelinsolvenzverfahren mithin nicht nur auf Kaufleute im Sinne des HGB und das Verbraucherinsolvenzverfahren nicht nur auf Kleingewerbetreibende ohne Kaufmannseigenschaft Anwendung.

Es fordert nicht viel Phantasie, Fälle zu konstruieren, bei denen eine Einordnung schwer fällt: Wie verhält es sich mit dem Landwirt mit einigen Hundert Hektar Land und ebensoviel Vieh? Welchem Verfahren wird der Zahnarzt mit Praxis, Labor und einigen Helferinnen zugewiesen? Wo ordnen wir unsere Architekten in BGB-Gesellschaft ein?
Wie passt es in das System von Verbraucher- und Regelinsolvenz, dass das *LG Frankfurt/Oder* im Jahr 2000 ein Unternehmen mit Verbindlichkeiten von 1,7 Mio. DM und 850 Gläubigern dem Verbraucherinsolvenzverfahren zugewiesen hat?[49] Auf der anderen Seite wurde die Geringfügigkeit in folgendem Fall vom *OLG Celle* in dritter Instanz verneint: Die als niedergelassene Chirurgin tätige Schuldnerin hatte zur Zeit des Insolvenzantrags Anfang 2000 bei einem jährlichen Gesamtumsatz von knapp 400.000 DM einen Jahresgewinn von 24.000 DM. Zur Zeit der Antragstellung beschäftigte sie fünf Angestellte, die teilweise noch in einem Ausbildungsverhältnis standen oder teilzeitbeschäftigt waren. Unter ausdrücklicher Berücksichtigung des Verfahrensziels – nämlich die Eigenverwaltung – verwies das Gericht die Schuldnerin auf das Regelinsolvenzverfahren.[50]

Verständlich waren also die Bemühungen, geeignete Abgrenzungskriterien zu finden. Zu Rate gezogen wurden die Gesamtumstände des Einzelfalles, insbesondere Art und Größe des Betriebs, Jahresumsatz, Kapitalstruktur, Anzahl der Beschäftigten und nicht zuletzt Art, Höhe und Herkunft der Verbindlichkeiten.[51] Für Freiberufler wurde bei der Abgrenzung teilweise darauf abgestellt, ob ihre Praxis so kompliziert und umfangreich ist, dass sie nur aufgrund kaufmännischer Organisation abzuwickeln ist, oder ob die wirtschaftliche Seite seiner Tätigkeit noch im Familienverbund oder nebenberuflich erledigt werden kann.[52] Diese Abgrenzung führte in der Regel dazu, dass der einzeln praktizierende Freiberufler wie Arzt, Rechtsanwalt oder Steuerberater dem Verbraucherinsolvenzverfahren unterfiel.
Ein anderer Versuch zur Konkretisierung der durch §304 II a.F. InsO a.F. vorgegebenen Abgrenzung war die sich an §141 AO und §23 KSchG orientierende „Fünfer-Regel": Danach galt der Selbständige als Verbraucher, wenn er mit bis zu fünf Mitarbeitern einen Jahresumsatz von bis zu 500.000 DM oder einen Jahresgewinn von ma-

---

[48] *Fuchs* in Kölner Schrift zur InsO, 2.Aufl., Teil 7, Rz.7, S.1683.

[49] LG Frankfurt/Oder, Beschluss vom 06.04.2000 – 6 (a) 407/99 = ZInsO 2000, S.290.

[50] OLG Celle, Beschl. vom 22.08.2000 – 2 W 64/00 = ZIP 2000, S. 2315.

[51] *Krug/Haarmeyer* in Smid, InsO, 1.Aufl., §304, Rz.3;*Ott* in MüKo zur InsO, Stand 2003, §304, Rz.59; *Goetsch* in Breutigam/Blersch/Goetsch, InsO, Stand 2003, §304, Rz.6; *Kirchhof* in ZInsO 1998, S.54, 55; so schon für die Abgrenzung Minderkaufmann/Vollkaufmann: BGH-Urteil vom 28.04.1960 – II ZR 239/58 = BB 1960, S.917.

[52] *Kirchhof* in ZInsO 1998, S.54, 55; *Hess* in Hess/Weis/Wienberg, InsO, 2.Aufl., §304, Rz.14.

ximal 50.000 DM vor Steuern erwirtschaftete.[53] Da ein Großteil der Selbständigen in der Insolvenz weniger als fünf Arbeitnehmer beschäftigte und einen Jahresumsatz von unter 500.000 DM erzielte, war in der Regel auch nach dieser Konkretisierung das Verbraucherinsolvenzverfahren einschlägig. Für oben angeführte Architekten-GbR scheint eine Zuordnung zu einem der Verfahren trotz dieser Konkretisierungen eher willkürlich.

Insgesamt trug die alte Fassung dazu bei, dass einem Freiberufler als Schuldner die, wie noch zu zeigen sein wird, in vielen Fällen geeigneten Sanierungsregeln über Insolvenzplan und Eigenverwaltung regelmäßig nicht offen standen.

## 2. Aktuelle Rechtslage

### a) Der praktizierende Selbständige

Vor allem oben aufgezeigte Abgrenzungsprobleme und eine erhebliche Belastung der Justiz[54] haben den Gesetzgeber bewogen, §304 InsO durch das Gesetz zur Änderung der Insolvenzordnung und anderer Gesetze vom 26.10.2001 (InsOÄndG)[55] dahingehend zu beschränken, dass werbende und ehemalige Kleinunternehmer nun grundsätzlich dem Regelinsolvenzverfahren zugewiesen werden. Aufgrund beträchtlicher Anreize des Verbraucherinsolvenzverfahrens war außerdem eine „Flucht in den Verbraucherkonkurs"[56] selbst von größeren Unternehmern zu beobachten, die durch Angebote von Minimalquoten die Restschuldbefreiung auf kürzestem Weg zu erlangen versuchten.[57] Auch dieser Entwicklung sollte Einhalt geboten werden. Schließlich hatte sich außerdem die Grundannahme, bei einer geringfügigen selbständigen wirtschaftlichen Tätigkeit seien regelmäßig überschaubare Vermögensverhältnisse gegeben, als unzutreffend herausgestellt.[58]

Die Vorschriften über das Verbraucherinsolvenzverfahren finden nach §304 I S.1 InsO n.F. nunmehr nur noch auf solche natürlichen Personen Anwendung, die keine selbständige wirtschaftliche Tätigkeit ausüben oder ausgeübt haben. Für den noch praktizierenden Selbständigen stellt sich mithin die Frage, ob er eine wirtschaftliche Tätigkeit in diesem Sinne ausübt. Zumindest für die Freiberufler, die kraft Gesetzes keine Gewerbetreibenden sind, wie den Arzt, den Zahnarzt, den Rechtsanwalt, den Notar,

---

[53] *Fuchs* in Kölner Schrift zur InsO, 2.Aufl., 2000, Teil 7, Rz.11, S.1684; *Vallender* in FS Metzeler, S.21,22; wohl auch: *Ott* in MüKo zur InsO, Stand 2003, §304, Rz.65; abl. *Landfermann* in HK zur InsO, 3.Aufl., §304 Rz.3a; nur auf §141 AO abstellend: *Hess* in Hess/Weis/Wienberg, InsO, 2.Aufl., §304, Rz.15; *Krug/Haarmeyer* in Smid, InsO, 1.Aufl., §304, Rz.5; *Kirchhof in* ZInsO 1998, S.54, 55.

[54] Begr. zum Gesetzesentwurf der Bundesregierung zum InsOÄndG,BT-Drucks. 14/5680, S.30 zu Nr.21.

[55] BGBl. I S.2710.

[56] so *Ott* in MüKo zur InsO, Stand 2003, §304, Rz.71.

[57] *Haarmeyer* in Smid, InsO, 2.Aufl., §304, Rz.15; *Pape/Pape* in ZIP 2000, S.1553, 1554.

[58] *Vallender* in NZI 2001, S.561,562.

sowie den Steuerberater und den Wirtschaftsprüfer ist dies zu bejahen.[59] Gleiches gilt auch für Handwerker, Landwirte und sonstige Kleinunternehmer.[60] Eindeutig lässt sich hiernach auch die Architekten-GbR den Vorschriften über das Regelinsolvenzverfahren zuordnen. Die genannten Berufsgruppen unterliegen damit ausnahmslos den allgemeinen Vorschriften über das Regelinsolvenzverfahren.
Der *BGH* hat im Jahre 2002 zur neuen Fassung des §304 InsO n.F. ausdrücklich bestätigt, dass ein praktizierender Arzt, der einen Mitarbeiter sowie eine Auszubildende beschäftigte, weder, wie dieser im Verfahren geltend machte, unter §304 I S.1 InsO n.F. noch unter §304 I InsO S.2 n.F. fällt. Der Gesetzeswortlaut sei insofern eindeutig.[61] Ausnahmslos unter das Verbraucherinsolvenzverfahren fallen damit lediglich noch abhängig Beschäftigte sowie Personen, die überhaupt nicht erwerbswirtschaftlich tätig sind, wie Hausfrauen, Rentner oder auch Studenten.[62]

Wesentliche Konsequenz dieses Befundes ist, dass Insolvenzplan und Eigenverwaltung dem praktizierenden Selbständigen nun offen stehen, er auf der anderen Seite aber nicht das vereinfachte Verbraucherinsolvenzverfahren durchlaufen kann.

### b) Der Selbständige nach Aufgabe seines Betriebs

Anderes gilt in Einzelfällen für den Selbständigen, der seinen Betrieb vor Antragstellung bereits aufgegeben hat. In Ausnahme zu §304 I S.1 InsO n.F. regelt §304 I S.2 InsO n.F., dass die Vorschriften über das Verbraucherinsolvenzverfahren auch dann Anwendung finden, wenn der Schuldner eine selbständige wirtschaftliche Tätigkeit ausgeübt hat, seine Vermögensverhältnisse überschaubar sind und gegen ihn keine Forderungen aus Arbeitsverhältnissen bestehen. Gemäß §304 II InsO n.F. sind die Vermögensverhältnisse nur dann überschaubar, wenn der Schuldner zum Zeitpunkt der Antragstellung nicht mehr als 20 Gläubiger hat. Dieser, durch die Verwendung des Wortes „nur“, missverständlich formulierte zweite Absatz ist dahingehend zu verstehen, dass bei mehr als 20 Gläubigern das Verbraucherinsolvenzverfahren zwingend ausgeschlossen ist, jedoch auch bei weniger als 20 Gläubigern dem Schuldner der Zugang zur Verbraucherinsolvenz verschlossen sein kann, wenn seine Vermögensverhältnisse aufgrund ihres Umfangs oder ihrer Struktur nicht als überschaubar gelten können.[63]

Auf den Selbständigen, der seinen Betrieb vollständig abgewickelt hat und insbesondere Verbindlichkeiten aus Arbeitsverhältnissen vollständig beglichen hat, dürften also

---

[59] *Ott* in MüKo zur InsO, Stand 2003, §304, Rz.47; *Hess/Röpke* in NZI 2003, S.233, 236; *Uhlenbruck* in FS Henckel, 1995, S.877, 891; *Vallender* in FS Metzeler, S.21, 23; vgl. ausführlich zum Ganzen: *Huhn,* Die Eigenverwaltung, Diss., S.41, Rz.131 ff.

[60] *Hess* in Hess/Weis/Wienberg, InsO, 2.Aufl., §304, Rz.13; *Vallender* in Uhlenbruck, InsO, 12.Aufl., §304, Rz.1.

[61] BGH-Beschluss vom 14.11.2002, IX ZB 152/02 = KTS 2/2003, S.291, InVo 2003, S.53.

[62] *Ott* in MüKo zur InsO, Stand 2003, §304, Rz.48.

[63] *Ott* in MüKo zur InsO, Stand 2003, §304, Rz.66; *Vallender* in Uhlenbruck, InsO, 12.Aufl., §304, Rz.18.

in der Regel die Vorschriften über das Verbraucherinsolvenzverfahren Anwendung finden.[64] In diesem Fall wird das Verfahren nur eröffnet, wenn zuvor eine außergerichtliche Einigung mit den Gläubigern über die Schuldenbereinigung auf der Grundlage eines Plans innerhalb der letzten sechs Monate vor dem Eröffnungsantrag erfolglos versucht worden ist.
Die zuletzt erwähnte Konstellation soll im Folgenden aus zweierlei Gründen außer Betracht bleiben. Einerseits ergeben sich bei diesem Verfahren aufgrund der engen tatbestandlichen Voraussetzungen des §304 I S.2 i.V.m. §304 II InsO n.F. kaum Besonderheiten gegenüber dem bei der Insolvenz anderer Verbraucher. Andererseits stellt die Durchführung eines Verbraucherinsolvenzverfahren unter der Ägide des §304 InsO n.F. auch bei den ehemals Selbständigen eine Ausnahme dar:
Insgesamt wurde in Deutschland im Jahr 2002 in 16.660 Fällen das Insolvenzverfahren über das Vermögen ehemals Selbständiger eröffnet. Davon fielen 14.530 unter das Regelinsolvenzverfahren mit voraussichtlichen Forderungen von ca. 4 Mrd. €, von denen 1.984 mangels Masse abgewiesen wurden (14%), lediglich 2.130 mit einem voraussichtlichen Forderungsvolumen von 400 Mio. € fielen unter das Verbraucherinsolvenzverfahren, davon wurden 497 mangels Masse abgewiesen (23%), in 91 Fällen führte ein Schuldenbereinigungsplan zum Abschluss des Verfahrens. Damit stehen im Hinblick auf ehemals Selbständige 12.546 eröffnete Regelinsolvenzverfahren (89%) 1.542 eröffneten Verbraucherinsolvenzverfahren (11%) gegenüber.

Im Mittelpunkt der Betrachtungen steht im Folgenden also die Insolvenz des noch praktizierenden Freiberuflers, auf den, wie gezeigt, ausnahmslos die Vorschriften über das Regelinsolvenzverfahren Anwendung finden.

### 3. Ausblick: Neufassung des §304 InsO durch das Gesetz zur Änderung der Insolvenzordnung, des Kreditwesengesetzes und anderer Gesetze

Der Referentenentwurf zur Änderung der Insolvenzordnung, des Kreditwesengesetzes und anderer Gesetze (RefE) von September 2004 sieht eine neuerliche Änderung des §304 InsO vor:[65] Der RefE fasst ins Auge, ausnahmslos diejenigen natürlichen Personen dem Verbraucherinsolvenzverfahren zuzuordnen, die keine selbständige wirtschaftliche Tätigkeit ausüben. Nach diesem Entwurf wäre der ehemals freiberuflich tätige Schuldner damit grundsätzlich dem Verbraucherinsolvenzverfahren zuzuordnen, unabhängig vom Bestehen von Forderungen aus Arbeitsverhältnissen und der Anzahl der Gläubiger, so dass sich die zuvor erörterte Frage nicht mehr stellte. Gänzlich fallen lässt der Referentenentwurf die bekannte Schwelle von 20 Gläubigern indes nicht: Nach § 305 I Nr.1 InsO in Form des RefE ist ein ansonsten obligatorischer außergerichtlicher Einigungsversuch mit den Gläubigern dann entbehrlich, wenn er offensichtlich aussichtslos wäre. Von offensichtlicher Aussichtslosigkeit ist nach dem Entwurf dann auszugehen, wenn der Schuldner mehr als zwanzig Gläubiger hat.

---

[64] vgl. dazu ausführlich: *Huhn,* Die Eigenverwaltung, Diss., S.49, Rz.151.

[65] siehe im Einzelnen zu den geplanten Änderungen: *Stephan* in NZI 2004, S.521 ff.

Die Erforderlichkeit einer neuerlichen Änderung der Zuordnungskriterien zum Verbraucherinsolvenzverfahren wird damit begründet, dass sich im Anschluss an das InsOÄndG von 2001 herausgestellt hat, dass die Zahl der Gläubiger als entscheidendes Abgrenzungskriterium bei der Zuordnung der ehemals Selbständigen zu einem der beiden Verfahren nicht den tatsächlichen Anforderungen entspricht. Vielmehr seien für die Zuweisung zum jeweiligen Verfahrenstyp die Anforderungen wesentlich, die die jeweiligen Vermögensmassen des Schuldners stellten. Maßgebliches Kriterium hierfür sei, ob der Schuldner zum Zeitpunkt der Antragstellung noch unternehmerisch tätig sei. Daneben sei es nicht zwingend geboten, Insolvenzen von ehemals selbständig Tätigen mit über 20 Gläubigern dem Regelinsolvenzverfahren zuzuweisen, insbesondere bei solchen Schuldnern die schon seit Jahren nicht mehr unternehmerisch tätig seien.
Zusätzlich werde durch die zwingende Zuordnung ehemals Selbständiger zum Verbraucherinsolvenzverfahren erreicht, dass auch diese bei der Antragstellung den für dieses Verfahren entwickelten Vordruck ausfüllen müssten, so dass bereits bei Einleitung des Verfahrens strukturierte Unterlagen über die Vermögensverhältnisse vorlägen. Die hierfür erforderliche Mitwirkung des Schuldners könne dann bei der Entscheidung über die Restschuldbefreiung berücksichtigt werden. Hiermit komme man gleichzeitig einer Forderung aus der gerichtlichen Praxis nach.[66]

Insgesamt ist die in dem RefE vorgesehene Änderung des §304 InsO zu begrüßen: Die Gläubigerzahl als maßgebliches Kriterium bei der Zuordnung ehemals Selbständiger zu einer der beiden Verfahrensarten scheint willkürlich und wird der Anforderung, eine an Sachnotwendigkeiten orientierte Zuweisung zu treffen, nicht gerecht. Der RefE trifft im Gegensatz zur bisherigen Regelung eine klare und ausnahmslose Abgrenzung, die sich an der Frage orientiert, ob zum schuldnerischen Vermögen noch ein werbendes Unternehmen gehört oder nicht. Die Neufassung des §304 InsO dient damit nicht zuletzt der Schaffung der bis dato fehlenden Rechtssicherheit.

## II. Erforderlichkeit des Schuldnerantrags zur Erlangung der Restschuldbefreiung

Frühzeitig im Laufe des Verfahrens stellt sich die Frage, ob der Schuldner im Regelinsolvenzverfahren den Eröffnungsantrag selbst gestellt haben muss, um in den Genuss der Restschuldbefreiung, §§286 ff InsO, zu gelangen.
Diese Frage ist zwar nicht spezifisch für die Insolvenz von Freiberuflern, jedoch ist sie hier häufig von besonderem Interesse. Vor dem Hintergrund, dass häufig junge, wirtschaftlich unerfahrene Selbständige in die Insolvenz geraten, die eine für sich betrachtet operativ erfolgreiche Kanzlei oder Praxis führen, stellt die Möglichkeit der Restschuldbefreiung mit einer anschließenden unter Umständen jahrzehntelangen Vermögensbildung für sie einen besonderen Anreiz dar.

[66] Zum gesamten Referentenentwurf und dessen Begründung s.: www.inso-rechtspfleger.de/inhalt/04_materialien/Referentenentwurf%2016.9.2004.pdf.

### 1. Exkurs: Verbraucherinsolvenzverfahren

Im Verbraucherinsolvenzverfahren herrschte zu Zeiten vor dem InsOÄndG von 2001 Unklarheit hinsichtlich der Frage, ob ein dem Anwendungsbereich des §304 InsO unterliegender Schuldner, der keinen Insolvenzantrag stellt, aufgrund eines Gläubigerantrags ohne Durchführung eines Schuldenbereinigungsverfahrens eine Restschuldbefreiung erlangen konnte.[67]
Die Unzulässigkeit des Restschuldbefreiungsverfahrens ohne schuldnereigenen Antrag wurde v.a. darauf gestützt, dass sich auf diese Weise das außergerichtliche Einigungsverfahren umgehen ließe, über das im Falle eines Eigenantrags als Zulässigkeitsvoraussetzung die Abschlussbescheinigung nach §305 I Nr.1 InsO vorzulegen ist. Diesen Missstand sah auch der Gesetzgeber, der sogar unterstellte, Schuldner suchten einen ihnen wohl gesonnenen Gläubiger, der den Insolvenzantrag stellt, damit sie dann den Antrag auf Restschuldbefreiung stellen könnten, um so das außergerichtliche Einigungsverfahren zu umgehen.[68]

Mit der Neufassung des 306 III S.3 InsO n.F. hat der Gesetzgeber unmissverständlich klargestellt, dass auch bei einem Gläubigerantrag der Versuch einer außergerichtlichen Einigung notwendige Voraussetzung für die Zulässigkeit eines Insolvenzantrags des Schuldners im Anschluss an den Antrag des Gläubigers im vereinfachten Verfahren ist.[69] So heißt es in der Begründung auch, dass nach der Konzeption eine Restschuldbefreiung nur möglich sein soll, wenn vor der Eröffnung eines vereinfachten Insolvenzverfahrens grundsätzlich ein vollständiges Schuldenbereinigungsverfahren durchgeführt wurde, unabhängig davon, ob zunächst ein Gläubiger die Verfahrenseröffnung beantragt hat.[70] Damit ergibt sich die Notwendigkeit eines schuldnereigenen Insolvenzantrags zur Erlangung der Restschuldbefreiung im Verbraucherinsolvenzverfahren nicht aus §287 I InsO n.F.[71], sondern aus den Regelungen der §§305, 306 InsO n.F.[72]

---

[67] siehe zum Meinungstand: *Wenzel* in Kübler/Prütting, InsO, Stand 2003, §306, Rz.4. Den Eigenantrag für erforderlich hielten: *Fuchs* in Kölner Schrift zur InsO, 2.Aufl., S.1727, Rz.145 ff.; OLG Köln, ZInsO 2000, S.334 ff; AG Köln, Beschluss vom 08.02.2000 – 72 K 69/99 = DZWIR 2000, S.170, 172; AG Düsseldorf, Beschluss vom 17.01.2000 – 504 IK 45/99 = ZInsO 2000, S.111, 112; a.A.: *Holzer,* Anmerkung zu AG Köln, Beschluss vom 08.02.2000 – 72 IK 69/99, DZWiR 2000, S174, 175; *Grote* in ZInsO 2000, S.146 ff.; *Delhaes* in ZInsO 2000, S.358 ff.; AG Bielefeld, Beschluss vom 05.07.1999 – 43 IK 67/99 = ZIP 1999, S.1180, 1181.

[68] Begr. zum Gesetzesentwurf der Bundesregierung zum InsOÄndG, BT-Drucks. 14/5680, S.28 zu Nr.15.

[69] *Pape* in NZI 2002, S.186, *ders.* in ZAP 2001, Fach 14, S.409, 420.

[70] Begr. zum Gesetzesentwurf der Bundesregierung zum InsOÄndG,BT-Drucks. 14/5680, S.28 zu Nr.15.

[71] so aber *Vallender* in NZI 2001, S.561, 566.

[72] so *Pape* in NZI 2002, S.186, 187.

## 2. Regelinsolvenzverfahren

Weniger klar ist die Situation im Regelinsolvenzverfahren, das beispielsweise auf den eingangs erwähnten Kiefer- und Gesichtschirurgen nach dem InsOÄndG in jedem Fall Anwendung findet. Hier stellt sich die Frage, ob diesem trotz Fremdantrags auf Insolvenzeröffnung – den Antrag stellte das Finanzamt wegen rückständiger Steuern – eine Restschuldbefreiung zu gewähren gewesen wäre. Zwar hat sich inzwischen überwiegend die Meinung durchgesetzt, dass der Schuldner nur nach einem Eigenantrag die Restschuldbefreiung erlangen kann.[73] Jedoch ist es keineswegs so, dass §287 InsO n.F. unmissverständlich klarstellt, dass Restschuldbefreiung nur auf Grund eines Insolvenzeröffnungsantrags des Schuldners möglich ist, wie *Vallender* es formuliert.[74]

### a) Der Wortlaut des §287 I InsO

Vielmehr ergibt sich aus §287 I S.1 InsO alter wie neuer Fassung lediglich, dass die Restschuldbefreiung einen Antrag des Schuldners voraussetzt. Während nach der InsO a.F. der Antrag spätestens im Berichtstermin zu stellen war, §287 I S.2 InsO a.F., oder nach §287 III InsO a.F. bereits mit dem Eröffnungsantrag verbunden werden konnte, *soll* der Antrag auf Restschuldbefreiung inzwischen mit dem Antrag auf Eröffnung des Verfahrens verbunden werden. Erfolgt dies nicht, so muss der Antrag innerhalb von zwei Wochen nach dem Hinweis gem. §20 II InsO n.F. gestellt werden, §287 I S.2 InsO n.F. Geändert hat sich zunächst also nur der Zeitpunkt, zu dem der Antrag auf Restschuldbefreiung gestellt werden soll bzw. muss.

Soweit ersichtlich wurde die generelle Zulässigkeit eines isolierten Restschuldbefreiungsantrags im Regelinsolvenzverfahren vor In-Kraft-Treten des InsOÄndG von 2001 nicht in Frage gestellt.[75] Dass eine Änderung dieser Einschätzung erforderlich wäre, ergibt sich jedenfalls nicht aus dem Gesetzeswortlaut.[76]

### b) Systematische Auslegung

Für sich in Anspruch nehmen können die Verfechter der Meinung, dass die Restschuldbefreiung einen Eigenantrag erfordert, zumindest vordergründig den Willen des Gesetzgebers, der in der amtlichen Begründung zur Neuregelung des §20 II InsO n.F. klarstellt: „Nach der Konzeption des Gesetzesentwurfs kann der Schuldner nur auf-

---

[73] neuerdings BGH, Beschl. v. 08.07.2004 – IX ZB 209/03 = DZWIR 2005; S.71, mit Anmerkung von *Kothe/Busch*; *Vallender* in Uhlenbruck, InsO, 12. Aufl., §287, Rz.10; *ders.* in NZI 2001, 561, 566; *Delhaes* in Kraemer, hdb. zur InsO, 1.Aufl., 15.Aktual., Fach 3, Kapitel 2, Rz.9; *Ahrens* in FK zur InsO, 3.Aufl., §287, Rz.6a; *Schmerbach* in FK zur InsO, 3.Aufl., §20, Rz.15; *Schmahl in* MüKO zur InsO, Stand 2003, §20, Rz.89; *ders.* in ZInsO 2002, 212 ff..; *Hess,* InsOÄG, §20, Rz.2 und §287, Rz.7; *Goetsch* in Breutigam/Blersch/Goetsch, InsO, Stand 2003, §287, Rn.3; *Stephan* in MüKo zur InsO, Stand 2003, §287, Rz.13.

[74] *Vallender* in NZI 2001, S.561, 566.

[75] *Fuchs* in NZI 2002, S.298, 299.

[76] a.A.: *Ahrens* in FK zur InsO, 3.Aufl., §287, Rz.6a, der den Gesetzeswortlaut für eindeutig hält.

grund eines eigenen Insolvenzeröffnungsantrages eine Restschuldbefreiung erlangen."[77]
So wird auch die Gesetzeskonzeption zur Begründung des Erfordernisses eines Eigenantrags herangezogen.[78] Ebenso wie §20 II InsO sei §287 I S.1 InsO Teil der Bestimmungen, die für alle Insolvenzverfahren über das Vermögen einer natürlichen Person gelten. Hätten die Gesetzgebungsorgane ausschließlich die Verbraucherinsolvenz im Auge gehabt, hätte die Einschränkung, dass der Antrag auf Restschuldbefreiung nur in Verbindung mit einem eigenen Eröffnungsantrag des Schuldners zulässig sei, systematisch richtig in den Neunten Teil (§§304 – 314 InsO) eingefügt werden müssen.[79]
Der Einwand der Gesetzessystematik ist zwar berechtigt, jedoch hält das InsOÄndG 2001 auch andere Ungereimtheiten bereit, was an einer konsequenten Systematik zweifeln lässt.[80]

Überdies lassen sich in gleichem Maße systematische Überlegungen anstellen, die ein gegenteiliges Ergebnis vorgeben. So ergibt sich aus einer Zusammenschau von §20 II InsO n.F. und §287 I InsO n.F., dass der Gesetzgeber daran gescheitert ist, seinem Willen, dass die Restschuldbefreiung nur aufgrund eines eigenen Antrags erlangt werden kann, Ausdruck zu verleihen. Treffend charakterisiert *Schmahl* §287 I S.1 InsO daher auch als „dunkel und orakelhaft"[81].
Gemäß §287 I S.1 InsO n.F. *soll* der Antrag auf Restschuldbefreiung mit dem Eigenantrag des Schuldners verbunden werden. Bei weitherziger Auslegung unter Berücksichtigung der Begründung zum Gesetzesentwurf der Bundesregierung ließe sich diese Vorschrift dahingehend verstehen, dass der Restschuldbefreiungsantrag zeitgleich mit dem Schuldnerinsolvenzantrag erfolgen soll, der Restschuldbefreiungsantrag aber auch später gestellt werden kann, jedenfalls jedoch nur nach vorher erfolgtem Eigenantrag. Die Formulierung als Soll-Vorschrift bezöge sich dann nicht auf die notwendige Verbindung der beiden Anträge überhaupt, sondern lediglich auf die verfahrensmäßige Handhabung.[82]

Unschlüssig wird diese Auslegung, wenn man §20 II InsO n.F. in die Betrachtung einbezieht: Nach dieser Vorschrift ist der Schuldner als natürliche Person darauf hinzuweisen, dass er nach Maßgabe der §§286 ff InsO n.F. Restschuldbefreiung erlangen kann. Diese Hinweispflicht beschränkt sich nicht auf die Fälle des Eigenantrags. So wird also der Schuldner auch nach einem ihn möglicherweise überraschend treffenden Insolvenzantrag eines Gläubigers – wie in unserem Fall des Finanzamtes - darauf hingewiesen, dass er nach den §§286 ff. InsO n.F. Restschuldbefreiung erlangen kann.

---

[77] Begr. zum Gesetzesentwurf der Bundesregierung zum InsOÄndG, BT-Drucks.14/5680, S.24 zu Nr.3.

[78] *Vallender* in Uhlenbruck, InsO, 12.Aufl., §287, Rz.10; *Schmahl* in ZInsO 2002, S.212, 214.

[79] *Schmahl* in ZInsO 2002, S.212, 214.

[80] Beispielhaft sei die Regelung über die neuartige Feststellungswirkung bzgl. des Rechtsgrunds bei der Feststellung einer Forderung aus vorsätzlicher unerlaubter Handlung (§175 II, §302 Nr.1 InsO) erwähnt.

[81] *Schmahl* in ZInsO 2002, S.212, 213.

[82] *Schmahl* in ZInsO 2002, S.212, 214; abl.: *Heyer* in ZInsO 2002, S.59, 60.

Sollte im Fremdantragsverfahren ohne zusätzlichen Eigenantrag keine Restschuldbefreiung möglich sein, wäre dieser gerichtliche Hinweis jedenfalls irreführend, wenn nicht sogar widersprüchlich.[83] Ein Hinweis des Gerichts könnte seinen Zweck nur dann erfüllen, wenn der Schuldner nach einem Fremdantrag zusätzlich darauf hingewiesen würde, dass Restschuldbefreiung nach den §§286 ff. InsO n.F. nur nach einem Eigenantrag möglich ist. Eine entsprechende Hinweispflicht ergibt sich aber nicht aus §20 II InsO n.F. und wurde vom Gesetzgeber, soweit ersichtlich, auch nicht diskutiert. Im Ergebnis spricht die Gesetzessystematik weder eindeutig für noch gegen das Erfordernis eines Eigenantrags.

### c) Vergleich zum Verbraucherinsolvenzverfahren

Eine weitere Überlegung spricht indes gegen das Erfordernis eines Eigenantrag des Schuldners zur Erlangung der Restschuldbefreiung: Wie oben festgestellt[84], ging es dem Gesetzgeber bei der Neuregelung v.a. darum, dem Schuldner nicht die Möglichkeit zu geben, durch einen Antrag eines ihm wohl gesonnenen Gläubigers das außergerichtliche Schuldenbereinigungsplanverfahren im Verbraucherinsolvenzverfahren zu umgehen und dieses damit zu entwerten. Dieses Argument greift bei dem Schuldner, über dessen Vermögen ein Regelinsolvenzverfahren eröffnet wurde, nicht.[85] Das Erfordernis eines zusätzlichen Eigenantrags nach einem Fremdantrag stellte mithin eine bloße Formalie und eine unnötige Erschwerung für den Schuldner dar.

Dieser Ansicht könnte noch entgegengehalten werden, dass es sich insofern nicht um eine reine Formalie handele, als der Schuldner nur durch einen Eigenantrag seine Zahlungsunfähigkeit offen und ehrlich eingestehe und die Bereitschaft erkläre, zur Erlangung der Restschuldbefreiung zunächst den Gläubigern sein verbliebenes Vermögen zur gemeinschaftlichen Befriedigung zu überlassen.[86] Ein solcher Zusammenhang zwischen schuldnereigenem Antrag und Restschuldbefreiung ergibt sich aber weder aus dem Wortlaut der §§286 ff InsO n.F., noch ist er der Gesetzesbegründung zu entnehmen. Diesen Gesichtspunkt der Redlichkeit und des Erfordernisses des Schuldnerwohlverhaltens greifen vielmehr §290 sowie §§295, 296 InsO n.F. auf: Nach diesen Vorschriften wird die Restschuldbefreiung von Anfang an bzw. nachträglich versagt, wenn der Schuldner seine Schuldnerpflichten vor dem Schlusstermin oder seine Obliegenheiten während der Laufzeit der Abtretungserklärungen verletzt. Es besteht also keine Gefahr, dass ein Schuldner die Restschuldbefreiung erlangt, ohne den Gläubigern sein verbliebenes Vermögen zur gemeinschaftlichen Befriedigung zu überlassen. Ein Eigenantrag des Schuldners ist zur Erreichung dieses Ziels nicht erforderlich.

---

[83] *Pape* in NZI 2002, S.186, 187; *Heyer* in ZinsO 2002, S.59, 61; *Häsemeyer*, InsO, 2.Aufl., 26.14a, S.656.

[84] siehe S.32 ff.

[85] *Fuchs* in NZI 2002, S.298, 300.

[86] *Vallender* in Uhlenbruck, InsO, 12.Aufl., §287, Rz.10; *Schmahl* in ZinsO 2002, S.212, 214.

### d) Praktische Bedenken gegen Eigenantragserfordernis

Ein praktisches Problem deutet *Pape* an: Wie ist das Erfordernis eines Eigenantrags des Schuldners durchzusetzen, wenn das Verfahren auf einen Gläubigerantrag hin bereits eröffnet ist oder die Verfahrenseröffnung noch innerhalb der Zwei-Wochenfrist des §20 II InsO n.F. stattfindet?[87] Würde man hier tatsächlich noch einen Eigenantrag auf Eröffnung des Insolvenzverfahrens fordern, zwänge man den Schuldner zu einer unzulässigen Antragstellung.[88] Nicht zuletzt diese Konstellation zeigt, dass die Verknüpfung des Antrags auf Restschuldbefreiung mit einem Eigenantrag auf Eröffnung des Verfahrens nach einem Gläubigerantrag zu Unstimmigkeiten und praktischen Schwierigkeiten führen kann.

### e) Stellungnahme

Deswegen ist die Ansicht, die eine zwingende Verknüpfung von Eigenantrag und Restschuldbefreiung aus dem Gesetzestext folgert, nach meinem Erachten nicht haltbar, führt sie doch zu einer erheblichen Rechtsunsicherheit.
Erforderlich ist eine Klarstellung durch den Gesetzgeber. Bei der augenblicklichen Fassung der InsO ist, soweit an dem Erfordernis des Eigenantrags durch die Gerichte festgehalten wird, ein zusätzlicher Hinweis des Gerichts zu dem nach §20 II InsO n.F. zu fordern, dass die Restschuldbefreiung nur nach einem Eigenantrag gewährt wird.[89]
In der momentanen Situation kann der Schuldner in die missliche Situation kommen, dass er zwar auf einen Insolvenzantrag nach dem gerichtlichen Hinweis gem. §20 II InsO n.F. mit dem Antrag auf Restschuldbefreiung reagiert, das Gericht aber nach Ablauf der Frist einen Eigenantrag fordert und dem Schuldner daher die Restschuldbefreiung versagt. Der BGH hat in einem vergleichbaren Fall jüngst entschieden, dass die erforderlichen Hinweise des Insolvenzgerichts gegenüber dem Schuldner nach einem Gläubigerantrag nicht fehlerhaft, unvollständig oder verspätet erteilt werden dürften. Das Insolvenzgericht müsse dem Schuldner neben der Frist des §287 I S. 2 InsO eine weitere Frist zur Nachholung des Eigenantrags setzen, vor deren Ablauf das Verfahren nicht eröffnet werden könne. Ist das Verfahren ohne eine solche Fristsetzung auf einen Gläubigerantrag hin eröffnet worden bevor der Schuldner einen Eigenantrag stellt, genügt ein isolierter Antrag des Schuldners auf Restschuldbefreiung, um ihm die dahingehende Aussicht zu erhalten.[90]

Dieses Problem verkennt indes *Schmahl:* Seiner Meinung nach knüpft die Antragsfrist an das Vorliegen eines Eigenantrags an, so dass beim Gläubigerantrag durch den Hinweis keine Frist ausgelöst wird. Der Schuldner sei nicht zur Vermeidung eines Rechts-

---

[87] *Pape* in NZI 2002, S.186, 188; *ders.* in Kübler/Prütting, InsO, Stand 2003, §20, Rz.27 ff; ähnlich: *Fuchs* in NZI 2002, S.298, 300; dieses Problem erörtert ausführlich BGH, Beschl. v. 17.02.2005 – IX ZB 176/03 = NJW 2005, S.1433.

[88] die Unzulässigkeit eines solchen Antrags ausdrücklich bestätigend: BGH, Beschl. v. 17.02.2005 – IX ZB 176/03 = NJW 2005, S.1433.

[89] so auch *Pape* in NZI 2002, S.186, 187.

[90] BGH, Beschl. vom 17.02.2005 – IX ZB 176/03 = NJW 2005, S.1433, 1434.

verlustes gehalten, innerhalb der Zweiwochenfrist einen eigenen Eröffnungsantrag in Verbindung mit einem Antrag auf Restschuldbefreiung vorzulegen. Er habe daher hinreichend Gelegenheit, sich nach Erhalt des Hinweises über die gesetzlichen Bestimmungen zur Restschuldbefreiung zu unterrichten.[91]

Diese Auffassung lässt sich jedoch mit dem Gesetzeswortlaut nicht zwingend begründen. Vielmehr handelt es sich hier um einen Zirkelschluss, der daraus resultiert, dass *Schmahl* aus §287 I InsO das Erfordernis eines Eigenantrags folgert.

Dass kaum eine Prognose über die Handhabung dieses Problems durch das einzelne Gericht möglich ist, wird darin deutlich, dass selbst innerhalb eines Gerichts, siehe die Richter *Vallender* und *Fuchs* am *AG Köln*, keine Einigkeit herrscht. Noch unsicherer ist die Lage im Hinblick auf Rechtspfleger, durch deren Hände das Verfahren geht.

Nach der hier vertretenen Auffassung hätte eingangs erwähnter Kiefer- und Gesichtschirurg erfolgreich einen Antrag auf Restschuldbefreiung auch ohne einen Eigenantrag auf Insolvenzeröffnung als Reaktion auf den Gläubigerantrag stellen können. Besser beraten wäre er jedoch, wenn er seinen Restschuldbefreiungsantrag auf den Antrag des Finanzamtes hin mit einem Eigenantrag verbindet.

### 3. Ergebnis

Festzuhalten ist mithin, dass in der augenblicklichen Fassung der Insolvenzordnung ein Eigenantrag des Schuldners auf Eröffnung des Insolvenzverfahrens nicht gefordert werden kann, um die Aussicht auf Restschuldbefreiung zu erhalten.

Im Hinblick auf die jüngere anderslautende BGH-Rechtsprechung[92] ist eine gesetzliche Klarstellung zur Schaffung von Rechtssicherheit wünschenswert.

---

[91] s. *Schmahl* in ZInsO 2002, S.212, 215; dieser Argumentation folgt neuerdings allerdings auch der BGH, Beschl. v. 08.07.2004 - IX ZB 209/03 = DZWIR 2005, S.71, mit Anmerkung von *Kothe/Busch*.

[92] BGH, Beschl. v. 08.07.2004 - IX ZB 209/03 = DZWIR 2005, S.71; BGH, Beschl. vom 17.02.2005 – IX ZB 176/03 = NJW 2005, S.1433, 1434.

## E. Einzelprobleme der Freiberuflerpraxis in der Insolvenz

Bei der Fortführung eines Unternehmens eines Freiberuflers wird der Verwalter neben den Problemen, die regelmäßig in der Insolvenz auftauchen, mit Fragen konfrontiert, die auf der Eigenart der freien Berufe beruhen.
Diese basieren im Wesentlichen auf dem Spannungsverhältnis, das zwischen Berufsrecht und Insolvenzrecht besteht. Das Berufsrecht der freien Berufe garantiert den Berufsträgern auch in der Insolvenz ihre fachliche Unabhängigkeit, gleichzeitig trägt der Insolvenzverwalter indes die wirtschaftliche Verantwortlichkeit für deren Tun.
Überdies ist kennzeichnend für die freien Berufe, dass Kunden, Klienten, Mandanten oder Patienten in aller Regel in einem besonderen Vertrauensverhältnis zu dem Schuldner stehen. Dieses Vertrauensverhältnis ist einer Verwaltung oder Übertragung durch den Insolvenzverwalter nicht ohne weiteres zugänglich.

Darüber hinaus wird der Insolvenzverwalter in der Regel nicht die berufsrechtliche Qualifikation besitzen, um eine ärztliche Praxis oder eine Apotheke in Eigenregie fortzuführen. Bei den rechts-, steuer- und wirtschaftsberatenden Berufen spielen die Vermögensverhältnisse des Berufsträgers insofern eine entscheidende Rolle, als dass sie für die Art und Weise der Berufsausübung und für das Vertrauen der Mandanten eine unmittelbare Bedeutung haben können.[93] Hier droht deswegen ein Entzug der Zulassung durch die Kammer.
Sowohl in den rechts- und steuerberatenden als auch in den ärztlichen Berufen stellt sich darüber hinaus die Frage, inwieweit die durch das Berufsgeheimnis als Ausfluss des Persönlichkeitsrechts geschützten Patienten- bzw. Mandantenkarteien dem Zugriff und der Verwertung durch den Verwalter unterliegen. Diese strittige Frage ist von erheblicher praktischer Relevanz, da die Mandanten-/Patientenkartei einen der wesentlichen Vermögenswerte der freiberuflichen Praxis verkörpert.

Schließlich muss der Insolvenzverwalter neben den rechtlichen auch die eingangs geschilderten besonderen wirtschaftlichen Bedingungen bei einer Fortführungsplanung im Auge behalten. Dabei ist insbesondere Augenmerk darauf zu richten, ob bereits das Zwangsversteigerungsverfahren in den schuldnerischen Immobilienbesitz betrieben wird, dessen Einstellung erreicht werden kann, § 30 d, e Zwangsversteigerungsgesetz (ZVG).

Ansatz für die anschließenden Betrachtungen sei folgender Fall: Über das Vermögen eines Rechtsanwaltes in eigener Praxis und eigenen Räumlichkeiten wird das Insolvenzverfahren eröffnet. Schwerpunkt seiner Tätigkeit ist neben familien- und erbrechtlichen Beratungen die Betreuung von verkehrsrechtlichen Streitigkeiten. Seine Mandantenkartei umfasst nach dreijähriger Tätigkeit etwa 1.200 Personen. Zum Zeitpunkt des Insolvenzantrags beschäftigt der Anwalt einen angestellten Anwalt, eine Rechtsanwaltsfachangestellte und einen Auszubildenden.
Der Insolvenzverwalter erwägt, die Praxis als Ganzes zu veräußern. Hiergegen wendet sich der Rechtsanwalt mit der Behauptung, seine Praxis als solche sei unveräußerlich,

---

[93] ausführlich zur Praxisfortführung in der Insolvenz zu Zeiten der KO: *Schick* in NJW 1990, S.2359.

jedenfalls unterliege sie nicht dem Insolvenzbeschlag und damit nicht der Verfügungsbefugnis des Verwalters. Alternativ beruft er sich darauf, dass er als Anwalt berechtigt sei, mit den pfändungsfreien Gegenständen seine Praxis weiter in seinen privaten Räumlichkeiten zu betreiben. Vor allem dürfe der Verwalter keinen Zugriff auf die Mandantenkartei nehmen, geschweige denn sie nach Veräußerung an einen Nachfolger übergeben.

Der Insolvenzverwalter ist zwar anderer Ansicht, meint aber, wenn der Anwalt weiter als solcher tätig sein wolle, sei er verpflichtet, seine Arbeitskraft dem Insolvenzverwalter zur Massemehrung zur Verfügung zu stellen.

Die hiermit aufgeworfenen Fragen betreffen sämtlich den Umfang des Insolvenzbeschlags im Falle der Insolvenz eines freiberuflich tätigen Anwalts.

## I. Umfang des Insolvenzbeschlags

Die Frage der Fortführbarkeit der freiberuflichen Praxis im Rahmen der Insolvenz hängt zunächst einmal davon ab, inwieweit diese überhaupt vom Insolvenzbeschlag umfasst ist. Tiefergehende Erörterungen über die Möglichkeiten der Fortführung und Verwertung gehen ins Leere, solange nicht geklärt ist, was im Einzelnen der Verwaltungs- und Verfügungsbefugnis des Verwalters unterworfen ist. Zu differenzieren ist hier zwischen den einzelnen Sachwerten, den Mandanten- bzw. Patientenunterlagen, dem Betrieb als Sachgesamtheit, der Arbeitskraft des Schuldners, den Honorarforderungen sowie nicht zuletzt Zulassung/Approbation und Vertragsarztsitz.

### 1. Einzelgegenstände als Massebestandteil

#### a) Die Anwendung des §811 I Nr.5 ZPO

Zu erheblichen Diskussionen hat in jüngster Zeit die Anwendung der Pfändungsschutzvorschrift des §811 I Nr.5 ZPO geführt.

Der Diskussion vorangestellt sei folgender Fall, über den das *AG Köln* im Jahr 2003 zu entscheiden hatte: Der Schuldner betreibt als niedergelassener Arzt in Köln eine internistische Praxis in gemieteten Praxisräumen. Diese ist mit verschiedenen Einrichtungsgegenständen und medizinischen Geräten ausgestattet. Ferner befinden sich in den Praxisräumen die Praxisunterlagen. Auf den Eröffnungsbeschluss und die Bestellung eines Insolvenzverwalters hin legte der Schuldner die sofortige Beschwerde ein. Restschuldbefreiung beantragte der Schuldner nicht. Die Gläubigerversammlung fasste den Fortführungsbeschluss unter der Voraussetzung, dass die Masseunzulänglichkeit bis zu einem festgelegten Zeitpunkt beseitigt wird. Anderenfalls sei die Praxis zu schließen.

Unter Missachtung dieses Beschlusses der Gläubigerversammlung führte der Schuldner die Praxis trotz Masseunzulänglichkeit fort. Daraufhin ließ sich der Insolvenzverwalter im Wege der Zwangsvollstreckung in den Besitz der Praxisräume einweisen und verwehrte dem Schuldner in Folge den Zutritt. Ein vom Verwalter beauftragter

Sachverständiger zeichnete die in den Räumlichkeiten des Schuldners befindlichen Gegenstände auf und bewertete sie mit einem Zeitwert von 4.230€.
Der Schuldner legte gegen die Art und Weise der Zwangsvollstreckung Erinnerung ein und beantragte, die Zwangsvollstreckung aus dem Insolvenzeröffnungsbeschluss, soweit sie die Herausgabe der in den Praxisräumen befindlichen Einrichtungsgegenständen und Unterlagen betrifft, für unzulässig zu erklären und den Insolvenzverwalter zu verpflichten, die bezeichneten Gegenstände und Unterlagen an ihn herauszugeben.[94]

### (aa) Rechtliche Grundlage: §36 I InsO i.V.m. §811 I Nr.5 ZPO

§36 I S.1 InsO erklärt die Gegenstände, die nicht der Zwangsvollstreckung unterliegen, als nicht zur Insolvenzmasse gehörend. Hiervon nimmt §36 II Nr.2 InsO einzelne Gegenstände aus, nicht jedoch die dem Pfändungsverbot des §811 I Nr.5 ZPO unterliegenden. Hieraus ergibt sich, dass die Pfändungsschutzvorschrift des §811 I Nr.5 ZPO, orientiert man sich am Gesetzeswortlaut, auch in der Insolvenz volle Anwendung findet.
Nach §811 I Nr.5 ZPO sind bei Personen, die aus ihrer körperlichen und geistigen Arbeit oder persönlichen Leistungen ihren Erwerb ziehen, die zur Fortsetzung dieser Tätigkeit erforderlichen Gegenstände der Pfändung nicht unterworfen. Daraus folgt, dass diese Gegenstände auch in der Insolvenz nicht vom Beschlag umfasst sein dürften.

### (bb) Die Entscheidung des AG Köln

Im Wesentlichen an oben aufgezeigtem Wortlaut der Norm orientiert sich auch die Entscheidung des *AG Köln*. Das Gericht führt aus, aus dem Umstand, dass die Gläubigerversammlung beschlossen habe, die Praxis des Schuldners stillzulegen, sei nicht herzuleiten, dass das Pfändungsverbot des §811 I Nr.5 ZPO nicht anwendbar sei und der Schuldner die Befugnis verliere, weiter selbständig neben dem Insolvenzverfahren zu arbeiten. Dem Schuldner bleibe es auch in der Insolvenz unbenommen, selbst zu entscheiden, wie er seine Arbeitskraft einsetze, was schon daraus folge, dass seine Arbeitskraft nicht in die Masse falle.[95] Dementsprechend müssten dem Schuldner diejenigen Gegenstände belassen werden, die er benötigt, um seine Arbeitskraft zu realisieren.
Dies gelte insbesondere dann, wenn der Schuldner die Restschuldbefreiung erlangen wolle, um während der Laufzeit der Abtretungserklärung seine Gläubiger aus den Erlösen der Erwerbstätigkeit zu befriedigen. Anderes gelte aber nicht dadurch, dass der Schuldner keinen Antrag auf Restschuldbefreiung gestellt habe, da die Schuldner kein Interesse an einem über die Pfändungsgrenzen hinausgreifenden Massebeschlag haben dürften. Zwar hätte die Praxiseinrichtung einen Zeitwert von 4.230€, viele Geräte seien aber auch mit 0€ bewertet. Die wenigen technischen Geräte mit einem relativ hohen Zeitwert, etwa das Röntgengerät mit 1.500€, seien zu diesem Preis kaum verwertbar, bzw. einer Einzelverwertung gar nicht zugänglich. Ein EKG-Gerät könne einem Inter-

---

[94] AG Köln, Beschl. vom 14.04.2003 – 71 IN 25/02 = NZI 2003, S.387.

[95] siehe dazu unten, S.67 ff.

nisten als notwendiger Bestandteil seiner Praxis ohnehin nicht genommen werden, wenn man ihm die Fortsetzung der selbständigen Tätigkeit ermöglichen wolle.
Für das gefundene Ergebnis sprächen überdies die persönlichen Verhältnisse des Schuldners, der mit seinen 60 Jahren kaum eine Chance hätte, in Anbetracht der Arbeitsmarktlage eine Angestellten-Tätigkeit zu finden.
Schließlich rekurriert das Gericht auf die Ausführungen von *Voigt/Gerke*[96], indem es feststellt die Anwendung der Pfändungsverbote beziehe sich nur auf den Teil des Betriebs, der auf der Arbeitskraft des Schuldners gründet. Dieser Teil des Betriebs habe keinen eigenen, selbständig veräußerbaren Wert, so dass der Einwand, der Praxiswert werde für die Gläubiger nicht realisiert, nicht greift.

### (cc) Kritik in der Literatur

Heftig kritisiert wird diese Entscheidung von *Tetzlaff*.[97] Er vertritt die Ansicht, die Vorschrift des §811 I Nr.5 ZPO, auf den §36 I InsO verweist, sei im Insolvenzverfahren über das Vermögen einer selbständig tätigen natürlichen Person teleologisch zu reduzieren, so dass vom Insolvenzbeschlag auch solche Gegenstände erfasst seien, bei denen in der Einzelzwangsvollstreckung auf Grund des §811 I Nr.5 ZPO eine Pfändung ausgeschlossen sei.
Diese teleologische Reduktion sei damit zu begründen, dass den Interessen der Gläubiger im Insolvenzverfahren als Gesamtvollstreckungsverfahren anders als im Einzelvollstreckungsverfahren Vorrang vor den Interessen des Schuldners an der Weiterführung seiner selbständigen Tätigkeit gebühre. Dafür habe der Schuldner im Gegenzug die Möglichkeit, eine Befreiung von seinen Schulden zu erlangen. Beließe man ihm gleichzeitig einen Großteil seines Vermögens, bedeutete dies eine einseitige Zurückdrängung der Gläubigerinteressen.
*Tetzlaff* weist weiterhin darauf hin, dass eine teleologische Reduktion des §811 I Nr.5 ZPO neben einer Anreicherung der Haftungsmasse auch dazu führe, dass einem kooperationsunwilligen Schuldner, der gegen den Willen des Verwalters seine selbständige Tätigkeit versucht fortzusetzen, Einhalt geboten werden könne. Setzt dieser nämlich seine selbständige Tätigkeit fort und produziert dabei Verluste, könne man dieses Verhalten dadurch unterbinden, dass man ihm in regelmäßigen Abständen die für die Tätigkeit erforderlichen Gegenstände wegpfändet.[98] Schließlich kritisiert *Tetzlaff*, dass die das Gericht leitenden Kriterien, nämlich hohes Alter des Schuldners, dessen mangelnde Erwerbsaussichten und der geringe Wert der Praxisausstattung nicht sachgerecht seien.

Die hier von *Tetzlaff* vorgebrachte Argumentation pro einer teleologischen Auslegung des §811 I Nr.5 ZPO ist in dieser Form nicht neu.

---

[96] *Voigt/Gerke* in ZInsO 2002, S.1053; siehe dazu sogleich.
[97] *Tetzlaff* in EWiR 2003, S.1151; *ders.* in ZVI 2004, S.2, 7.
[98] siehe dazu auch *Tetzlaff* in ZVI 2002, S.309, 310.

Erstmals haben *Smid/Wehdeking*[99] darauf hingewiesen, wann in ihren Augen ein Berufen des Schuldners auf §811 I Nr.5 ZPO unzulässig sein müsse: Der Insolvenzschuldner könne sich nicht auf das Pfändungsverbot des §811 I Nr.5 ZPO berufen, wenn er von seiner Verfügungsbefugnis in der Weise Gebrauch mache, dass er Gegenstände der Masse entzieht. Sie verweisen darauf, dass der Schuldner anderenfalls eine Betriebsfortführung konterkarieren könnte.[100]
Vielmehr greife §811 I Nr.5 ZPO nur insoweit ein, wie die erfassten Gegenstände tatsächlich zur Sanierung des Schuldners dienten und nicht entsprechend einer Austauschpfändung durch andere Gegenstände ersetzt werden könnten.[101]
Meines Erachtens zu Recht plädieren *Smid/Wehdeking* daher dafür, §811 I Nr.5 ZPO im Lichte einer Zusammenschau von §35 und §36 I S.1, II S.2 InsO auszulegen und dahingehend zu reduzieren, dass das Pfändungsverbot nur dort greift, wo der Schuldner die Gegenstände tatsächlich zur Fortführung seiner Erwerbstätigkeit nutzt. Mit anderen Worten heißt das, dass der Insolvenzschuldner nicht unter Berufung auf die Pfändungsschutzvorschriften Betriebsgegenstände der Masse entziehen darf, um diese in anderer Weise als zur Fortführung seines Betriebes zu nutzen.
Wollte man in solchen Fällen §811 I Nr.5 ZPO uneingeschränkt anwenden, führte dies zu einer Gläubigerbenachteiligung, die nicht durch Sinn und Zweck der Pfändungsverbote gerechtfertigt werden kann.[102] Diese Ansicht lässt sich nicht zuletzt auch darauf stützen, dass der Gesetzeswortlaut des §811 I Nr.5 ZPO bereits vorgibt, dass die entsprechenden Gegenstände dem Schuldner nur *„zur Fortsetzung dieser Tätigkeit"* verbleiben sollen.

Noch weitergehend ist die Ansicht, die von einem den gesamten schuldnerischen Betrieb erfassenden Insolvenzbeschlag auf eine reduzierte Anwendung der Pfändungsvorschrift des §811 I Nr.5 ZPO, also im Ergebnis auf einen umfangreicheren Beschlag, schließt.[103] Meines Erachtens zu Unrecht stützt *Peters* seine Ausführungen dabei auf oben aufgezeigte Argumentation von *Smid/Wehdeking.*[104]
Er führt darüber hinaus an, man könne nicht ohne weiteres den Gläubigern die im Regelfall einen Großteil des Vermögens des Schuldners ausmachenden Gegenstände zur Weiterführung des Betriebes der Haftungsmasse entziehen. Die gegenteilige Ansicht führe zu einer nicht gerechtfertigten Besserstellung aller anderen Betriebe gegenüber denen der Landwirte und Apotheker, deren Gegenstände gemäß §36 II Nr.2 InsO in die Masse fallen.[105]

---

[99] *Smid/Wehdeking* in InVo 2000, S.293, 294.
[100] *Smid/Wehdeking* in InVo 2000, S.293, 294.
[101] so *Smid* in Smid, InsO, 2.Aufl., §36, Rz.10.
[102] i.E. auch *Smid* in Smid, InsO, 2.Auflage, §36, Rz.10.
[103] *Peters* in MüKo zur InsO, Stand 2003, §36, Rz.24 ff.
[104] *Peters* in MüKo zur InsO, Stand 2003, §36, Rz.24.
[105] *Peters* in MüKo zur InsO, Stand 2003, §36, Rz.26.

Ausdrücklich unterstützt wird die Entscheidung von *van Zwoll* in ihrer Urteilsrezension.[106] Auch wenn sie das Vorgehen des Gerichts in dogmatischer Hinsicht kritisch hinterfragt, hält sie das gefundene Ergebnis v.a. seiner wirtschaftlichen und persönlichen Konsequenzen wegen für den Arzt für begrüßenswert. So könnten die unpfändbaren Einrichtungsgegenstände nebst Vertragsarztsitz und Zulassung zur vertragsärztlichen Tätigkeit die entscheidende Grundlage für die Führung von Sanierungsverhandlungen des Arztes in der wirtschaftlichen Krise mit seinen Gläubigern vor oder auch nach Eröffnung des Insolvenzverfahrens sein.
Auch im Hinblick auf die Möglichkeit der Restschuldbefreiung sei das gefundene Ergebnis zutreffend: Denn eine angemessene Tätigkeit auszuüben und letztlich Masse zur Verteilung an seine Gläubiger zu erwirtschaften, könne dem Schuldner – gerade wenn er älter ist – nur gelingen, wenn die Möglichkeit bestehe, seine Tätigkeit fortzusetzen. Je älter ein Arzt sei, desto schwieriger würde es für ihn, seinen Lebensunterhalt im Angestelltenverhältnis in einem Krankenhaus oder in einer Arztpraxis zu verdienen. Deswegen müssten auch solche Erwägungen bei der Beantwortung der Frage, welche Einrichtungsgegenstände unpfändbar seien, bei wirtschaftlicher Betrachtung Berücksichtigung finden.

Ausführlich auseinandergesetzt haben sich *Voigt/Gerke* mit der Anwendbarkeit der Pfändungsschutzvorschrift des §811 I Nr.5 ZPO in der Insolvenz.[107] Sie legen dar, dass aus der Unternehmensbezogenheit des Insolvenzbeschlags nicht gefolgert werden könne, dass grundsätzlich auch sämtliche Einzelgegenstände in die Masse fielen. Mit dieser Argumentation setze man die Bestimmungen der Einzelzwangsvollstreckung trotz des eindeutigen Wortlauts des §36 InsO mittels eines Zirkelschlusses außer Kraft. Die Bestimmungen, was zum Gegenstand des Verfahrens gehöre, also auch die Pfändungsschutzvorschrift des §811 I Nr.5 ZPO, seien den Bestimmungen, wie mit dem Gegenstand umzugehen ist, vorgreiflich.
Schließlich ergebe sich auch aus der Tatsache, dass der Schuldner zur Massemehrung nicht zu Arbeit oder bestimmten Arbeitsleistungen verpflichtet sei, spiegelbildlich die Anerkennung der Pfändungsverbote, die es dem Schuldner ermöglichten, seine Arbeitsleistung auch selbständig zu erbringen.[108]

### (dd) Stellungnahme

Die Ansicht, die §811 I Nr.5 ZPO ausnahmslos nur reduziert anwenden möchte, ist meiner Meinung nach abzulehnen.
Vom Wortlaut der §§36 I und II InsO ausgehend ist eine ausnahmslos reduzierte Anwendung des §811 I Nr.5 ZPO nicht zu begründen. Durch die ausdrückliche Einbeziehung der dem Pfändungsschutz unterliegenden Gegenstände der §§811 I Nr.4 und 9 ZPO durch §36 II Nr.2 InsO in die Insolvenzmasse lässt sich nur schwer argumentieren, der Gesetzgeber habe die Problematik übersehen. Vielmehr spricht die detaillierte

---

[106] *van Zwoll* in MedR 2003, S.329.
[107] *Voigt/Gerke* in ZInsO 2002, S.1054.
[108] *Voigt/Gerke* in ZInsO 2002, S.1054, 1057.

Regelung dafür, dass der Gesetzgeber sich sehr wohl mit dem Verhältnis von Einzelzwangsvollstreckung und Gesamtvollstreckung auseinandergesetzt hat.
Auch der von *Tetzlaff* und *Peters* ins Auge gefassten teleologischen Reduktion kann nicht gefolgt werden. Denn eine teleologische Reduktion setzt voraus, dass eine Gesamtschau mehrerer Normen bzw. die Wechselwirkung verschiedener Normen dazu führt, dass diese anders angewendet werden müssen, als es der Wortlaut vorgibt.
Das durch die teleologische Reduktion gewonnene Ergebnis mag wirtschaftlich für die Gläubiger durchaus wünschenswert sein, jedoch ist §36 InsO i.V.m. §811 I Nr.5 ZPO in seiner augenblicklichen Fassung aufgrund der Unzweideutigkeit des vom Gesetzgeber geäußerten Willens einer solchen Reduktion nicht zugänglich: Er hat in diesen Vorschriften unmissverständlich zum Ausdruck gebracht, dass einschränkungslos auch in der Insolvenz betriebsnotwendige Gegenstände i.S.d. §811 I Nr.5 ZPO, die dem Erwerb durch persönliche Arbeit dienen, dem Insolvenzschuldner zur Weiterarbeit verbleiben sollen.
Die Anwendung der Pfändungsschutzvorschrift des §811 I Nr.5 ZPO auch in der Insolvenz ist überdies interessengerecht, soweit der Schuldner eine Fortsetzung seiner Tätigkeit anstrebt. Die Ansicht, die §811 I Nr.5 ZPO nach einer teleologischen Reduktion in der Insolvenz nicht anwenden möchte, verkennt, dass Ziel der Anwendung nicht die Einräumung von Vorteilen für den Schuldner unter einseitiger Zurückdrängung der Gläubigerinteressen ist, sondern dass die Anwendung der Pfändungsschutzvorschrift auch in der Insolvenz dem Ausgleich von Schuldner- und Gläubigerinteressen dient: Dem Schuldner soll trotz seiner Verpflichtung den Gläubigern gegenüber ein pfändungsfreier Bereich verbleiben, der ihm auch in der Insolvenz Raum zur Entfaltung seiner Persönlichkeit lässt, wozu schon Art. 2 und 12 GG den Staat verpflichten.
Von einer einseitigen Zurückdrängung der Gläubigerinteressen kann meines Erachtens ebenfalls nicht die Rede sein: Die Pfändungsgrenze des §811 I Nr.5 ZPO schafft dem Schuldner einen Anreiz, seine Verpflichtungen aus eigener Kraft zu erfüllen. Im Falle einer Kahlpfändung könnte die Arbeitskraft des Schuldners nur schwerlich gewinnbringend für die Masse genutzt werden, insbesondere wenn ihm der Weg in ein Angestelltenverhältnis wie im Fall des Arztes in Köln versperrt ist. Letztlich geht auch die Annahme fehl, dem Schuldner verblieben bei der uneingeschränkten Anwendung der Pfändungsgrenzen regelmäßig erhebliche Werte: Soweit diese überhaupt im Schuldnerbetrieb vorhanden sind, sind sie häufig finanziert und damit aus- oder abzusondern.
Nicht von der Hand zu weisen, ist schließlich, dass die Anwendung des Pfändungsverbots in der Insolvenz im öffentlichen Interesse liegt: Im Falle einer Kahlpfändung wird der Schuldner, der Arbeitslosen- oder Sozialhilfe anheim fallen.[109]

Die Auffassung, die den §811 I Nr.5 ZPO in der Insolvenz anwenden möchte, hat weiterhin den Vorteil, dass so Raum für die Gerichte bleibt, eine den beteiligten Personen gerecht werdende Einzelfallentscheidung zu treffen. Das Gericht kann hierbei das Gläubigerinteresse an einer Befriedigung ihrer Forderung unter Berücksichtigung des

---

[109] hierauf weisen auch *Voigt/Gerke* in ZInsO 2002, S.1054, 1058 hin; i.E. auch *Ries* in ZVI 2004, S.221, 224.

Wertes der Gegenstände den persönlichen und wirtschaftlichen Erfordernissen des Schuldners gegenüberstellen. Bei einer solchen Interessenabwägung kann überdies in die Betrachtung mit eingestellt werden, wie sich der Fortführungswert eines Gegenstandes im Vergleich zum Liquidationswert darstellt.

Diese Ansicht hat einen entscheidenden Nachteil, der jedoch als notwendige Konsequenz hinzunehmen ist: Der Insolvenzverwalter hat nicht die Möglichkeit, bei einem grundsätzlich kooperationsunwilligen Schuldner, der entgegen dem Willen der Gläubigerversammlung und entgegen den Vorgaben des Verwalters weiterarbeitet, der Berufstätigkeit des Schuldners durch Wegnahme der betriebsnotwendigen Gegenstände ein Ende zu setzen. Dies birgt dann eine Haftungsgefahr in sich, wenn man sich der Meinung anschließt, der Schuldner könne durch sein Handeln Masseverbindlichkeiten begründen, für die der Verwalter dann nach §§60, 61 InsO haften müsste.[110]
Eine Lösung bieten könnte in einem solchen Fall die Freigabe der freiberuflichen Praxis bei gleichzeitiger Inkenntnissetzung der Gläubiger, die durch den Schuldner geschädigt werden könnten, von der erfolgten Freigabe.[111] Auf diese Weise ist eine Gefahr der Haftung des Verwalters nach §§60, 61 InsO wegen mangelnder Überwachung des Schuldners nahezu ausgeschlossen.[112]

Im Ergebnis ist der eingangs dargestellten Entscheidung des *AG Köln* in vollem Umfang zuzustimmen.

Dies führt dazu, dass je nach Organisation des Betriebs beispielsweise die Büromöbel, die Computer, Software, Fahrzeuge, Telefonanlage und Kopierer aller Freiberufler, darüber hinaus bei Ärzten die Röntgengeräte, Ultraschall und ähnliche Untersuchungseinrichtungen sowie Behandlungseinheiten des Zahnarztes als Einzelgegenstände, in dem Umfang, in dem sie unter die Pfändungsschutzvorschrift des §811 I Nr.5 ZPO subsumierbar sind, nicht in die Masse fallen.[113] Dem Schuldner kann eine Weiterarbeit mit diesen Gegenständen nicht verwehrt werden.

### b) Praxis- bzw. Mandantenunterlagen als Massebestandteil

Zu den Einzelgegenständen der freiberuflichen Praxis gehören neben den Arbeitsgeräten auch die Mandanten- bzw. Patientenkarteien. Diese stellen, wie bereits angedeutet, einen der wesentlichen Werte der freiberuflichen Praxis dar.

Eine Einschränkung hinsichtlich deren Massezugehörigkeit könnte sich daraus ergeben, dass gewisse Unterlagen bei Freiberuflern gem. §§203, 204 StGB einem Berufs-

---

[110] dazu s. sogleich unten S.97 ff.

[111] zum Institut der Freigabe s. *Smid* in Smid, InsO, 2. Aufl., §80, Rz.30 ff.; *Eickmann* in HK, InsO, 3.Aufl., §35, Rz.42 ff.; *Uhlenbruck* in Uhlenbruck, InsO, 12.Aufl., §35, Rz.23 ff. Die Möglichkeit einer Freigabe sieht ausdrücklich auch die Neufassung des §35 InsO in Form des Referentenentwurfes zur Änderung der Insolvenzordnung, des Kreditwesengesetzes und anderer Gesetze aus September 2004 vor; dazu ausführlich s. S. 111 ff.

[112] so auch *Tetzlaff* in ZVI 2004, S.2, 7.

[113] s. ausführlich zu Beispielen aus der Rechtsprechung: *Schilken* in MüKo zur ZPO, §811, Rz.42 ff.

geheimnis unterliegen. Hierzu gehören die Mandantenunterlagen eines Rechtanwaltes oder Steuerberaters sowie die Patientenkarteien von Ärzten und Zahnärzten. Es stellt sich die Frage, ob solche Unterlagen aufgrund des Berufsgeheimnisses nicht massezugehörig sind und das Verfügungsrecht in der Insolvenz ausschließlich beim Freiberufler verbleibt.

Ausführlich hat sich *Schick* mit dieser Frage auseinandergesetzt.[114] Er geht von einer Kollision von konkurs- und berufsrechtlicher Regelung aus. Er konstatiert, dass das Berufsgeheimnis dem Freiberufler persönlich anvertraut sei und daher auch gegenüber dem Konkursverwalter bestehe, dass also im Ergebnis das Berufsgeheimnis dem Konkursrecht vorgehe. Daher gehe das Verwertungsrecht an den Praxisunterlagen mit der Konkurseröffnung nicht auf den Konkursverwalter über. Andererseits dürfe der Zweck des Konkursverfahrens nicht aus den Augen verloren werden, weswegen dem Freiberufler die wirtschaftliche Verfügungsbefugnis auch über Dinge, die dem Berufsgeheimnis unterliegen, entzogen werden müsse. Die wirtschaftliche Nutzung der Unterlagen sei dem Freiberufler also nur mit Zustimmung des Konkursverwalters gestattet, so dass zwischen diesen beiden insoweit eine Art Kondominium entstünde.[115]

Die Ausführungen *Schicks,* dass die wirtschaftliche Verfügungsbefugnis dem Insolvenzverwalter vorbehalten sei, er aber bei der Verwertung Einschränkungen unterliege, lassen erkennen, dass er die Praxisunterlagen zumindest als Teil der Masse betrachtet.[116] Dies entspricht insoweit auch der einhelligen Auffassung.[117]
Sieht man die freiberufliche Praxis als Sachgesamtheit als insolvenzbefangen an[118], scheint mir dies auch ein zwingendes Ergebnis. Der wesentliche Teil des Goodwills einer freiberuflichen Praxis liegt im übertragungsfähigen Patientenstamm und deren unter Umständen langjährigen Bindung an die Praxis. Dass dieser Goodwill nicht ohne weiteres auf eine beliebige Person übertragbar ist, ist ein praktisches, nicht jedoch ein rechtliches Problem, sieht man von eventuellen Zustimmungserfordernissen ab.
Festzuhalten bleibt damit, dass die Praxisunterlagen des Freiberuflers in der Insolvenz Massebestandteile sind.

### c) Exkurs: Kein Zustimmungserfordernis des Schuldners bei Veräußerung

Zwar ist die weitere Frage, die *Schick* in seinen Ausführungen aufgeworfen hat, ob eine Zustimmung zur Verwertung der Praxisunterlagen durch den Schuldner erforderlich ist, keine des Masseumfangs, sondern eher eine der Übertragung bzw. Veräußerung. Jedoch soll das aufgeworfene Problem aufgrund des Sachzusammenhangs schon

---

[114] *Schick* in NJW 1990, S.2359 ff.

[115] *Schick* in NJW 1990, S.2359, 2360, 2361.

[116] ähnlich: *Lwowski* in MüKo zur InsO, Stand 2003, §35, Rz.155-158, *Uhlenbruck* in Uhlenbruck, InsO, 12.Aufl., §35, Rz.43.

[117] *Holzer* in Kübler/Prütting, InsO, Stand 2003, §35, Rz.62; *Uhlenbruck* in Uhlenbruck, InsO, 12.Aufl., §35, Rz.50; *Weis* in Hess/Weis/Wienberg, InsO, 2.Aufl., §§35, 36, Rz.214; a.A. noch *Uhlenbruck* in FS Henckel, S.877, 886.

[118] s. dazu S.47 ff.

hier abschließend geklärt werden. Hierfür spricht auch die Erkenntnis, dass ohne eine Beantwortung der Frage, wessen Zustimmung in die Einsichtnahme oder Übertragung der Unterlagen erforderlich ist, kaum Erörterungen darüber angestellt werden können, ob eine Fortführung oder eine Veräußerung der freiberuflichen Praxis eine sinnvolle Form der Verwertung darstellt.

Die Erwägungen, die *Schick* zur KO angestellt hat, lassen sich ohne weiteres auf das Insolvenzrecht übertragen. Das hieße im Ergebnis, dass der Insolvenzverwalter die Zustimmung des Schuldners vor einer Übertragung der Unterlagen einholen müsste. Gleiches gilt, wenn der Verwalter selbst in die Unterlagen Einblick nehmen will.
Die Überlegungen *Schicks* halte ich für umständlich und nicht überzeugend. Eine Zustimmung des Schuldners ist meines Erachtens nicht erforderlich: Es handelt sich hier nicht um ein Problem der Kollision von insolvenz- und berufsrechtlichen Regelungen, sondern vielmehr um eine Konkurrenz.
Schutzgut der Vorschriften zum Berufsgeheimnis ist der persönliche Lebens- und Geheimbereich, der im Individualinteresse des Betroffenen nicht verletzt werden soll.[119] Ziel des Insolvenzrechts ist die Förderung einer gemeinschaftlichen Gläubigerbefriedigung.[120] Diese beiden gesetzgeberischen Absichten heißt es in diesem Fall in Einklang zu bringen. Zwar ist es zutreffend, dass das Berufsgeheimnis dem Freiberufler persönlich anvertraut ist und auch gegenüber dem Konkursverwalter besteht[121], der Freiberufler hat allerdings kein persönlich schützenswertes Interesse daran, dass das Berufsgeheimnis gegenüber dem Konkurs- bzw. Insolvenzverwalter gewahrt wird. Dieses Interesse, eben das durch §§203, 204 StGB geschützte, haben einzig die Mandanten bzw. Patienten als Betroffene.
Auch nur so ist zu verstehen, dass eine Offenbarung des Berufsgeheimnisses befugt i.S.d. Strafrechts ist, wenn die Betroffenen wirksam eingewilligt haben.[122] Folgte man der Ansicht *Schicks* müsste auch der Freiberufler, dem die Informationen anvertraut sind, in die Offenbarung einwilligen, um dieser den Charakter der Unbefugtheit zu nehmen. Auf diese Idee ist, soweit den Kommentierungen zu entnehmen ist, noch kein Strafrechtler gekommen.

Das Berufsgeheimnis soll also nicht den Freiberufler, sondern allein dessen Patienten- bzw. Mandantenschaft schützen. Soweit ein persönliches Interesse des Freiberuflers an der Geheimhaltung der Daten angenommen wird, ist dieses rechtlich nicht geschützt und ebenso wenig schützenswert. Allein erforderlich für eine Veräußerung der Praxisunterlagen ist mithin die Zustimmung der betroffenen Patienten/Mandanten.[123] Dies

---

[119] *Tröndle/Fischer*, StGB, 51.Aufl., §203, Rz.2.

[120] *Prütting* in Kübler/Prütting, InsO, Stand 2003, §1, Rz.3.

[121] *Schick* in NJW 1990, S.2359, 2360.

[122] Tröndle/Fischer, StGB, 51.Aufl., §203, Rz.32; Schönke/Schröder, StGB, 51.Aufl., §203, Rz.22.

[123] *Holzer* in Kübler/Prütting, InsO, Stand 2003, §35, Rz.62 m.w.N.; *Weis* in Hess/Weis/Wienberg, InsO, 2.Aufl., §§35, 36, Rz.214; *Uhlenbruck* in Uhlenbruck, InsO, 12.Aufl., §35, Rz.50; *ders.* in Laufs/Uhlenbruck, Hdb. d. ArztR 3.Aufl., §19, Rz.1; *Kluth* in NJW 2002, S.186; *Gerhardt* in FS Gaul, S.139, 146; *Hubmann* in FS Lehmann, S.812, 818; str. a.A.: LSG Nordrhein-Westfalen-

entspricht inzwischen auch der ständigen Rechtsprechung des *BGH*, der damit die lange vertretene Ansicht aufgegeben hat, die Übertragung der Patientenkartei verstieße nicht gegen die Schweigepflicht, da die Übertragung als von einer mutmaßlichen Einwilligung des Patienten gedeckt angesehen wurde.[124]
Das Zustimmungserfordernis gilt im Übrigen auch dann, wenn der Insolvenzverwalter lediglich Einsicht in die Unterlagen nehmen will.

Es sollte bei der Frage der Verwertung der freiberuflichen Praxis im Auge behalten werden, dass das Zustimmungserfordernis je nach Umfang einer Kartei zu einem erheblichen Hemmnis werden und zu einem entsprechenden Wertabschlag bei einer anvisierten Übertragung führen kann.[125] Dieses erhebliche praktische Hemmnis bei der Übertragung ist ein weiterer wesentlicher Gesichtspunkt, der für eine Sanierung der freiberuflichen Praxis unter Fortführung durch den Berufsträger spricht.

## 2. Der freiberufliche Betrieb als Sachgesamtheit als Massebestandteil

Gegenstand umfangreicher Diskussionen ist das Problem, ob eine Praxis, eine Kanzlei oder eine Apotheke als Sachgesamtheit, also nicht nur als die Summe der Einzelgegenstände, vom Insolvenzbeschlag umfasst ist. Ansatzpunkt ist die Überlegung, dass ein Betrieb, also auch eine Praxis, eine Kanzlei oder eine Apotheke, einen „inneren" Wert trägt, der neben dem Wert existiert, der sich aus den gegenständlichen Sachwerten ergibt. Er ergibt sich aus dem Vorteil, dass ein Betrieb nicht nur aus zusammenhanglosen Einzelteilen besteht, sondern eine funktionsfähige Einheit an Rechten und Werten darstellt. Dieser „innere Wert" setzt sich zusammen aus Kundenstamm, Lagevorteilen, Wertung im Verkehr, dem Ruf und ähnlichen immateriellen Gütern und wird im Folgenden zusammenfassend auch als „Goodwill" bezeichnet.

Im Gegensatz zu anderen Selbständigen, wie Handwerkern, Gastronomen oder Landwirten, könnten sich bei den Rechtsanwälten, Patentanwälten, Steuerberatern, Notaren und Wirtschaftsprüfern standesrechtliche Beschränkungen sowie, was gleichermaßen für freiberufliche Ärzte gilt, das persönliche Vertrauensverhältnis zwischen Berufsträger und Mandant/Patient auf den Umfang des Insolvenzbeschlags und damit die Verfügungsbefugnis des Insolvenzverwalters auswirken.

### a) Die Apotheke als Massebestandteil

Eine Sonderstellung unter den Freiberuflern hinsichtlich der Insolvenzbefangenheit des Betriebs nehmen die Apotheker ein. Es bestehen keine Bedenken, die Apotheke vollumfänglich vom Beschlag erfasst zu sehen: Hier fehlt es an einem besonderen persönlichen Vertrauensverhältnis zwischen Apotheker und Kunden, so dass die Apothe-

---

Beschluss vom 12.03.1997 – L 11 SKa 85/96 = NJW 1997, S.2477, 2478; *Andres* in Nerlich/Römermann, InsO, §35, Rz.73; zur KO: *Jaeger/Henckel*, KO, 9.Aufl., §1, Rz.12.

[124] BGH-Urteil vom 11.12.1991 – VIII ZR 4/91 = NJW 1992, S.737.

[125] a.A. *Eisenberg*, Ärztliche Organisations- und Kooperationsformen, Diss., S.101; *Kamps* in NJW 1992, S.1545, 1547.

ke nicht den gleichen Beschränkungen unterworfen ist, wie die Kanzlei des Anwaltes, Steuerberaters oder Wirtschaftsprüfers oder der Praxis eines Arztes bzw. Zahnarztes.[126]
Darüber hinaus erklärt §36 II Nr.2 InsO explizit das Pfändungsverbot des §811 I Nr.9 ZPO für unanwendbar: Diese Norm nimmt die zum Betrieb einer Apotheke unentbehrlichen Geräte, Gefäße und Waren von der Einzelzwangsvollstreckung aus. Durch §36 II Nr.2 InsO werden diese Gegenstände ausdrücklich der Insolvenzmasse zugewiesen mit der Folge, dass die Apotheke als Ganzes vom Insolvenzverwalter verwertet werden kann.

### b) Die freiberufliche Praxis bzw. Kanzlei

Schwieriger gestaltet sich die Beantwortung der aufgeworfenen Frage bei Rechtsanwälten, Steuerberatern, Patentanwälten, Wirtschaftsprüfern, Ärzten und Zahnärzten.
Lange Zeit herrschte unter Geltung der Konkursordnung weitgehend Einigkeit darüber, dass die freiberufliche Praxis nicht in die Masse fällt.[127]
Hierfür wurde in erster Linie angeführt, eine Praxis als solche sei unveräußerlich. Gestützt wurde diese Meinung und entsprechende Urteile im Hinblick auf rechts- und steuerberatende Kanzleien auf eine strenge Standesauffassung, nach der der Verkauf einer Anwaltspraxis grundsätzlich als nach §138 BGB sittenwidrig anzusehen sei.[128]
Im Hinblick auf ärztliche Praxen wurde ein Verkauf mit Hinweis auf das besondere Vertrauensverhältnis zwischen Arzt und Patient, das nicht auf eine beliebige andere Person übertragbar sei, abgelehnt. Daraus wurde gefolgert, dass in gleichem Maße, wie die freiberufliche Praxis nicht frei übertragen werden könne, sie auch nicht der Verfügungsbefugnis eines Insolvenzverwalters unterworfen sein könne.[129]

Heute ist nach wie vor nicht abschließend geklärt, inwieweit eine freiberufliche Praxis in die Masse fällt. Ansatzpunkt für die folgenden Überlegungen muss §35 InsO sein. Diese Norm erklärt das gesamte Schuldnervermögen zum Zeitpunkt der Verfahrenseröffnung sowie den Neuerwerb als zur Masse gehörig.

#### (aa) Auswertung der Rechtsprechung

Bisher gibt es nur wenige aktuelle Urteile, in denen die Insolvenzbefangenheit einer freiberuflichen Praxis eine Rolle gespielt hat.
Auf das anwaltliche Standesrecht stellte die Argumentation des *FG Düsseldorf* noch Anfang der neunziger Jahre ab: Zwar hielt es den Verkauf einer Rechtsanwaltskanzlei

---

[126] *Uhlenbruck in* Uhlenbruck, InsO, 12.Aufl., §35, Rz.52; *ders.* in FS Henckel, S.877, 881; *Gerhardt* in FS Gaul, S.139, 147.

[127] für andere: *Mentzel/Kuhn,*KO, 8.Aufl., §1, Rz.78; *Kilger/Karsten Schmidt,* KO, 16.Auflage, §1, Rz.2 Da bb; so schon für eine Arztpraxis: RG-Urteil vom 28.11.1913 – 341/13 VII = JW 1914, S.210, Nr.26.

[128] RG, Urteil vom 24.11.1936 – II 131/36 = RGZ 153, S.280 ff.; RG, Urteil vom 12.08.1939 – II 67/39 = RGZ 161, S.153 ff.

[129] *Mentzel/Kuhn,* KO, 8.Aufl., §1, Rz.78.

für zivilrechtlich zulässig, also nicht sittenwidrig i.S.d. §138 BGB, eine Veräußerung dürfe aber nicht dazu führen, dass die Berufstätigkeit des Anwaltes als Organ der Rechtspflege in seinem Wesen gefährdet oder verfälscht werde.[130] Insbesondere dürfe eine Veräußerung nicht dazu führen, dass eine Kanzlei unter Verletzung der Standespflicht vorwiegend unter dem Gesichtspunkt des Geldverdienens ausgeübt werde. Aus dieser standesrechtlichen Einbindung folge, dass die Anwaltstätigkeit nach Konkurseröffnung nicht im Sinne einer Beschlagnahme für die Konkursmasse ausgeübt werden könne. Eine Tätigkeit des Gemeinschuldners als verlängerter Arm des Konkursverwalters verstoße damit gegen Standesrecht. Dagegen sollen die Honorare des Freiberuflers in die Masse fallen.[131]

Diese Entscheidung ist auf die heutige Rechtslage nur bedingt übertragbar, da sie noch von einer generellen Konkursfreiheit der Anwaltskanzlei ausging und sich dies neben der berufsrechtlichen Erwägung auch auf die Konkursfreiheit des Neuerwerbs gestützt hat, die nach §35 2.HS. InsO nicht mehr besteht.
Die Ausführungen des *FG Düsseldorf* sind allerdings auch nach damaligem Stand des Rechts in zweierlei Hinsicht kritisch zu beurteilen: Zum einen hat der *BGH* bereits 1958 die Veräußerlichkeit einer freiberuflichen Praxis, in diesem Fall einer Steuerberaterpraxis, grundsätzlich bejaht und dies wiederholt bestätigt.[132] In seinem Urteil führt er aus, aus dem Gesichtspunkt, dass das Vertrauen der Klientel dem Praxisinhaber persönlich und nicht auch ohne weiteres seinem Nachfolger in der Praxis gelte, sei nichts gegen die Zulässigkeit eines Praxisverkaufs herzuleiten. Der Erwerb einer Praxis gebe dem Nachfolger im Grunde nur die Chance, das von seinem Vorgänger erworbene Vertrauen der Klientel auch für seine Person zu rechtfertigen. Der Anwalt sei zwar kein Gewerbetreibender, sondern Organ der Rechtspflege, dadurch aber nicht daran gehindert, die durch seine Arbeit geschaffenen Werte gegen Entgelt auf einen anderen zu übertragen.[133]

Zum anderen ist meines Erachtens problematisch, dass das *FG Düsseldorf* nicht hinreichend zwischen Anwaltspraxis und Anwaltstätigkeit differenziert. Denn die Anwaltstätigkeit, d.h. seine Arbeitskraft, fällt, wie das Gericht später selbst feststellt[134] und wie in den folgenden Ausführungen noch zu zeigen sein wird, als Teil des Persönlichkeitsrechts nicht unter den Konkurs- bzw. Insolvenzbeschlag.
Dennoch stieß das Urteil des *FG Düsseldorf* nicht nur auf Ablehnung.[135] *Grub* pflichtet dem Urteil ausdrücklich bei und hält fest, dass der Substanzwert einer Anwaltspraxis, der sich aus Bürogeräten, Bibliothek und Räumlichkeiten zusammensetzt, dem

[130] FG Düsseldorf, Beschluss vom 24.03.1992 – 16 K 138/88 U = ZIP 1992, S.635, 636.

[131] FG Düsseldorf, Beschluss vom 24.03.1992 – 16 K 138/88 U = ZIP 1992, S.635, 636.

[132] BGH-Urteil vom 11.04.1958 – VIII ZR 190/57 = BB 1958, S.496; für eine Rechtsanwaltskanzlei: BGH-Urteil vom 20.01.1965 – VIII ZR 53/63 = NJW 1965, S.580; BGH-Beschluss vom 12.07.1972 – VIII ZR 259/69 = NJW 1973, S.98; für eine Arztpraxis: BGH, Urteil vom 18.12.1954 – II ZR 76/54 =BGHZ 16, 72, S.74.

[133] BGH- Urteil vom 20.01.1965, VIII ZR 53/63 = NJW 1965, S.580.

[134] FG Düsseldorf, Beschluss vom 24.03.1992 – 16 K 138/88 U = ZIP 1992, S.635, 636.

[135] zustimmend: *Smid* in Smid, InsO, 2.Auflage, §35, Rz.11; *Grub* in EWiR 92, S.81 ff.

Konkursbeschlag unterfällt.[136] Nicht dem Konkursbeschlag unterliege dagegen der innere Wert, der so genannte Praxiswert, der auf den Kundenbeziehungen des Anwalts basiere.[137]

In einem neueren Urteil musste sich der *BGH* mit der Frage der Vergütungsberechtigung des Konkursverwalters über Zahnarztvermögen gegenüber einer Kassenärztlichen Vereinigung (KV) aus dem Praxisweiterbetrieb auseinandersetzen.[138] Der Insolvenzverwalter im Konkurs eines Zahnarztes, der in die Weiterführung der Praxis zu Gunsten der Masse eingewilligt hat, wird nach Auffassung des *BGH* gegenüber einer KV nur dann vergütungsberechtigt, wenn er die Forderungen vom Schuldner abgetreten erhält oder selbst Vertragsarzt wird. Für den Erwerb der Vertragsarzteigenschaft genüge die Zustimmung der Landesärztekammer zum Praxisweiterbetrieb nicht. Über den Insolvenzbeschlag der Praxis selbst brauchte der *BGH* deswegen nicht abschließend zu entscheiden, weil der Zahnarzt die aus seiner Tätigkeit resultierenden Ansprüche bereits zur Sicherheit an eine kreditgebende Bank abgetreten hatte.

1997 hat das *LSG Nordrhein-Westfalen* im Fall einer psychiatrischen Praxis entschieden, dass die Beziehung zwischen Arzt und Patient zunehmend auf eine geschäftsmäßige Basis gestellt werde.[139] Die Praxis habe als solche einen Vermögenswert, der zur Konkursmasse gezogen werden könne. Eine Veräußerung sei aber trotzdem nur mit Zustimmung des Arztes möglich.

Die Auswertung der Rechtsprechung, insbesondere die der höchstrichterlichen, lässt bislang die Frage offen, inwieweit die freiberufliche Praxis dem Insolvenzbeschlag unterfällt.

### (bb) Erwägungen gegen eine Zugehörigkeit der freiberuflichen Praxis zur Masse

Traditionell sprachen standesrechtliche Vorbehalte dagegen, die freiberufliche Praxis als Massebestandteil anzusehen. Einhergehend mit einer zunehmenden Kommerzialisierung der freiberuflichen Praxen - ein Blick auf die Zusammenschlüsse internationaler Kanzleien in den letzten fünf Jahren stellt dies eindrucksvoll unter Beweis - und die Anerkennung der GmbH als Kooperationsform für Freiberufler[140] rücken diese Vorbehalte immer mehr in den Hintergrund.

Dennoch sprechen auch heute noch gewichtige Argumente gegen die Einbeziehung der freiberuflichen Praxis in die Masse. Es wird angeführt, dass die freiberufliche Praxis jedenfalls so lange nicht in die Masse falle, wie nach öffentlich-rechtlichen Vorschriften eine Berechtigung des Schuldners bestehe, seine Berufstätigkeit in der Insol-

---

[136] *Grub* in EWiR 92, S.81, 82.

[137] *Grub* in EWiR 92, S.81, 82.

[138] BGH-Beschluss vom 09.01.1997 – IX ZR 131/95 = BGH NJW 1997, S.2453.

[139] LSG Nordrhein-Westfalen-Beschluss vom 12.03.1997 – L 11 SKa 85/96 = NJW 1997, S.2477, 2478.

[140] s. z.B. für die Ärzte-GmbH: BGH, Urteil vom 25.11.1993 – I ZR 281/91 = ZIP 1994, S.844 ff.; für die Anwalts-GmbH: BayOLG, Beschluss vom 24.11.1994 – 3 Z BR 115/94 = ZIP 1994, S.1868.

venz fortzusetzen (bspw. §§13, 14 BRAO), und er sich damit auf die Pfändungsschutzvorschrift des §811 I Nr.5 ZPO berufen könne.[141] Nur so komme die Wertung des Gesetzgebers zum Ausdruck, der in §36 II InsO die von §811 I Nr.5 ZPO erfassten Gegenstände gerade nicht erwähnt.[142]

Durch §36 I InsO wird klargestellt, dass Gegenstände, die nicht der Zwangsvollstreckung unterliegen, auch nicht zur Insolvenzmasse gehören. In Ausnahme dazu nimmt §36 II Nr.2 InsO die von §811 I Nr.4 und 9 ZPO von der Zwangsvollstreckung ausgeschlossenen Gegenstände aus und erklärt sie als zur Masse gehörig. Nicht in §36 II Nr.2 InsO erwähnt ist die Norm des §811 I Nr.5 ZPO, die – wie zuvor umfassend erörtert[143] - zugunsten von Personen, die ihren Erwerb aus ihrer körperlichen oder geistigen Arbeit oder sonstigen persönlichen Leistungen ziehen, die dafür erforderlichen Gegenstände für pfändungsfrei erklärt.
Für die Einzelzwangsvollstreckung wird daraus gefolgert, dass dabei weder die Beschäftigung von Mitarbeitern oder Gehilfen[144], noch der Einsatz wertvoller Geräte oder Maschinen dem Schuldner das Merkmal der persönlichen Arbeit nehmen und damit nicht grundsätzlich aus dem Anwendungsbereich des §811 I Nr.5 ZPO herausfallen. Entscheidend ist vielmehr, dass der erzielte Gewinn trotz Einsatz von Sachmitteln im Wesentlichen auf der persönlichen Arbeit beruhen muss.[145]

Überträgt man diese Überlegungen zur Einzelzwangsvollstreckung, wie die Nichterwähnung in §36 II Nr.2 InsO es vorgibt, auf die Insolvenz, bedeutet dies, dass der Schuldner dessen Betrieb auf der persönlichen Arbeit beruht, mit den betriebsnotwendigen Mitteln weiterarbeiten kann.

In diesem Befund sehen *Voigt/Gerke* einen Widerspruch zur Unternehmensbezogenheit des Insolvenzbeschlags bei selbständigen Unternehmern.[146]
§811 I Nr.5 ZPO garantiere dem selbständig tätigen Schuldner, dass er sein Kleinunternehmen insolvenzfrei weiterführen könne. Es bestehe in diesem Falle kein Unternehmen mit einem eigenen Unternehmenswert, der über den addierten Wert der Einzelteile hinausgehe. Ein solcher bestehe erst dann, wenn ein auf Kapitaleinsatz beruhender Betrieb vorliege. Überträgt man diesen Ansatz auf die freiberufliche Praxis, dürfte auch dieser aufgrund der Überlegungen zum Pfändungsschutz kein Goodwill beigemessen werden.

---

[141] *Holzer* in Kübler/Prütting, InsO, Stand 2003, §35, Rz.74; ähnlich: *Voigt/Gerke* in ZInsO 2002, S.1054, 1056ff.

[142] *Holzer* in Kübler/Prütting, InsO, Stand 2003, §35, Rz.74.

[143] s.o. S.42 ff.

[144] *Münzberg* in Stein/Jonas, ZPO, 21.Aufl., §811, 45; *Hartmann* in Baumbach/Lauterbach, ZPO, 52.Aufl., §811, Rz.34; *Becker* in Musielak, ZPO, 3.Aufl., §811, Rz.17; *Stöber* in Zöller, §811, Rz.24.

[145] *Stöber* in Zöller, ZPO, 23.Aufl., §811, Rz.24; *Becker* in Musielak, ZPO, 3.Aufl., §811, Rz.17; *Münzberg* in Stein/Jonas, ZPO, 21.Aufl., §811, Rz.45.

[146] *Voigt/Gerke* in ZInsO 2002, S.1054 ff.

### (cc) Erwägungen, für die Zugehörigkeit der freiberuflichen Praxis zur Masse

Überwiegend wird dagegen inzwischen die freiberufliche Praxis als vom Insolvenzbeschlag umfasst angesehen.[147] Die Tendenz, die GmbH als Kooperationsform zwischen Freiberuflern anzuerkennen[148], lasse auf eine zunehmende Kommerzialisierung der freiberuflichen Tätigkeit schließen. Dies könne nicht ohne Auswirkungen auf die Frage des Insolvenzbeschlags der freiberuflichen Tätigkeit bleiben.[149]

Aus einem Vergleich mit der Einzelzwangsvollstreckung leitet *Gerhardt* her, dass das Unternehmen als solches dem Insolvenzbeschlag unterliegen müsse: Das Zwangsvollstreckungsrecht sei eine „Spezialexekution" durch bestimmte Vollstreckungsmaßnahmen in bestimmte Gegenstände. Der Zwangsvollstreckung unterliegen damit nur die einzelnen in dem Geschäftsbetrieb enthaltenen gegenständlichen Vermögenswerte, nicht dagegen der Wert, der sich aus der Einheit dieser Gegenstände ergibt und über die Summe der Einzelgegenstände hinausgeht.[150]
Dagegen gehe es in der Insolvenz um eine Gesamtvollstreckung, bei der nicht mehr separat auf die einzelnen Gegenstände zugegriffen werde. Erfasst seien alle – auch tatsächlichen – Werte. Wäre der Konkursbeschlag auf einzelne Gegenstände beschränkt, wäre eine Betriebsfortführung im Insolvenzverfahren unzulässig, da die Verwertungsbefugnis des Verwalters auf den Umfang der Insolvenzmasse beschränkt sei. Ein Umkehrschluss daraus mache deutlich, dass das Unternehmen mit allen seinen Bestandteilen zur Masse gehöre.[151]

*Uhlenbruck* formuliert mit Hinweis auf ein Urteil des BFH von 1994[152] ähnlich, dass es widersprüchlich sei, einerseits die Betriebsfortführung durch den Konkursverwalter

---

[147] *Uhlenbruck* in Uhlenbruck, InsO, 12.Aufl., §35, Rz.47; *ders.* in FS Henckel, S.877 ff; *ders.* in ZVI 2002, S.49; *Uhlenbruck/Schlund* in Laufs/Uhlenbruck, Hdb. d. ArztR, 3.Aufl., §19, Rz.1; *Peters* in MüKo zur InsO, Stand 2003, §36, Rz.24; *Breutigam* in Breutigam/Blersch/Goetsch, InsO, Stand 2003, §35, Rz.19; *Lwowski* in MüKo zur InsO, Stand 2003, §35, Rz.507; *Weis* in Hess/Weis/Wienberg, InsO, 2.Aufl., §§ 35, 36, Rz.210; *Kilger/Karsten Schmidt,* KO, 16.Aufl., §1, Anm.2 D bb; *Braun,* §35, Rz.39; *Gerhardt* in FS Gaul, S.139, 144, 145; *Graf/Wunsch* in ZIP 2001, S.1028, 1033; *Kluth* in NJW 2002, S.186, 187; *Vallender* in FS Metzeler, S.21, 26; *Hess/Röpke* in NZI 2003, S.233, 234; *Pape* in EwiR 94, S.1003; *van Zwoll* in MedR 2003, S.329, 331; wohl auch: *Jaeger/Henckel,* KO, 9.Aufl., §1, Rz.12; *Schick* in NJW 1990, S.2359, 2360; offen lassend: *Heilmann/Klopp* in Gottwald, InsO-Hdb., §27, Rz.6.

[148] für die Ärzte-GmbH: BGH, Urteil vom 25.11.1993 - I ZR 281/91 = ZIP 1994, S.844 ff.; für die Anwalts-GmbH: BayOLG, Beschluss vom 24.11.1994 – 3 Z BR 115/94 = ZIP 1994, S.1868.

[149] *Uhlenbruck* in Uhlenbruck, InsO, 12.Aufl., §35, Rz.47; *ders.* in FS Henckel, S.877, 879; *ders.* in ZVI 2002, S.49, 50; *Gerhardt* in FS Gaul, S.139, 145.

[150] *Gerhardt* in FS Gaul, S.139, 140.

[151] *Gerhardt* in FS Gaul, S.139, 143; ähnlich *Pape* in EwiR 1994, S.1003.

[152] BFH-Urteil vom 22.03.1994 – VII R 58/93 = ZIP 94, S.1283 ff.: Ob die Praxis eines Steuerberaters zur Masse gehört, war in dem Urteil nicht entscheidungserheblich. Der BFH stellt aber fest, dass die Zulässigkeit der Veräußerung und Verwertung einer freiberuflichen Praxis allgemein anerkannt sei. Daher sei der Konkursverwalter auch befugt, die Mandanten des Steuerberaters gegenüber den Behörden zu vertreten. Siehe auch: Kurzkommentar zu BFH-Urteil vom 22.03.1994 – VII R 58/93 von *Pape* in EwiR 1994, S.1003.

zuzulassen, andererseits aber die Verwertung des „Goodwill“ vom Konkursbeschlag auszuschließen.[153] Räume man dem Konkursverwalter die Befugnis ein, eine Kanzlei fortzuführen, so müsse man ihm auch die Dispositionsbefugnis über das gesamte Schuldnervermögen einräumen, weil schon die Entscheidung die Praxis fortzuführen, den Bereich der freiberuflichen Tätigkeit berühre.[154]
Der weitere Einwand *Uhlenbrucks,* die Auffassung, die zwischen dem materiellen und dem inneren Wert einer Praxis unterscheidet, privilegiere den im Konkurs befindlichen Freiberufler, da er in die Lage versetzt werde, unter dem Schutzschild des Vollstreckungsverbot seiner Tätigkeit weiter nachgehen zu können, ohne dass der Neuerwerb in die Masse falle[155], verfängt indes nicht mehr: Mit der Ersetzung der Konkursordnung durch die InsO ist klargestellt, dass der gesamte Neuerwerb in die Masse fällt, §35 InsO.

#### (dd) Stellungnahme

Es bestehen erhebliche theoretische als auch praktische Bedenken, die freiberufliche Praxis als Betriebswert nicht von der Masse erfasst zu sehen:

#### (1) Freiberufliche Praxis ist Träger eines veräußerbaren Goodwills

Nach den Ausführungen von *Voigt* und *Gerke* ist die freiberufliche Praxis nicht Träger eines selbständig übertragbaren Goodwills. Die Idee der Übertragung eines Unternehmens mit einem eigenen Unternehmenswert verfängt ihnen zufolge im Falle einer freiberuflichen Praxis nicht, da ohne die Arbeitskraft des Freiberuflers keine funktionsfähige Sachgesamtheit übertragen werden könne.[156] Der gesamte immaterielle Wert wäre dann in Person und Arbeitskraft des freiberuflichen Schuldners verkörpert.
Wäre diesem Befund zuzustimmen, könnte dahinstehen, ob der Goodwill einer freiberuflichen Praxis insolvenzbefangen ist oder nicht, denn er wäre jedenfalls nicht einer eigenständigen Verwertung durch den Verwalter zugänglich.

Die Ansicht, die freiberufliche Praxis sei nicht Träger eines veräußerbaren Goodwills, kann indes nicht überzeugen.
Erfahrungen aus den letzten Jahren haben gezeigt, dass für ärztliche Praxen sowie rechts- und steuerberatende Kanzleien Veräußerungspreise erzielt wurden, die deutlich über dem Wert lagen, der sich aus einer Addition der Sachwerte unter Fortführungsgesichtspunkten ergeben hat. Dies lässt sich nur dahingehend interpretieren, dass auch eine freiberufliche Praxis einen in ihrem Veräußerungspreis zum Ausdruck kommenden Goodwill hat.

---

[153] *Uhlenbruck* in FS Henckel, S.877 ff.
[154] *Uhlenbruck* in FS Henckel, S.877, 879, Fn.12.
[155] *Uhlenbruck* in FS Henckel, S.877, 879.
[156] so *Voigt/Gerke* in ZInsO 2002, S.1054, 1058.

Insbesondere der Lagevorteil, der einen Teil des Goodwills ausmacht, lässt sich ohne weiteres auf einen Nachfolger übertragen.[157] Schwieriger gestaltet sich in der Praxis Übertragung von Kundenstamm und positiver Wertung im Verkehr.[158] Das bisherige Vertrauensverhältnis der Patienten/Mandanten endet mit dem Ausscheiden des bisherigen Berufsträgers, so dass sich der hierin verkörperte immaterielle Wert rasch verflüchtigt.[159]

Dies gilt besonders, wenn die Übertragung zu einem Bruch in der Praxisfortführung führt. Einen solchen Bruch zu vermeiden, gestaltet sich in der Insolvenz schwieriger als bei der freiwilligen und geplanten Übertragung auf einen Nachfolger im „normalen" Rechtsverkehr. Ein reibungsloser Übergang unter Erhalt des Kundenstamms setzt in der Insolvenz in jedem Fall die kooperative Mitarbeit des Schuldners voraus. Grundsätzlich hat der Übernehmer einer freiberuflichen Praxis aber immer die Chance, Patienten und Mandanten zu übernehmen, die unter Umständen bereits jahrelang an die Praxis gebunden sind.
Dass diese Chance, mit der sich die Möglichkeit verbindet, von Beginn an erfolgreich und wertschöpfend zu arbeiten, einen geldwerten Vorteil bietet, lässt sich in meinen Augen nicht leugnen. Dass die Übernahme einer freiberuflichen Praxis mit Patienten-/Mandantenstamm einen solchen immateriellen Wert in sich trägt, erschließt sich insbesondere dann, wenn man sie der Alternative einer Neugründung in neuen Örtlichkeiten in einem an Freiberuflern in weiten Bereichen übersättigten Arbeitsumfeld gegenüberstellt. Eine solche Neugründung stellt sich regelmäßig ausgesprochen schwierig dar.
Inwieweit ein Übernehmer einer freiberuflichen Praxis die ihm eingeräumte Chance tatsächlich nutzt hängt dann nicht zuletzt auch von seinem eigenen fachlichen und unternehmerischen Geschick ab.

Zuzugeben ist also, dass der Goodwill im Einzelfall in kaum übertragbarer Weise an den Schuldner gebunden ist, was die praktische Verwertbarkeit ohne die Arbeitskraft des Schuldners bzw. ohne dessen Mitwirkung bei einer Veräußerung erheblich einschränkt. Insbesondere wenn der Schuldner die Übertragung in der Insolvenz boykottiert, gestaltet sich die Erhaltung des Kundenstamms und des Vertrauens, das die Kunden in Beratung oder Behandlung durch den Berufsträger gesetzt haben, als schwierig.[160] Diese unerfreuliche Konsequenz ist als praktisches Problem hinzunehmen, berechtigt jedoch nicht zu dem Schluss, die freiberufliche Praxis habe als solche grundsätzlich keinen übertragbaren Goodwill.

---

[157] Welch ein erheblicher Wert eine gute Lage darstellt, lässt sich an den Summen festmachen (bis 300.000€), die für Vertragsarztsitze - die nicht Massebestandteil sind – in einigen Gegenden bezahlt werden.

[158] dazu siehe unten S.60, 61.

[159] ähnlich OLG Celle, Urt. v. 29.05.2002 – 9 U 310/01 = MedR 2003, S.102, 103: „Die Klientel von Freiberuflern ist ein flüchtiges Gut.".

[160] dazu siehe unten, S.166 ff.

Dass die Ansicht, die einen beachtenswerten Goodwill der freiberuflichen Praxis verkennt, darüber hinaus zu höchst unbefriedigenden Ergebnissen führen kann, zeigt ein Fall, den das *Reichsgericht* Anfang des letzten Jahrhunderts zu entscheiden hatte: Ein Arzt hatte seine Praxis kurz vor seinem Konkurs für einen nicht unbeträchtlichen Preis verkauft, und zwar derart, dass der Kaufpreis an seine Ehefrau gezahlt werden sollte. Da die Kaufpreisforderung, wie das *RG* annahm, in der Person der Ehefrau entstanden war, konnten die Gläubiger auf sie nicht zugreifen. Das *RG* lehnte aber auch die Anfechtung des Geschäfts wegen Gläubigerbenachteiligung ab, da die Praxis kein Vermögensbestandteil gewesen sei, durch ihre Veräußerung also auch die Gläubiger nicht benachteiligt werden konnten.[161]

**Exkurs: Die Bewertung der freiberuflichen Praxis**

Nicht zuletzt die Bemühungen, den Wert einer freiberuflichen Praxis vor einer rechtsgeschäftlichen Übertragung, bei der Auseinandersetzung zwischen Eheleuten oder Teilhabern sowie beim Erbfall zu evaluieren, zeigen, dass dieser grundsätzlich ein immaterieller Wert zugemessen wird.

Höchst umstritten zwischen Wissenschaft und Praxis ist dabei, welche Methode zur Wertermittlung herangezogen wird.[162]

So plädieren Vertreter der Betriebswirtschaftslehre für die Anwendung der Ertragswertmethode, des DCF(Discounted Cash-Flow)-Verfahrens, der Umsatzmethode oder der Investitionsvergleichsrechnung.[163] Dabei fragt die am weitesten verbreitete Ertragswertmethode nach den nachhaltig entnehmbaren Überschüssen und kapitalisiert diese zu einem Ertragswert.[164] Hierbei ergibt sich der Marktpreis einer freiberuflichen Praxis aus einer Addition von Substanzwert und Goodwill. Bei der Ermittlung des Goodwills wird davon ausgegangen, dass entscheidendes Kriterium bei der Marktpreisfindung der Wert des verkehrsfähigen Kundenstamms ist.[165] Das DCF-Verfahren stellt sich als Weiterentwicklung des Ertragswertverfahrens dar, das vornehmlich in den angelsächsischen Ländern Anwendung findet. Dieses Verfahren wurde im Hinblick auf die Bewertung von börsennotierten Unternehmen entwickelt, so dass zweifelhaft ist, inwiefern sich hiermit der Wert einer freiberuflichen Praxis bestimmen lässt.[166]

In den letzten Jahren hat sich neben der Ertragswertmethode v.a. die Umsatzmethode als Bewertungsverfahren etabliert. Zur Einschätzung des Goodwills wird der Umsatz mit einem Erfahrungssatz multipliziert, der sich aus den in der Vergangenheit in einer

---

161 RG-Urteil vom 28.11.1913 – 341/13 VII = LZ 1914, S.492.

162 Einen Überblick über die Möglichkeiten geben *Cramer/Maier* in MedR 2002, S.616 ff; *Englert* in BB 1997, S.142 ff; *Küntzel* in DStR 2000, S.1103.

163 Überblick bei *Piltz,* Unternehmensbewertung, Dritter Teil, A.II.2.b., S.15ff.

164 *Cramer* in MedR 1992, S.313, 315.

165 für die Arztpraxis siehe bspw. *Uhlenbruck/Schlund* in Laufs/Uhlenbruck, Hdb. d. ArztR, 3.Aufl., §19, Rz.1;

*Eisenberg,* Ärztliche Organisations- und Kooperationsformen, Diss., S.97.

166 *Küntzel* in DStR 2000, S.1103, 1106.

bestimmten Branche realisierten Marktpreisen für Unternehmenskäufe ergibt.[167] Der Mittelsatz zur Ermittlung des Goodwills beträgt so beispielsweise bei einer Wirtschaftsprüferpraxis 125% des Umsatzes, der einer Zahnarztpraxis 34% des Umsatzes.[168]
Die Investitionsrechnung vergleicht die zu bewertende Praxis mit anderen Investitionsmöglichkeiten, hier also v.a. mit einer Neugründung.[169]

Bei sämtlichen Bewertungsmethoden geht die Betriebswirtschaftslehre jedenfalls davon aus, dass Charakteristika der freiberuflichen Praxen als Bewertungsobjekte der dominierende Anteil des Goodwills am Unternehmensgesamtwert und die ausgeprägte Personenbezogenheit bei freiberuflichen Tätigkeiten sind.
Kritisiert wird an diesen Methoden, dass sie den Praxiswert anhand von Methoden bestimmen, die für Unternehmen entwickelt wurden, eine freiberufliche Praxis aber nicht mit einem gewerblichen Unternehmen zu vergleichen sei.[170]

Praktiker greifen bei der Bewertung von Freiberuflerpraxen auf verschiedene Faustformeln zurück. Im Bereich ärztlicher Praxen ist dies beispielsweise die Bundesärztekammermethode, bei der sich der Gesamtwert aus einer Addition von Substanzwert und ideellem Wert ergibt.[171] Diese Methode geht also davon aus, dass sich der Verkauf einer Arztpraxis nicht in der Übergabe der sächlichen Mittel erschöpft, sondern dass vor allem auch ein immaterieller Wert auf einen Erwerber übergeht.[172] Der immaterielle Wert wird danach in erster Linie in der Chance des Nachfolgers gesehen, die bisher an die Praxis gebundenen Patienten als eigene Patienten zu gewinnen.[173]
An dieser Methode wird seitens der Lehre kritisiert, dass sie einerseits den Umsatz als Wertmaßstab ohne Berücksichtigung der jeweiligen Facharztrichtung und der Kostenstruktur der jeweiligen Praxis heranzieht, dass sie andererseits als Ausgangspunkt des zukünftigen Erfolgs einer Praxis Parameter aus der Vergangenheit heranzieht. Sie hat jedoch den nicht zu unterschätzenden Vorteil, dass sie zu einer einfachen und schnellen Ermittlung des Praxiswertes führt.[174]

Uneinigkeit, jedoch Methodenfreiheit, herrscht in der Rechtsprechung hinsichtlich der Bewertung freiberuflicher Praxen.[175] Bis heute gilt die Feststellung des *BGH* von

---

[167] *Englert* in BB 1997, S.142, 143.

[168] s. hierzu ausführlich Tabelle bei *Englert* in BB 1997, S.142, 143.

[169] vgl. zum Ganzen: *Cramer/Maier* in MedR 2002, S.616, 617.

[170] vgl. Einleitung zur Ärztekammermethode, DÄBl 1997, S.926; für die Anwendbarkeit der Ertragswertmethode plädieren: *Küntzel* in DStR 2000, S.1103 ff.; *Piltz,* Unternehmensbewertung, Dritter Teil, A.II.2.b., S.97.

[171] vergleichbare Empfehlungen gibt es auch von anderen Berufsorganisationen: zur Bewertung einer Anwaltspraxis s. *Bundesrechtsanwaltskammer,* BRAK-Mitteilungen 1992, S.24 ff.; zur Bewertung einer Steuerberaterpraxis s. *Bundessteuerberaterkammer* in Berufsrechtliches Handbuch, hrsg. von der Steuerberaterkammer Stuttgart, 1992, Abschnitt: 5.2.2.

[172] *Küntzel* in DStR 2000, S.1103.

[173] so auch *Uhlenbruck/Schlund* in Laufs/Uhlenbruck, Hdb. d. ArztR, 3.Aufl., §19, Rz.1.

[174] vgl. zu Vor- und Nachteilen der einzelnen Methoden: *Küntzel* in DStR 2000, S.1103, 1104.

[175] s. im Überblick: *Cramer/Maier* in MedR 2002, S.616.

1990, dass der sachverständig beratene Tatrichter in der Wahl seiner Bewertungsmethode frei ist.[176] Jedoch äußerte sich der *BGH* selbst in einem neueren Verfahren im Zusammenhang mit der Zugewinnauseinandersetzung kritisch über die Ertragswertmethode, als diese einen zukünftigen Nutzen ermittle. Dies sei im Rahmen des Zugewinnausgleichs nicht zulässig, da dies wegen Berücksichtigung subjektiver Faktoren nicht zu einem objektiven Verkehrswert führe.[177]
Das *OLG Koblenz* hielt in einem Verfahren, in dem es um die Bewertung einer Zahnarztpraxis ging, das Ertragswertverfahren für nicht anwendbar, weil sich die Ertragsprognose nicht von der Person des Inhabers trennen lasse.[178] Für anwendbar hielt das Ertragswertverfahren dagegen das *OLG Hamm* 1996 zur Bewertung einer Massagepraxis.[179]

Zu berücksichtigen ist bei der Beurteilung aller Bewertungsverfahren, dass bei freiberuflichen Praxen stärker als bei Unternehmen Unwägbarkeiten eine Rolle spielen, die eine sichere und objektive Bewertung nahezu ausschließen. So ist die Bewertung von rechtlichen Einflüssen geprägt, wie etwa die Problematik der Übertragung von Karteien, auf die betriebswirtschaftliche Erkenntnisse nicht anwendbar sind. Auch hängen die Umsätze eines freiberuflich tätigen Arztes maßgeblich von sozialrechtlichen Bestimmungen ab, der Wert seiner Praxis von der zukünftigen Handhabung der Zulassungsbeschränkung. Hier eine sichere Prognose über zukünftige Erträge zu treffen, scheint mithin fast ausgeschlossen.

Auch muss eine aussagekräftige Bewertung maßgeblich auf den Bewertungsanlass abstellen.[180] So muss die Praxis, die Teil der Insolvenzmasse ist, anders beurteilt werden, als die, die nach langjähriger gemeinsamer erfolgreicher Tätigkeit zwischen mehreren Berufsträgern beim Ausscheiden des einen unter Fortführung durch die anderen auseinandergesetzt werden soll. Bei der Ermittlung des immateriellen Wertes einer Praxis in der Insolvenz müssen erhebliche Abschläge vorgenommen werden, um zu einem realistischen Praxisgesamtwert zu gelangen.
Trotzdem zeigen sämtliche Bewertungsverfahren aus der betriebswirtschaftlichen Theorie und Praxis, dass auch der Betrieb eines Freiberuflers einen bei der Übertragung beachtlichen Goodwill hat.

### (2) Keine Einschränkung wegen persönlichen Vertrauensverhältnisses

Unbestritten ist, dass freiberufliche Praxen Gegenstand des Rechtsverkehrs sein können und also solche übertragen werden können, s.o.[181] Es ist nicht einsichtig, warum nicht auch ein Insolvenzverwalter über diesen Wert verfügen können sollte. Die Ar-

---

[176] BGH, Urt. vom 24.10.1990 – XII ZR 101/89 = FamRZ 1991, S.43.

[177] BGH, Urt. vom 25.11.1998 – XII ZR 84/97 = FamRZ 1999, S.361 (Steuerberaterpraxis).

[178] OLG Koblenz, Urt. vom 10.08.1998 – 13 UF 1143/97.

[179] OLG Hamm, Urt. vom 28.06.1996 – 12 UF 34/95.

[180] so *Englert* in BB 1997, S.142.

[181] S.58 ff.

gumentation, das Verhältnis zwischen Anwalt und Mandant bzw. Arzt und Patient sei ein auf persönlichem Vertrauen basierendes, nicht übertragbares, ist überholt: Auf der einen Seite beweisen zahlreiche Übertragungen von Kanzleien und Praxen auf einen Nachfolger oder eine Nachfolgegesellschaft das Gegenteil. Auf der anderen Seite besteht nicht immer ein enges persönliches Verhältnis. Im Einzelfall, etwa bei dem Haus-, Frauen- oder Zahnarzt, mag dieses Verhältnis im ärztlichen Bereich vorhanden sein. Anders verhält es sich jedoch sicher bei einem Laborarzt, zu dem Patienten erst durch Überweisung gelangen und den sie häufig nicht einmal persönlich kennen lernen. Hier müsste jedenfalls zwischen einzelnen ärztlichen Fachgebieten differenziert werden. Ähnlich gilt auch im Falle von Rechtsanwaltskanzleien, dass nur in wenigen Fällen das Verhältnis zwischen Mandant und Anwalt auf einem engen persönlichen Vertrauensverhältnis beruht. Vielmehr wird die Arbeit des Rechtsanwaltes von einem Großteil der Mandanten inzwischen in Anspruch genommen wie jede andere Dienstleistung auch.

### (3) Freiberufler-Praxis als Massebestandteil mit §36 I InsO i.V.m. §811 I Nr.5 ZPO vereinbar

Ohne dies ausdrücklich zu erwähnen, gehen Verfechter der Insolvenzfreiheit der freiberuflichen Praxis offensichtlich davon aus, dass sich die Forderung, die freiberufliche Praxis sei vom Insolvenzbeschlag umfasst, nicht mit §36 I InsO i.V.m. §811 I Nr.5 ZPO vereinbaren lasse. So ist nach *Voigt/Gerke* allein die „Maxime vom dem insolvenzfreien Kleinunternehmen“ mit dem Wortlaut des §36 II InsO zu vereinbaren.[182] Die der Gläubigerversammlung weitgehende Befugnisse einräumenden §§157, 158 InsO sowie die Forderung nach der Unternehmensbezogenheit des Beschlags dürften nicht dazu führen, das gesamte Unternehmen mit allen seinen Gegenständen als Masse zu betrachten, und damit die Pfändungsverbote restriktiv bzw. gar nicht anzuwenden.[183]

Diese Einschätzung verkennt, dass es durchaus möglich ist, den Pfändungsverboten auch bei Insolvenzbefangenheit der freiberuflichen Praxis volle Geltung zu verschaffen. Der Schuldner kann im vom §811 I Nr.5 ZPO gesteckten Rahmen Sachen, die er für eine Fortführung der Praxis oder Kanzlei benötigt, für sich beanspruchen, um seine Praxis fortzuführen. Ihm ist nicht verwehrt, von eventuellen berufsrechtlichen Beschränkungen abgesehen, Gegenstände aus der Praxis zu entnehmen, um mit diesen Gegenständen eine neue Praxis zu eröffnen.
Die mit der freiberuflichen Praxis verbundenen immateriellen Werte, wie Lagevorteil, Praxisräume oder günstige Verträge, fallen dagegen in die Masse.[184]

---

[182] *Voigt/Gerke* in ZInsO 2002, S.1054, 1058.

[183] *Voigt/Gerke* in ZInsO 2002, S.1054, 1056.

[184] So i.E. *Gerhardt* in FS Gaul, S.139, 144, 146, 147; *Uhlenbruck* in FS Henckel, S.877, 882; *Uhlenbruck/Schlund* in Laufs/Uhlenbruck, Hdb. des ArztR, 3.Aufl., §19, Rz.1; *van Zwoll* in GesR 2003, S.329, 331; *Breutigam* in Breutigam/Blersch/Goetsch, InsO, Stand 2003, §35, Rz.19; *Vallender* in Uhlenbruck, §35, Rz.48; *Weis* in Hess/Weis/Wienberg, InsO, 2.Aufl., §§ 35, 36, Rz.210; *Häsemeyer,* InsO, 2.Aufl., Rz.9.11 ff., S.171; *Graf/Wunsch* in ZIP 200 S.1029, 1033; auch schon zur KO: *Kil-*

Nicht verkannt werden soll an dieser Stelle, dass die oben vorgestellte Möglichkeit – der Schuldner entnimmt seiner Praxis die gem. §36 I S.1 InsO i.V.m. §811 I Nr.5 ZPO nicht dem Beschlag unterliegenden Gegenstände für eine Neueröffnung an anderer Stelle und der Insolvenzverwalter verwertet die „Restpraxis"– weder für Gläubiger, noch für Schuldner eine erstrebenswerte Lösung darstellt. Ein Großteil des Praxiswertes ist in der Regel eng an den Schuldner gebunden, so dass der Wert der massezugehörigen „Restpraxis" ohne die Mitarbeit des Schuldners erheblich sinkt. Gerade bei Arztpraxen wird eine lukrative Verwertung aufgrund des zu berücksichtigenden Persönlichkeitsrechtes der Patienten, auf das später noch einzugehen sein wird, in vielen Fällen kaum möglich sein.
Schon hier kann daher festgehalten werden, dass gerade bei einem kooperationswilligen Schuldner eine Verwertung der freiberuflichen Praxis angestrebt werden sollte, bei der der volle Wert der Praxis durch Weiterarbeit des Schuldners abgeschöpft werden kann. Dies führt in der Regel zur besten Quote für die Gläubiger, und schafft dem Schuldner die Aussicht, nach Abtragung der Schulden, evtl. auch in einem Planverfahren bzw. Ablauf der Wohlverhaltensphase, den von ihm geschaffenen und auf ihm basierenden Praxiswert für einen späteren Vermögensaufbau zu nutzen.

#### (ee) Zwischenergebnis

Als Ergebnis bleibt hier trotz dieser praktischen Bedenken festzuhalten, dass die freiberufliche Praxis inkl. deren Goodwill unter den Insolvenzbeschlag fällt. Das Pfändungsverbot des §811 I Nr.5 ZPO kommt auch im Insolvenzrecht über §36 I S.1 InsO grundsätzlich uneingeschränkt zur Anwendung. Eine Ausnahme muss von dieser Regel gemacht werden, wenn der Schuldner sich auf §811 I Nr.5 ZPO beruft, ohne eine Fortsetzung der freiberuflichen Tätigkeit anzustreben.
Hierdurch wird dem in §1 S.1 InsO niedergelegten Ziel des Insolvenzverfahrens, die umfassende Gläubigerbefriedigung durch Verwertung des Schuldnervermögens bei gleichzeitiger Möglichkeit der Erhaltung der wirtschaftlichen Existenz des Schuldners, in bestmöglicher Weise Geltung verschafft.[185]

### 3. Die Arbeitskraft des Schuldners kein Gegenstand der Masse

Ein weiteres Problem in der Abwicklung des Insolvenzverfahrens stellt sich, wenn der Schuldner zu erkennen gibt, dass er nicht bereit ist für die Masse und damit für die Befriedigung seiner Gläubiger zu arbeiten. Die Ursache für diesen möglichen Unwillen ist darin zu sehen, dass seit der Neueinführung des §35 InsO der gesamte Neuerwerb des Schuldners in die Masse fällt, wohingegen zu Zeiten der KO der Neuerwerb konkursfrei war.

---

*ger/Karsten Schmidt,* KO, 16.Aufl., §1, Anm.2 D bb; *Jaeger/Henckel,* KO, 9.Aufl., §1, Rz.12; *Kuhn/Uhlenbruck,* KO, 12.Auflage, §1, Rz.78a.

[185] *Uhlenbruck* in Uhlenbruck, InsO, 2.Aufl., §1, Rz.1.

Ansatzpunkt des Gesetzgebers bei der Einbeziehung des Neuerwerbs war die Erkenntnis, dass
eine natürliche Person ihren Erwerb im Wesentlichen durch Arbeitseinkommen erzielt.[186] Die Erkenntnis, dass sein Einkommen trotz gewisser Anreize, wie beispielsweise §36 I InsO i.V.m. §850a ZPO sie schafft, in erster Linie der Mehrung der Masse und damit den Gläubigern zugute kommt, könnte den Schuldner davon abhalten, seine Tätigkeit weiterzuführen, um stattdessen eine Arbeit aufzunehmen, deren Erlös sich im beschlagfreien Bereich bewegt. Gerade bei solchen Freiberuflern, bei denen der Betrieb für sich betrachtet wirtschaftlich gewinnbringend arbeitet, wäre dieses Vorgehen für die Gläubiger wenig wünschenswert. Schlägt der Schuldner nun aber eine Strategie ein, bei der er insolvenzbefangenen Neuerwerb vermeidet, stellt sich die Frage, ob der Insolvenzverwalter den Schuldner im Interesse der Gläubiger zu einer angemessenen Tätigkeit anhalten kann, ob also die Arbeitskraft des Schuldners in die Masse und damit unter die Verfügungsgewalt des Verwalters fällt. Soweit sich aus der Insolvenzordnung eine Arbeitsverpflichtung für den Schuldner zugunsten der Masse herleiten ließe, könnte hieraus auf die Insolvenzbefangenheit der Arbeitskraft geschlossen werden.

#### a) Keine Arbeitsverpflichtung aus §295 I Nr.1 InsO

Strebt der Schuldner die Restschuldbefreiung, §§286 ff. InsO, an, schreibt §295 I Nr.1 InsO ihm für die sechsjährige Wohlverhaltensphase vor, eine angemessene Tätigkeit auszuüben oder sich um eine solche zu bemühen. Vernachlässigt der Schuldner diese Obliegenheit, kann ihm nach §296 I InsO die Restschuldbefreiung versagt werden.
Eine entsprechende Vorschrift fehlt jedoch für die Dauer des Insolvenzverfahrens. Selbst wenn es eine vergleichbare Vorschrift gäbe, begründete diese keine Arbeitsverpflichtung des Schuldners, sondern lediglich eine Arbeitsobliegenheit.

#### b) Keine Arbeitsverpflichtung aus §97 InsO

Erwägenswert ist, ob dem Schuldner eine Arbeitsverpflichtung aus §97 InsO erwächst. Immerhin ist in dieser Norm von der Mitwirkungspflicht des Schuldners während des Insolvenzverfahrens die Rede. Unter diesen Wortlaut könnte man die Zurverfügungstellung seiner Arbeitskraft in diesem Zeitraum zählen. Dafür spräche auch die amtliche Überschrift des §97 InsO „Auskunfts- und Mitwirkungspflichten des Schuldners".
Dennoch lässt sich auch aus §97 InsO keine Arbeitsverpflichtung für den Schuldner herleiten: Der Umfang der Pflichten des Schuldners dem Verwalter gegenüber ergibt sich aus §97 II InsO, wonach der Schuldner den Verwalter bei der Erfüllung seiner Aufgaben zu unterstützen hat. Unterstützung in diesem Sinne heißt jedoch nicht, dass der Schuldner seine Arbeitskraft selbständig für Dritte einsetzt, sondern lediglich, dass

---

[186] *Runkel* in FS Uhlenbruck, S.315, 330.

der Schuldner bei einzelnen Abwicklungshandlungen Hilfe leisten muss.[187] Dem Begriff „Mitwirkungspflichten“ kann daher keine Verpflichtung des Schuldners entnommen werden, eine seinen Fähigkeiten und Möglichkeiten entsprechende Arbeit aufzunehmen.

Gewichtiger noch als einzelne Regelungen in der InsO dürfte jedoch sein, dass ein vom Verwalter durchzusetzender Zwang des Schuldners, seine Arbeitskraft massemehrend zur Verfügung zu stellen, spätestens vor dem Hintergrund der Art.2 und 12 GG seine Grenze fände.
Die Feststellung, dass die Arbeitskraft des Schuldners nicht Bestandteil der Masse ist, ist daher zwingend.[188]

### c) Zwischenergebnis

Auch dies ist ein Befund, der bei späteren Erörterungen darüber, wie eine sinnvolle Verwertung des Schuldnerbetriebes aussehen kann, seine Berücksichtigung finden muss. Einerseits arbeitet die Praxis bzw. Kanzlei für sich betrachtet häufig operativ erfolgreich, andererseits kann der Schuldner nicht zur Fortsetzung seiner Tätigkeit angehalten werden. Es sollte deswegen eine Lösung angestrebt werden, die dem Schuldner Anreize schafft, seine Tätigkeit fortzusetzen und damit den Gläubigern gleichzeitig eine umfangreiche Befriedigung gewährt.

## 4. Die Zulassung und der Vertragsarztsitz als Gegenstand der Masse

Ein weiteres Problem bezüglich Umfangs der Masse ist die Frage danach, inwieweit die Zulassung von Ärzten, Anwälten, Steuerberatern, Patentanwälten und Wirtschaftsprüfern sowie der Vertragsarztsitz des Arztes oder Zahnarztes insolvenzbefangen sind.

---

[187] *Runkel* in FS Uhlenbruck, S.315, 331; a.A. offensichtlich *Grub* in Kölner Schrift zur InsO, 2.Aufl., S.687, Rz.42, dass zumindest dem Insolvenzverwalter gegenüber eine Arbeitsverpflichtung besteht: „Nach dem klaren Wortlaut der Insolvenzordnung hat damit der Insolvenzverwalter einen durchsetzbaren Anspruch, dass der Schuldner in der Insolvenzabwicklung mitarbeitet. Mitarbeit bedeutet nicht, dass der Schuldner seine volle Arbeitskraft zur Verfügung stellen muss, sondern nur dass er punktuell tätig wird, wo es zur Vermeidung wesentlicher Nachteile für die Masse erforderlich ist.“ So auch: *Bäuerle* in Braun, InsO, §35, Rz.71; ähnlich *Smid* in Smid, InsO, 2.Auflage, §97, Rz.9: Dieser schließt aus §97 II i.V.m. §118 S.1 InsO auf eine Mitarbeitspflicht des Schuldners. Andererseits *Smid* in Smid, InsO, 2.Auflage, §35, Rz.12: „Die Arbeitskraft ist kein Teil des Vermögens des Schuldners. Sie unterliegt daher nicht dem Konkursbeschlag. (...) Verweigert der Schuldner eine Berufstätigkeit kann er im Allgemeinen nicht zu ihrer Aufnahme gezwungen werden.“

[188] so: *Uhlenbruck* in Uhlenbruck, InsO, 12.Aufl., §97, Rz.14; *Uhlenbruck/Schlund* in Laufs/Uhlenbruck, Hdb. des ArztR, 3.Aufl., §19, Rz.1; *Blersch* in Breutigam/Blersch/Goetsch, InsO, Stand 2003, §35, Rz.100; *Kirchhof* in MüKo zur InsO, Stand 2003, §129, Rz.91; *Eickmann* in HK zur InsO, 3.Aufl., §35, Rz.23; *Smid* in Smid, InsO, 2.Auflage, §35, Rz.12; *Voigt/Gerke* in ZInsO 2002, S.1054, 1056; *Runkel* in FS Uhlenbruck, S.315, 318, 330, *Vallender* in FS Metzeler, S.21, 28, 29.

### a) Zulassung und Sitz des Arztes/Zahnarztes

Mit der Frage der Insolvenzbefangenheit der Zulassung und des Sitzes des Arztes bzw. Zahnarztes hatte sich das *Landessozialgericht Nordrhein-Westfalen (LSG NRW)* Anfang 1997 zu beschäftigen[189]: Über das Vermögen eines Arztes für Neurologie und Psychiatrie, der in einer Gemeinschaftspraxis arbeitete, wurde der Konkurs eröffnet. Der Konkursverwalter veranlasste zunächst, dass die Praxis weitergeführt wurde. In der Folge veranlasste der Verwalter, dass der Vertragsarztsitz ausgeschrieben wurde. Später verlegte der Arzt selbständig seinen Vertragsarztsitz innerhalb der Stadtgrenzen. Die Kassenärztliche Vereinigung hielt dieses Vorgehen für unzulässig, da der Arzt über seinen Sitz nicht mehr selbständig verfügen und deshalb auch nicht verlegen könne, da dieser Gegenstand der Konkursmasse sei.
Hierzu führt das *LSG NRW* aus, dass mit der Konkurseröffnung eine Trennung eintrete zwischen dem der freiberuflichen Tätigkeit dienenden Vermögen einerseits, dessen Verwaltung nun dem Konkursverwalter zustünde, und der Person, die die Qualifikation hat, dieses Vermögen zur Berufsausübung zu nutzen, nämlich dem Freiberufler.[190] Die Praxis als solche sei weder Zulassung noch Vertragsarztsitz, sondern die Gesamtheit all dessen, was die gegenständliche und personelle Grundlage der Tätigkeit des in freier Praxis tätigen Arztes ist. Im Folgenden differenziert das Gericht zwischen Vertragsarztsitz und Zulassung, deren Schicksale nicht notwendig miteinander verbunden seien, was durch §24 I Ärzte-ZV unmissverständlich klargestellt werde. Weder Vertragsarztsitz noch Zulassung kommt aber nach Ansicht des Gerichts ein Vermögenswert zu, der durch den Konkursverwalter zur Masse gezogen werden könne.
Der Vertragsarztsitz sei danach weder ein Recht, noch eine wirtschaftlich verwertbare Vermögensposition. Vielmehr diene die Institution der vom Gesetz vorgeschriebenen Bedarfsplanung, sie verfolgt also lediglich planerische und ordnungsrechtliche Zwecke.[191] Dagegen sei die Zulassung ein höchstpersönliches Recht, das nicht beschlagnahmefähig ist und deshalb nicht zur Masse gezogen werden kann. Darüber hinaus spreche gegen einen Insolvenzbeschlag der Zulassung, dass der Status als Vertragsarzt öffentlicher Dienst oder diesem zumindest angenähert sei. Jedenfalls erfülle der Vertragsarzt eine öffentliche Aufgabe.[192]
Diesen Ausführungen des *LSG NRW* ist ohne Einschränkung zuzustimmen. Sie lassen sich in dieser Form auf das aktuelle Insolvenzrecht übertragen, so dass weder die Zulassung des Arztes, noch dessen Sitz als Gegenstand der Masse zu betrachten sind.[193]

Die Tatsache, dass der Vertragsarztsitz nicht Gegenstand der Masse ist, kann sich der in finanzielle Krise geratene freiberuflich tätige Arzt zunutze machen: Denn der ihm

---

[189] LSG NRW-Beschluss vom 12.03.1997- L 11 SKa 85/96 = NJW 1997, S. 2477.

[190] LSG NRW-Beschluss vom 12.03.1997 - L 11 SKa 85/96 = NJW 1997, S. 2477, 2478.

[191] LSG NRW-Beschluss vom 12.03.1997- L 11 SKa 85/96 = NJW 1997, S.2477, 2478.

[192] LSG NRW-Beschluss vom 12.03.1997- L 11 SKa 85/96 = NJW1997, S.2477, 2479.

[193] so auch: *Lwowski* in MüKo zur InsO, Stand 2003, §35, Rz.510; *Uhlenbruck* in Uhlenbruck, InsO, 12.Aufl., §35, Rz.47; *Schick* in NJW 1990, S.2359, 2361; *Hess/Röpke* in NZI 2003, S.233, 234; *Uhlenbruck/Schlund* in Laufs/Uhlenbruck, Hdb. des ArztR, 3.Aufl., §19, Rz.1; *van Zwoll* in MedR 2003, S.329, 331.

zugewiesene Sitz hat unter Umständen einen erheblichen Vermögenswert. Bis zu 300.000€ werden für Vertragsarztsitze in attraktiven Gegenden bezahlt, in denen ein Zulassungsstop besteht. Stellt der Arzt diesen Sitz seinen Gläubigern zur Verwertung zur Verfügung, erbringt er eine Leistung zur Schuldentilgung, zu der er insolvenzrechtlich nicht verpflichtet wäre. Hierdurch kann er im Einzelfall eine außergerichtliche Einigung verbunden mit einer zügigen Schuldenbefreiung erreichen.[194]
Ein solches Vorgehen bietet sich insbesondere dann an, wenn in der Praxis die wesentliche Ursache für die finanzielle Schieflage zu sehen ist, und eine Weiterarbeit in der Praxis durch den Berufsträger ohnehin nicht angestrebt wird.

### b) Insolvenzbeschlag der Zulassung der weiteren Freiberufler

Klärungsbedarf besteht jedoch in Bezug auf die Frage, ob sich die Erwägungen, mit denen das *LSG NRW* den Insolvenzbeschlag der Zulassung des Arztes ablehnt, auf andere freie Berufe, die eine berufsständische Zulassung haben, wie den des Anwaltes, Patentanwaltes, Steuerberaters oder Wirtschaftsprüfers, übertragen lassen. Die berufliche Zulassung könnte dann insolvenzbefangen sein, wenn es sich bei dieser lediglich um eine Maßnahme zur ordentlichen Erfassung oder eine Kontrolle der Mengenregulierung handelte.
Eine solche Argumentation verkennt jedoch, dass auch der Rechtsanwalt und Notar eine öffentliche Tätigkeit ausüben. Das wird spätestens dann deutlich, wenn man sich vor Augen führt, dass der Staat den Rechtssuchenden gebietet, sich in bestimmten Fällen vor den Gerichten durch einen Rechtsanwalt vertreten zu lassen, bzw. den Bürger bei bestimmten Rechtsgeschäften verpflichtet, dieses vor einem Notar vorzunehmen. Dieser Bezug zur Öffentlichkeit sowie die den Staat treffenden Überwachungspflichten, dass nur geeignete und zuverlässige Persönlichkeiten diese Berufe ausüben, sprechen für einen starken Persönlichkeitsbezug der Zulassung von Rechtsanwälten und Notaren und gegen eine nur ordnungspolitische oder regulierende Wirkung.
Dieser Persönlichkeitsbezug lässt sich auch für andere Berufsgruppen, die einer berufsständischen Zulassung unterliegen, feststellen: In allen Berufsordnungen ist eine Versagung oder Widerruf der Zulassung in Fällen der Unwürdigkeit, der Grundrechtsverwirkung, des Vermögensverfalls oder in bestimmten Fällen der Strafbarkeit vorgesehen (bspw. §§ 7, 14 BRAO, §§49, 50 BNotO, §46 StBerG, §§14, 21 PatO). Diese Normen sprechen dafür, dass jede berufsrechtliche Zulassung als höchstpersönliches, unveräußerliches Recht zu qualifizieren ist.

### c) Zwischenergebnis

Für jede Form der berufsständischen Zulassung ist daher festzuhalten, dass diese eine personenbezogene Erlaubnis darstellt und damit ein unveräußerliches höchstpersönliches Recht ist, das nicht in die Masse fällt. Somit stellt die berufsrechtliche Zulassung bzw. die Approbation anders als der Vertragsarztsitz aber auch keinen selbständig

---

[194] vgl. hierzu *Niedernhöfer* in Handelsblatt vom 21.07.2004, S.14.

verwertbaren Vermögenswert dar, dessen Übertragung zu einer Schuldentilgung herangezogen werden könnte.

### 5. Insolvenzbeschlag von Honorarforderungen von Rechtsanwälten und Steuerberatern/Auskunftspflichten

#### a) Insolvenzbeschlag von Honorarforderungen

Als gesichert angesehen werden kann, dass Honorarforderungen von Rechtsanwälten und Steuerberatern, und zwar vollumfänglich, vom Insolvenzbeschlag umfasst sind.[195] Dies folgt allerdings nicht schon daraus, dass gem. §35 InsO auch der Neuerwerb in die Masse fällt. Eine Einschränkung des Insolvenzbeschlags von Honorarforderungen der Rechtsanwälte und Steuerberater könnte sich nämlich aus §36 I S.2 InsO i.V.m. §851 I ZPO i.V.m. §64 II 2 StBerG bzw. §49b IV S.2 BRAO ergeben. §851 I ZPO, der über §36 I S.2 InsO auch im Insolvenzrecht Anwendung findet, erklärt nur solche Forderungen für pfändbar, die auch übertragbar sind. §64 II StBerG bzw. §49b IV S.2 BRAO erklärt die Abtretungen von Gebührenforderungen oder die Übertragung ihrer Einziehung an einen nicht als Rechtsanwalt zugelassenen Dritten als unzulässig, es sei denn, die Forderung ist rechtskräftig festgestellt, ein erster Vollstreckungsversuch ist fruchtlos ausgefallen und der Rechtsanwalt hat die ausdrückliche, schriftliche Einwilligung des Mandanten eingeholt.
Hieraus ließe sich der Schluss ziehen, dass Gebührenforderungen von Rechtsanwälten und Steuerberatern nicht in die Masse fallen, soweit nicht eine der Ausnahmeregelungen greift.[196]

Ausführlich hat sich der *BGH* mit dieser Frage 1999 hinsichtlich Honorarforderungen von Steuerberatern auseinandergesetzt.[197] Er ist in dieser Entscheidung der Ansicht entgegengetreten, Honorarforderungen von Rechtsanwälten und Steuerberatern seien im Hinblick auf die Regelungen des §64 II 2 StBerG bzw. §49 b IV S.2 BRAO nur mit vorheriger Zustimmung der Mandanten pfändbar, so dass ohne diese Zustimmung die Forderungen auch nicht in die Masse fallen könnten.[198] Der *BGH* begründet seine Entscheidung damit, dass die Einschränkung des §64 II 2 StBerG bzw. des §49b IV S.2 BRAO keine Unübertragbarkeit i.S.d. §851 I ZPO begründeten. Pfändungsverbote wirkten sich sehr viel stärker aus als Abtretungsverbote. Normalerweise sei kein Gläubiger gezwungen, seine Forderungen abzutreten oder sie zu verpfänden. Demgegenüber entziehe ein Pfändungsverbot unbeteiligten Gläubigern die Möglichkeit des Zugriffs auf die Forderungen zur Haftungsverwirklichung. Ein Pfändungsverbot bezüglich des Einkommens durchbreche den Grundsatz, dass auch und vor allem

---

[195] Es erfolgt kein Abzug beruflich veranlasster Ausgaben, dazu BGH, Beschl. vom 20.03.2003 - IX ZB 388/02 = ZInsO 2003, S.413; zum Urteil und den Folgen für Betriebsausgaben und Unterhalt s. S.97 ff.

[196] ausführlich zum Problemkreis: *Diepold* in MDR 1995, S.23 ff.

[197] BGH, Urteil vom 25.03.1999 - IX ZR 223/97 = NZI 1999, S.191.

[198] so aber z.B. *Dittmann* in Henssler/Prütting, BRAO, §49b, Rz.42; zweifelnd: *Diepold* in MDR 1995, S.23 ff.

das Entgelt für eine laufende Erwerbstätigkeit des Schuldners zur Erfüllung seiner Verbindlichkeiten zur Verfügung stehen solle, §287 II InsO. Der Staat, der selbst das Zwangsvollstreckungsmonopol ausübe, dürfe den davon betroffenen Gläubigern das Einkommen bestimmter Schuldnerkreise nicht generell als Haftungsgrundlage entziehen.[199]

Dieser Ansicht ist uneingeschränkt zuzustimmen. Es wäre mit dem Ziel des Insolvenzverfahrens, eine umfassende Gläubigerbefriedigung sicherzustellen, nur schwerlich vereinbar, wenn die Honorarforderungen von Freiberuflern als deren wesentliche Haftungsmasse dem Zugriff der Insolvenzgläubiger entzogen würde. Somit fallen Honorarforderungen von Freiberuflern uneingeschränkt in die Masse.

### b) Auskunftspflichten über Honorarforderungen

Wiederholt hatte sich der *BGH* mit der weitergehenden Frage zu beschäftigen, inwieweit Auskünfte über Honorarforderungen und eingehende Mandantengelder das informationelle Selbstbestimmungsrecht der Mandanten verletzten.

Hierzu hatte er schon 1999 im Fall von Steuerberaterhonoraren ausgeführt, dieses Grundrecht rechtfertige eine so weitgehende Einschränkung des Befriedigungsrechts von Gläubigern nicht.[200] Er führte dazu aus, dass anders als bei Abtretungen, bei welcher der Abtretungsempfänger regelmäßig erst vom Abtretenden über Bestand und Grundlagen des zu übertragenden Rechts informiert werde, der Pfändungsgläubiger schon von sich aus das zu pfändende Recht sowie den angeblichen Drittschuldner so genau bezeichnen müsse, dass eine individuelle Bestimmung des Rechts und eine Zustellung an den Drittschuldner möglich seien, §829 I, II ZPO. Die dazu erforderlichen Angaben könne der Gläubiger allenfalls über §807 I ZPO erzwingen; dieser habe hierfür Namen und Anschrift des Drittschuldners, den Grund der Forderung und die Beweismittel zu bezeichnen. Insbesondere die Benennung des Drittschuldners sei für eine effektive Rechtsverfolgung unverzichtbar. Diese Informationen könnten den Gläubigern nicht mit Hinweis auf das informationelle Selbstbestimmungsrecht der Mandanten vorenthalten werden. Der Umstand allein, dass der Mandant als Drittschuldner Dienstleistungen oder Geschäftsbesorgungen durch einen bestimmten Steuerberater vornehmen lasse, sei keine überragend geheimhaltungsbedürftige Tatsache. Entsprechende Aufträge seien heute allgemein üblich und sozial anerkannt.[201]

Ein weiteres Mal hatte sich der *BGH* mit dieser Frage im Jahr 2003 auseinanderzusetzen, und bestätigte hier seine bisherige Rechtsprechung. In diesem Fall war ein Rechtsanwalt als Schuldner betroffen. Das Insolvenzgericht hatte dem vorläufigen

---

[199] BGH, Urteil vom 25.03.1999 – IX ZR 223/97 = NZI 1999, S.191, 193; gleicher Ansicht sind: OLG Stuttgart, Beschl. vom 11.05.1994 – 8 W 89/94 = NJW 1994, S.2838; *Berger* in NJW 1995, S.1406; *Putzo* in Thomas/Putzo, ZPO, 23.Aufl., §851, Rz.2 aE; *Stöber* in Zöller, ZPO, 23.Aufl., §829, Rz.33; kritisch mit der einhelligen Zustimmung setzt sich auseinander *Diepold* in MDR 1995, S.23.

[200] BGH, Urteil vom 25.03.1999 – IX ZR 223/97 = NZI 1999, S.191, 193.

[201] BGH, Urteil vom 25.03.1999 – IX ZR 223/97 = NZI 1999, S.191.

„starken" Insolvenzverwalter, der vorher bereits als Sachverständiger die finanziellen Verhältnisse des Schuldners untersucht hatte, gestattet, Forderungen des Schuldners einzuziehen. Zur Erfüllung dieser Aufgabe war er ermächtigt worden, Auskünfte über die Vermögensverhältnisse des Schuldners bei Dritten einzuholen und dessen Geschäftsräume, soweit zur Aufklärung der Vermögensverhältnisse erforderlich, zu betreten. Außerdem hatte der Schuldner ihm Einsicht in seine Bücher und Geschäftspapiere zu gestatten sowie alle Auskünfte zu erteilen, die zur Aufklärung des Sachverhalts notwendig waren. Hiergegen wandte sich der Schuldner.

Mit Hinweis auf sein Urteil von 1999[202] führte der *BGH* aus, dass Honorarforderungen von Rechtsanwälten und Steuerberatern pfändbar seien und als solche zur Insolvenzmasse gehörten. Aus diesem Grunde müssten die betreffenden Forderungen schon in der Einzelzwangsvollstreckung genau nach Namen und Anschrift des Drittschuldners, nach dem Grund der Forderung und den Beweismitteln bezeichnet werden. In der Insolvenz sei dies erst recht erforderlich. Die dem vorläufigen Insolvenzverwalter verliehenen Befugnisse verletzten daher grundsätzlich weder ein durch die Verfassung geschütztes Recht des Rechtsanwaltes noch Grundrechte seiner Mandanten. Auskünfte über Mandantenforderungen verletzten mithin nicht die in §203 I Nr.3 StGB normierte Schweigepflicht.[203]

Dieser Rechtsprechung ist meines Erachtens einschränkungslos zuzustimmen.

Überlegenswert ist, inwieweit sich diese Rechtsprechung zu Honorarforderungen von Rechtsanwälten und Steuerberatern auf die Honorarforderungen eines Arztes oder Zahnarztes, die gegen Privatpatienten gerichtet sind, übertragen lässt. Meiner Meinung nach ist eine Übertragung nicht ohne weiteres möglich.
In einem solchen Fall überwiegt das informationelle Selbstbestimmungsrecht des Patienten. Welche Behandlungen welches Arztes ein Patient in Anspruch genommen hat, ist als deutlich intimere und damit schützenswertere Frage einzustufen, als die, welche Dienste welches Steuerberaters oder Rechtsanwaltes ein Mandant in Anspruch nimmt. Allein das Nennen des Namens kann für den Patienten zu Nachteilen und v.a. zu unangenehmen Rückschlüssen hinsichtlich seines Gesundheitszustandes oder auch psychischer Verfassung führen. In diesem Fall genießt der Geheimhaltungsbedarf gegenüber dem Befriedigungsinteresse der Gläubiger meines Erachtens Vorrang.

Nicht zu verkennen ist, dass dieses Ergebnis zu unbefriedigenden Ergebnissen führen kann, wenn der Insolvenzverwalter mit der Durchsetzung von Forderungen für die Masse scheitert, weil ihm die nötigen Informationen zur Rechtsdurchsetzung fehlen. So geht auch das *AG Köln* davon aus, dass die Rechtsprechung des *BGH* hinsichtlich Auskunftspflichten des Steuerberaters über offene Forderungen auf das Verhältnis Arzt-Privatpatient grundsätzlich übertragbar ist. Die begrenzte Offenbarung von Da-

---

[202] BGH, Urteil vom 25.03.1999 – IX ZR 223/97 = NZI 1999, S.191.

[203] BGH, Beschl. v. 16.10.2003 – IX ZB 133/03 = ZIP 2003, S.2176.

ten, die zur Durchsetzung von Honorarforderungen erforderlich sind, führe auch hier nicht zu einer übermäßigen Beeinträchtigung der Rechte des Patienten.[204]
Diese Rechtsprechung ist aus oben genannten Erwägungen als kritisch zu betrachten.

#### c) Zwischenergebnis

Im Ergebnis bleibt mithin festzuhalten, dass Honorarforderungen aller Freiberufler massezugehörig sind. Auskünfte über Honorarforderungen und eingehende Mandantengelder verletzen bei den rechts- und steuerberatenden Berufen nicht das durch §203 StGB geschützte Berufsgeheimnis, wohingegen die Preisgabe entsprechender Informationen im Fall von Ärzten und Zahnärzten durch §203 StGB untersagt ist.

### 6. Ergebnis: Umfang der Masse im Falle einer freiberuflichen Praxis

Zusammenfassend erfasst der Insolvenzbeschlag im Falle der freiberuflichen Praxis

- Praxis inkl. deren Goodwill sowie
- Einzelgegenstände in den Grenzen des §36 I InsO i.V.m. §811 I Nr.5 ZPO, wozu auch die Praxisunterlagen des Freiberuflers gehören,
- die Honorarforderungen von Freiberuflern.

Nicht massezugehörig sind dagegen

- die Arbeitskraft des Schuldners und
- dessen Zulassung sowie beim Arzt/Zahnarzt dessen Vertragsarztsitz.

Für eingangs erwähnten Fall des Anwaltes in der Insolvenz heißt das, dass der Insolvenzverwalter die Praxis als Ganzes veräußern darf, er jedoch für die Übergabe der Mandantenkartei die Zustimmung eines jeden Mandanten einholen muss. Der Anwalt ist berechtigt, soweit ihm die Zulassung nicht entzogen wurde, mit den nicht der Pfändung unterliegenden Gegenständen einen eigenen Betrieb fortzuführen. Hieraus erzielte Einkünfte gehören gemäß §35 InsO als Neuerwerb zur Masse. Er ist dagegen nicht verpflichtet, seine Arbeitskraft dem Insolvenzverwalter zur Mehrung der Masse zur Verfügung zu stellen.

## II. Der Zulassungsentzug

Unerfreuliche Begleiterscheinung bei der Insolvenz des freiberuflich tätigen Schuldners ist die Gefahr des Zulassungsentzuges durch die zuständige Kammer. Während die im Gesundheitsbereich tätigen Berufsträger in der Regel keine berufsrechtlichen Reglementierungen durch die Eröffnung des Insolvenzverfahrens zu erwarten haben, sieht das bei den rechts- und steuerberatenden Berufen anders aus. Wenn auch die früheren Regelungen, nach denen die Zulassungen von Notaren, Rechtsanwälten, Patentanwälten, Steuerberatern und Wirtschaftsprüfern bei Konkurseröffnung widerrufen

---

[204] AG Köln, Beschl. vom 04.11.2003 – 71 IN 25/02 = GesR 2004, S.31; siehe zum Fall auch *Vallender* in NZI 2003, S.530, 532.

werden mussten, nunmehr geändert worden sind, droht diesen nach der Entscheidung über die Eröffnung des Insolvenzverfahrens nach wie vor ein berufsrechtliches Verfahren durch die entsprechenden Kammern.

§14 II Nr.7 BRAO (Bundesrechstanwaltsordnung) sieht wie entsprechende Normen der BNotO (Bundesnotarordnung), der PatO (Patentanwaltsordnung), der WPO (Wirtschaftsprüferordnung) sowie des StBerG (Steuerberatungsgesetz) einen Zulassungsentzug vor, wenn der Berufsträger in Vermögensverfall geraten ist. Diesen Widerrufstatbeständen liegt jeweils die Überlegung zu Grunde, dass der Berufsträger bei eigener desolater finanzieller Situation seine Unabhängigkeit verliert und damit seinen Aufgaben nicht mehr ordnungsgemäß nachkommen kann. Gefahren für Mandanten können insbesondere daraus erwachsen, dass der Anwalt ihm treuhänderisch anvertraute Mandantengelder veruntreut, er aufgrund seiner Finanznot unzulässige oder überhöhte Gebühren geltend macht oder er, um möglichst hohe Umsätze zu erzielen, Mandate übernimmt, denen er wegen des Umfangs, der rechtlichen Schwierigkeiten oder auch nur der Anzahl der Fälle nicht gewachsen ist.[205]

Ein Zulassungsentzug bedeutet für den betroffenen Berufsträger einen zumindest zwischenzeitlichen Verlust seiner wirtschaftlichen Existenzgrundlage. Diese Konsequenz ist insbesondere vor dem Hintergrund des Art.12 GG problematisch. Im Hinblick auf die vorliegende Untersuchung ist die Gefahr des Zulassungsentzugs dadurch von besonderem Interesse, dass nach einem Entzug die Möglichkeit der Sanierung der freiberuflichen Praxis durch den Berufsträger selber, oder aber zumindest in enger Kooperation mit diesem, ausgeschlossen ist.

Untersucht werden muss also, unter welchen Bedingungen mit einem Entzug zu rechnen ist und ob dieser mit bestimmten Maßnahmen verhindert werden kann.

### 1. Rechtsanwalt/Patentanwalt/Steuerberater

Nach §14 II Nr.7 BRAO ist die Zulassung eines Rechtsanwaltes mit Eintritt des Vermögensverfalls zwingend zu widerrufen, wenn nicht festgestellt werden kann, dass die Interessen der Rechtssuchenden nicht gefährdet sind. Widerleglich vermutet wird der Vermögensverfall nach §14 II Nr.7, 2.HS BRAO, wenn der Rechtsanwalt gemäß §26 II InsO oder §915 ZPO in ein Schuldnerverzeichnis eingetragen ist oder das Insolvenzverfahren über das Vermögen des Rechtsanwaltes gemäß §27 InsO eröffnet worden ist.
Wortgleich ist der Zulassungsentzug durch §21 II Nr.10 PatO für Patentanwälte bzw. §46 II Nr.4 StBerG für Steuerberater geregelt. Da die Berufsbilder des Patentanwaltes und des Steuerberaters dem des Rechtsanwaltes in wesentlichen Teilen entsprechen, ist eine andere Behandlung nicht angebracht. Folgende Ausführungen beziehen sich daher auf die Zulassung des Rechtsanwaltes, sind aber ausnahmslos auf den freiberuflich tätigen Steuerberater oder Patentanwalt übertragbar.

---

[205] BVerwG-Urteil vom 03.05.1977 – I C 43/74 = NJW 1977, S.2178.

### a) Handhabung des Zulassungsentzugs in der Praxis

Nahe liegend ist es, die Handhabung des Widerrufs der Zulassung in Fällen der Eröffnung des Insolvenzverfahrens durch die zuständigen Kammern anhand aktueller Daten und Verfahren zu erfassen und auszuwerten.[206]
Eine solche Auswertung ist jedoch aus mehreren Gründen kaum möglich. Grundsätzlich lässt sich feststellen, dass sich die zuständigen Kammern bei den Zulassungsentzugsverfahren wegen Vermögensverfalls nicht gerne in die Karten schauen lassen und auch von einem konkreten Fall unabhängige Informationen über die Handhabung nicht preiszugeben bereit sind.
Häufig anzutreffen, wenn nicht gar die Regel, ist überdies, dass Rechtsanwälte, die mit der Eröffnung eines Insolvenzverfahrens zu rechnen haben, von sich aus frühzeitig, d.h. deutlich vor der Insolvenzeröffnung, auf ihre Zulassung verzichten. Dies erfolgt entweder nach einem Hinweis der Kammer, dass man auf diese Weise einem drohenden Zulassungsentzug zuvorkommen könne, oder in der Absicht, eine Kundmachung der desolaten finanziellen Verhältnisse der Kammer gegenüber zu vermeiden. Hiermit werden in erster Linie zwei Motive verfolgt: Einerseits besteht die berechtigte Hoffnung, nach Abschluss des Verfahrens bzw. nach Erlangung der Restschuldbefreiung weniger Probleme bei einer erneuten Zulassung zu bekommen, andererseits wollen sich viele Anwälte den mit einer Insolvenzeröffnung verbundenen Gesichtsverlust ersparen.

Nicht ungewöhnlich ist auch die Situation, dass die Zulassung aufgrund Vermögensverfalls schon zu einem deutlich früheren Zeitpunkt als bei Eröffnung des Insolvenzverfahrens entzogen wird. Regelmäßig ist der Entzug der Zulassung an eine frühere Abgabe der eidesstattlichen Versicherung geknüpft.
Die Rechtsanwaltskammer Düsseldorf beispielsweise gibt folgende Richtwerte an, nach denen sie die Zulassung entzieht: Sie richtet an den Rechtsanwalt bei Titeln in einer Gesamthöhe von 25.000€ ein Schreiben mit der Bitte um Stellungnahme, bei Titeln in einer Gesamthöhe von 50.000€ wird die Zulassung ohne weiteres entzogen.

Nur in vereinzelten Fällen wurde die Zulassung erst mit dem vermuteten Vermögensverfall bei Eröffnung des Insolvenzverfahrens entzogen. In diesen Fällen wurde der Vermögensverfall bzw. die Mandantengefährdung von den betroffenen Rechtsanwälten jedoch kaum einmal in Frage gezogen.
In München kam es in den letzten drei Jahren zu zwei Fällen, in denen trotz Eröffnung des Verfahrens von einem Zulassungsentzug abgesehen wurde: In beiden waren hierfür aber nicht rechtliche, sondern eher persönliche Gründe ausschlaggebend. In einem fiel der Vermögensverfall mit einer schweren Krankheit zusammen, in einem anderen war dem betroffenen Rechtsanwalt kurz nach Eröffnung des Verfahrens eine umfang-

---

[206] Befragt wurden die Rechtsanwaltskammern Düsseldorf (Gesprächspartnerin: Frau Ecker), Köln (Gesprächspartnerin: Frau Ubber), Hamburg (Gesprächspartner: Herr Scharmer), Berlin (Gesprächspartner: Herr Ehrig), München (Gesprächspartner: Herr Kopp), Frankfurt (Gesprächspartnerin: Frau Köhler), Karlsruhe (Gesprächspartner: Herr Heck), Nürnberg (Gesprächspartner: Herr Werner) und Stuttgart (Gesprächspartnerin: Frau Skiba).

reiche Erbschaft zugefallen. Darüber hinaus liegt dem Bayrischen Anwaltsgerichtshof ein Fall, in dem die Rechtsanwaltskammer Nürnberg einem Rechtsanwalt die Zulassung entzogen hat, zur Entscheidung vor: Der betroffene Rechtsanwalt richtet sich hier gegen den Entzug mit der Begründung, er sei ein Angestelltenverhältnis eingegangen und habe keine Kontovollmacht. Gleichzeitig hat sich die anstellende Kanzlei verpflichtet, regelmäßig über die von dem Rechtsanwalt betreuten Mandate bei der Kammer Bericht zu erstatten, um eine ordnungsgemäße Überwachung sicherzustellen.

Berichtenswert ist ein ähnlicher Fall aus Hamburg: Hier wurde ebenfalls trotz Eröffnung des Verfahrens die Zulassung nicht entzogen. Der Rechtsanwalt war aufgrund eines Anlagebetruges in Vermögensverfall geraten. Vor Eröffnung des Verfahrens gab er seine selbständige Tätigkeit auf und nahm eine Angestellten-Tätigkeit unter Rückgabe aller Kontovollmachten an. Dies veranlasste die Kammer, die Gefährdung der Interessen der Rechtsuchenden abzulehnen. Zu dieser Entscheidung dürfte es, so klang es in der Aussage des zuständigen Bearbeiters in der Kammer durch, weniger wegen dieser Selbstverpflichtung des Anwaltes als vielmehr wegen dessen langjähriger anerkannt solider Arbeit und dem darauf begründeten guten Leumund und entsprechender Kontakte gekommen sein.

Auf Darstellung dieses Falles anderen Kammern gegenüber äußerten diese sich überwiegend kritisch hinsichtlich der Entscheidung: Die Einhaltung der freiwilligen Selbstverpflichtung des Anwaltes sei durch die Kammern nur begrenzt überprüfbar und könne deswegen keinesfalls die Gefährdung von Interessen der Rechtssuchenden ausschließen.

Die Beantwortung der Frage durch die Kammern, ob sie Anhaltspunkte oder Richtlinien dafür geben könnten, wann trotz Eröffnung des Insolvenzverfahrens von einem Zulassungsentzug abgesehen werden könne, führte zu keinen verwertbaren Ergebnissen. Es sei in jedem Fall immer eine Einzelfallentscheidung, bei der alle erkennbaren Umstände mit einbezogen werden müssten. Insbesondere die Anforderungen daran, dass eine Gläubigergefährdung ausgeschlossen werden könne, seien sehr hoch und würden einer besonders kritischen Prüfung unterzogen. Ein Insolvenzplan sei hierfür ein Hinweis, jedoch gebe dieser unter keinen Umständen eine Garantie dafür, dass die Kammer von einem Zulassungsentzug absehe.
Deutlich wurde in den Gesprächen aber auch, dass die gesetzliche Regelung des §14 II Nr.7 BRAO von vielen als zu wenig flexibel angesehen wird. Die Kammern, die über einen Entzug in der Vergangenheit zu entscheiden hatten, nach einer Prüfung der Umstände aber einen Entzug aufgrund besonderer Umstände nicht für sachgerecht hielten, suchten händeringend nach Mitteln und Wegen, um das Unterlassen des Entzugs rechtfertigen zu können.
Der Rechtsanwaltskammer Frankfurt lag Ende 2003 ein solcher Fall zur Entscheidung über den Zulassungsentzug vor, bei dem ein Insolvenzplan bereits bestätigt worden war. Die Kammer hat hier vor der Entscheidung über die Zulassung eingehend die Erfolgsaussichten des Planes geprüft, für positiv erachtet und damit die Belassung der Zulassung begründet.

Dass die Kammern in ihrer jeweiligen Handhabung des Zulassungsentzugs zu einem Umdenken gezwungen werden könnten, bedingt eine jüngere Berufungsentscheidung des *OLG Stuttgart*, die inzwischen dem *BGH* zur Revision vorliegt: Die Mutter des Klägers verlangte in diesem Rechtsstreit in einem Abänderungsverfahren einen höheren Kindesunterhalt für ihren Sohn. Dem abzuändernden Urteil lag ein bereinigtes Erwerbseinkommen des allein barunterhaltspflichtigen beklagten Vaters von monatlich 2.548 DM zugrunde. Hieraus musste der Beklagte eine Kreditrate von monatlich 375 DM bedienen, die daraus herrührte, dass die jetzt geschiedenen Eltern des Klägers während der Ehe ein Hausgrundstück erworben und fremdfinanziert hatten.
Der Kläger beruft sich nun auf gestiegenen Bedarf infolge Erreichens einer höheren Lebensaltersstufe und darauf, dass der Beklagte seine Leistungsfähigkeit dadurch steigern müsse, dass er einen Antrag auf Verbraucherinsolvenz mit Restschuldbefreiung stelle.
Das *OLG Stuttgart* folgte dem erstinstanzlichen Urteil, das der Klage stattgegeben hatte. Es führte in den Gründen aus, einer „Flucht in die Insolvenz" stehe weder die zur Erlangung der Restschuldbefreiung notwendige Wohlverhaltensphase, noch die Einbuße an Kreditwürdigkeit und Sozialprestige des Beklagten noch höherwertige Interessen der Drittgläubiger, also der kreditierenden Bank, entgegen.[207]

Vom unterhaltsrechtlichen Standpunkt entspricht dieses Urteil der Wertentscheidung des Gesetzgebers, die Interessen unterhaltsberechtigter Kinder vorrangig zu berücksichtigen. Allerdings scheint die insolvenzrechtliche Brisanz dieser Entscheidung bisher keine besondere Erwähnung gefunden zu haben. Entschiede man diesen Fall genauso, wenn der Unterhaltspflichtige ein zulassungsabhängiger Rechtsanwalt oder Steuerberater wäre, bedeutete dies, dass er aufgrund seiner Unterhaltspflicht seine Zulassung verlöre. Diese Konsequenz halte ich für nicht tragbar. Hier ist entweder eine andere Handhabung des Zulassungsentzugs durch die Kammern oder sogar eine flexiblere gesetzliche Regelung vonnöten.

Resümierend ist festzustellen, dass insgesamt eine erhebliche Unsicherheit bei den Kammern im Umgang mit der Frage des Zulassungsentzugs herrscht, insbesondere dahingehend, inwieweit die noch relativ neuen Institute der Eigenverwaltung und des Insolvenzplans Einfluss auf den Widerruf der Zulassung haben könnten. [208]

### b) Möglichkeiten der Vermeidung eines Zulassungsentzugs

In welchen konkreten Fällen über das Unterlassen des Widerrufs nachgedacht werden sollte, wird in dem folgenden Kapitel thematisiert. Der insolvente Rechtsanwalt kann grundsätzlich zwei Ansatzpunkte verfolgen, um einen Widerruf seiner Zulassung zu vermeiden. Er kann auf der einen Seite versuchen, der zuständigen Kammer gegenüber zu widerlegen, dass er in Vermögensverfall geraten ist. Die andere denkbare Alternati-

---

[207] OLG Stuttgart, Urteil vom 24.04.2003 – 16 UF 268/02 = FamRZ 2003, S.1216 ff. = BGH XII ZR 114/03.

[208] Hiermit setzt sich eingehend auch *Feser* auseinander: www.rak-berlin.de/infomitglieder/berufsrecht/zulassung/Insolvenzpl.htm.

ve der Vermeidung des Zulassungsentzugs ist die Darlegung, dass die Interessen der bei ihm Rechtssuchenden nicht gefährdet sind. Schließlich ist darüber nachzudenken, inwieweit eine analoge Anwendung des §12 Gewerbeordnung (GewO) Abhilfe schaffen kann.

### (aa) Analoge Anwendung des §12 GewO

Ein Zulassungsentzug trotz Insolvenz eines Rechtsanwaltes oder Steuerberaters könnte zu vermeiden sein, wenn §12 GewO in einem solchen Fall einer analogen Anwendung zugänglich ist.
§12 GewO normiert, dass Vorschriften, welche die Untersagung eines Gewerbes oder die Rücknahme oder den Widerruf einer Zulassung wegen Unzuverlässigkeit des Gewerbetreibenden, die auf ungeordnete Vermögensverhältnisse zurückzuführen ist, ermöglichen, während eines Insolvenzverfahrens, während der Zeit, in der Sicherungsmaßnahmen nach §21 der Insolvenzordnung angeordnet sind, und während der Überwachung der Erfüllung eines Insolvenzplanes keine Anwendung in Bezug auf das Gewerbe, das zur Zeit des Antrags auf Eröffnung des Insolvenzverfahrens ausgeübt wurde, finden.
§12 GewO soll sicherstellen, dass während bestimmter Abschnitte des Insolvenzverfahrens keine dem Insolvenzrecht zuwiderlaufenden gewerberechtlichen Maßnahmen über den Fortbestand des Gewerbebetriebs getroffen werden. Die Norm trägt dem Ziel Rechnung, den Konflikt zu lösen, der zwischen den Vorschriften der GewO und der InsO besteht. Die Vorschriften der GewO, die einen Zulassungswiderruf oder eine Gewerbeuntersagung ermöglichen (so v.a. §§35, 59, 70a GewO sowie die §§48, 49 VwVfG i.V.m. §§30 ff., 57 GewO), dienen dem Schutz der Allgemeinheit vor unzuverlässigen Gewerbetreibenden. §12 GewO räumt im Falle der Insolvenz jedoch den Vorschriften der InsO für einen gewissen Zeitraum den Vorrang ein, um eine ins Auge gefasste Unternehmenssanierung nicht durch einen Zulassungswiderruf oder eine Gewerbeuntersagung zu gefährden. Weiterhin soll auch vermieden werden, dass die Gewerbeüberwachungsbehörde einer Entscheidung der Gläubigerversammlung über die Fortführung des Unternehmens durch eine frühzeitige Gewerbeuntersagung zuvorkommt.[209]

Eine analoge Anwendung des §12 GewO im Falle der Insolvenz einer Person, die rechts- oder steuerberatend tätig ist, setzt neben der Regelungslücke eine vergleichbare Interessenlage voraus.
Zumindest die Gesetzesbegründung scheint die Möglichkeit einer analogen Anwendung des §12 GewO auf Gewerbetreibende nicht auszuschließen. Wie hier ausgeführt ist, „ist der Anwendungsbereich des neuen §12 nicht auf die Gewerbeordnung selbst beschränkt."[210] In zahlreichen Nebengesetzen, die ebenfalls Vorschriften über die Un-

---

[209] siehe dazu: *Hess* in Hess/Weis/Wienberg, InsO, 2.Aufl., Art.71 EGInsO, Rz.2, 3; *Marcks* in Robinski, GewR, 2.Aufl., Teil E, Rz. 7 ff., S.57.
[210] BT-Drucks. 12/3803, S.103.

tersagung des Gewerbes oder die Rücknahme oder den Widerruf gewerberechtlicher Erlaubnisse enthalten, wird die Gewerbeordnung für ergänzend anwendbar erklärt.

Für die Vergleichbarkeit der Interessenlage sprechen vordergründig einige Argumente: Auch im Falle der Freiberuflerinsolvenz besteht ein Zielkonflikt zwischen den Vorschriften der Berufsordnungen und denen der InsO. Die Berufsordnungen dienen dem Schutz der Rechtsuchenden vor unzuverlässigen Berufsträgern, und sehen daher einen Zulassungswiderruf im Falle der Insolvenz vor. Die Insolvenzordnung räumt auch im Falle der Freiberuflerinsolvenz grundsätzlich den Gläubigern die Entscheidung über den Fortbestand des Betriebs ein, auch dem Freiberufler stehen nach der InsO Sanierungsmöglichkeiten offen, die durch einen Zulassungsentzug in der Regel vereitelt würden.
Bedenken hinsichtlich der Vergleichbarkeit der Interessenlage ergeben sich jedoch daraus, dass die Gefahr, die von einem unzuverlässigen Rechtsanwalt oder Steuerberater ausgeht, ungleich höher ist, als die, die von einem durchschnittlichen Gewerbetreibenden ausgeht. Diese höhere Gefahr ergibt sich daraus, dass Berufsträgern in rechts- und steuerberatenden Berufen mit deutlich mehr Vertrauen begegnet wird und es zu ihren wesentlichen beruflichen Aufgaben gehört, treuhänderische Tätigkeiten wahrzunehmen.

Diesen entscheidenden Unterschied sieht auch der Gesetzgeber. Es ist davon auszugehen, dass er anderenfalls in die Berufsordnungen bei der Einführung der InsO eine dem §12 GewO entsprechende Regelung berücksichtigt hätte.
Ein Rückgriff auf Regelungen der GewO im Falle von Freiberuflern verbietet sich weiterhin auch dadurch, dass eine freiberufliche Tätigkeit gerade keine gewerbliche ist. Von einem Freiberufler wird erwartet, dass er nicht ausschließlich des Gewinnstrebens wegen arbeitet, wie es im Fall des Gewerbetreibenden anzunehmen ist. Aus diesem Grund muss man wohl die Berufsordnungen zumindest hinsichtlich der Regelungen der GewO als abschließenden Normenkomplex betrachten.[211]
Eine analoge Anwendung des §12 GewO im Falle der Freiberuflerinsolvenz ist mithin ausgeschlossen, auch wenn dessen Rechtsgedanke, wie noch zu zeigen sein wird, im Einzelfall Berücksichtigung finden kann.

### (bb) Widerlegung des Vermögensverfalls

Ein Vermögensverfall liegt vor, wenn der Bewerber in ungeordnete, schlechte finanzielle Verhältnisse geraten ist, er sie in absehbarer Zeit nicht ordnen kann und außerstande ist, seinen Verpflichtungen nachzukommen.[212] Der *BGH* fasst sich kürzer in der Feststellung, von Vermögensverfall sei auszugehen, wenn der Berufsträger hoch verschuldet oder zahlungsunfähig ist.[213] Will der Berufsträger außerhalb eines Insolvenzverfahrens dokumentieren, dass er nicht in Vermögensfall geraten ist, muss er eine

---

[211] i.E. so auch *Tettinger* in Tettinger/Wank, GewO, 6.Aufl., §1, Rz.49.
[212] *Feuerich/Weyland,* BRAO, 6.Aufl., §7, Rz.142.
[213] BGH-Beschluss vom 20.03.2000 – NotZ 18/99 = BGH NJW 2000, S.2359.

Aufstellung sämtlicher gegen ihn erhobenen Forderungen vorlegen und im Einzelfall darlegen, ob diese Forderungen inzwischen erfüllt sind oder in welcher Weise er sie zu erfüllen gedenkt.[214]
Diese Dokumentation wird dem Rechtsanwalt, über dessen Vermögen das Insolvenzverfahren eröffnet ist, nicht ohne weiteres gelingen. Ansatzpunkt für die Widerlegung des Vermögensverfalls kann die Darstellung sein, dass das Insolvenzverfahren insbesondere dem Zweck dient, Ordnung und Übersicht in die Vermögensverhältnisse des Schuldners zu bringen. Erwägenswert ist deswegen, welche konkrete Maßnahme im Fall der Insolvenz des Rechtsanwaltes dazu führen kann, dass der Vermögensverfall negiert werden kann. Hier gibt es meines Erachtens drei Zeitpunkte, zu denen das Gericht im Einzelfall davon überzeugt sein könnte, dass sich das Vermögen des Anwaltes nicht im Zustand des Verfalls befindet: Dies könnte entweder der Zeitpunkt der Bestellung eines Insolvenzverwalters, der der Gewährung der Restschuldbefreiung oder schließlich aber der der Annahme eines Plans sein.

### (1) Die Bestellung des Verwalters als maßgeblicher Zeitpunkt

Die Bestellung eines Insolvenzverwalters als frühester Zeitpunkt kann als einzelne Maßnahme nicht genügen, um den Vermögensverfall abzulehnen. Zwar besteht nun für die Gläubiger die Möglichkeit, ihre Forderungen beim Insolvenzverwalter anzumelden, so dass eine gewisse Ordnung in die Vermögensverhältnisse kommt. In vielen Fällen erhält der Schuldner dadurch erstmals einen Überblick über seine tatsächliche Lage. In gleichem Maße kann aber auch zum Ausdruck kommen, mit wie wenig Sorgfalt und Gewissenhaftigkeit der Schuldner seine finanziellen Belange geregelt hat und wie wenig ihn die Interessen seiner Gläubiger gekümmert haben. In einem solchen Falle den Zustand des Vermögensverfalls abzulehnen, scheint widersinnig.[215]
Der *BGH* hatte im Jahr 2000 einen entsprechenden Fall zu entscheiden: Der Rechtsanwalt als Antragsteller räumte zwar den Vermögensverfall ein, machte aber geltend, mit der Eröffnung des Verfahrens sei der Vermögensverfall beseitigt. Der *BGH* stellte in seinem Urteil unmissverständlich klar, dass die Vermögensverhältnisse nicht schon durch den Übergang der Verfügungsbefugnis auf einen Insolvenzverwalter geordnet seien. Zu geordneten Vermögensverhältnissen gehöre vielmehr auch, dass die Gläubiger in absehbarer Zeit befriedigt würden und der Rechtsanwalt selbst und frei über sein Vermögen verfügen könne.[216]

### (2) Restschuldbefreiungsantrag als maßgeblicher Zeitpunkt

Denkbar erscheint auch, den im Rahmen des Insolvenzverfahrens gestellten Antrag auf Restschuldbefreiung als maßgeblich für die Ablehnung des Vermögensverfalls zu se-

---

[214] BGH-Beschluss vom 25.03.1991 - AnwZ (B) 80/90 = MDR 1991, S.905; NJW 1991, S.2083; *Schmittmann* in NJW 2002, S.182.

[215] i.E. auch *Feuerich/Weyland,* BRAO, 6.Aufl., §14, Rz.59.

[216] BGH Beschluss vom 13.03.2000 – AnwZ (B) 28/99 = BGH ZIP 2000, S.1018; BGH AnwBl. 2001, S.296; a.A.: *Schmittmann* in NJW 2002, S.182, 185.

hen. Immerhin verpflichtet sich der Schuldner mit dem Antrag auf Restschuldbefreiung dazu, seine Bezüge für die Zeit von sechs Jahren nach Eröffnung des Insolvenzverfahrens an einen Treuhänder abzutreten. In dieser langen Zeitspanne liegt aber auch das Argument dafür, dass nicht mit dem Restschuldbefreiungsantrag wieder von geordneten Vermögensverhältnissen ausgegangen werden kann: Ob der Schuldner seine Obliegenheiten erfüllt und ihm letztendlich die Restschuldbefreiung gewährt wird, ist regelmäßig fraglich und entscheidet sich erst nach der Laufzeit der Abtretungserklärung.[217]
Dass das Vorliegen der Voraussetzungen der Restschuldbefreiung unerheblich für den Widerruf der Zulassung ist, unterstreicht auch folgende Überlegung: Die Eröffnung des Insolvenzverfahrens ist in dem durch Art.26 Nr.2 EGInsO geänderten §14 II Nr.7 BRAO, der bisherigen Nr.8 dieser Vorschrift, als zusätzlicher Fall aufgeführt, in dem ein Vermögensverfall vermutet wird. Dies zeigt, dass die im Rahmen eines Insolvenzverfahrens unter bestimmten Voraussetzungen bestehende Möglichkeit der Restschuldbefreiung für das Vorliegen des Widerrufstatbestandes nicht von Interesse ist.

### (3) Die Annahme eines Insolvenzplans als maßgeblicher Zeitpunkt

Schließlich ist erwägenswert, ob nicht mit der Annahme eines Insolvenzplans das Vorliegen des Vermögensverfalls abgelehnt werden kann. Nicht ausreichen kann, dass der Schuldner lediglich bezüglich einzelner Forderungen eine Schuldtilgung oder eine Stundungsvereinbarung nachweist. Um die Vermutung des Vermögensverfalls zu widerlegen, muss der betroffene Rechtsanwalt vielmehr, seine Einkommens- und Vermögensverhältnisse umfassend darlegen. Insbesondere muss er eine Aufstellung sämtlicher gegen ihn erhobenen Forderungen vorlegen und im Einzelfall darlegen, wie er sie zu erfüllen gedenkt.[218]
Genau diesen Zwecken dient der Insolvenzplan mit seiner Unterteilung in einen darstellenden und einen gestaltenden Teil. Teilweise wird deswegen auch vertreten, die Bestätigung eines Insolvenzplans beseitige immer das Tatbestandsmerkmal des Vermögensverfalls.[219]
Dem kann in dieser Form nicht zugestimmt werden. Auch nach Aufstellung eines Plans können die Vermögensverhältnisse des Schuldners ungeordnet sein, beispielsweise dann, wenn der Plan vom Schuldner nicht eingehalten wird. Hierfür sieht die Insolvenzordnung Regularien vor, nach denen die ursprünglichen Forderungen wieder aufleben, §255 I InsO.

Jedenfalls bedingt aber die Erarbeitung und Bestätigung eines Planes, dass sich sowohl Schuldner oder Insolvenzverwalter als auch die Gläubiger intensiv mit der Vermögenssituation sowie den zu erwartenden Einkünften des Schuldners auseinander gesetzt haben. Der im Plan vorgesehene Verzicht der Gläubiger auf einen Teil ihrer For-

---

[217] BGH Beschluss vom 13.03.2000 – AnwZ (B) 28/99 = BGH ZIP 2000, S.1018; BGH AnwBl. 2001, S.296; *Feuerich/Weyland,* BRAO, 6.Aufl., §14, Rz.59; *Kleine-Cosack,*BRAO, 4.Aufl., §7, Rz.77.
[218] für den außergerichtlichen Vergleich so *Feuerich/Weyland,* BRAO, 6.Aufl., §14, Rz.59.
[219] so wohl *Hess/Röpke* in NZI 2003, S.233, 235.

derungen führt dazu, dass der Schuldner bei Einhaltung des Plans wieder in geordneten finanziellen Verhältnissen leben kann. In der Regel ist der Plan auf der Grundlage kalkuliert, dass der Schuldner Einkünfte aus seiner bisherigen oder neu aufzunehmenden anwaltlichen Tätigkeit beibringt. Durch die Aufrechterhaltung der Zulassung hat der Schuldner die Möglichkeit, Einkünfte in einer Höhe zu erzielen, die er bei Verlust seiner Bestellung nicht erzielen könnte. Vor diesem Hintergrund ist es gerade in einem solchen Fall nicht sinnvoll, sondern kontraproduktiv, die Zulassung des Schuldners trotz Annahme eines Insolvenzplans mit der Begründung des Vermögensverfalls grundsätzlich zu widerrufen.
Diese Überlegung lässt sich auch auf den Rechtsgedanken des §12 GewO stützen. In §12 GewO kommt die Überzeugung zum Ausdruck, dass Untersagungs-, Rücknahme- und Widerrufsvorschriften der GewO während eines Insolvenzplanverfahrens nicht zur Anwendung kommen, um dessen Durchführung, der ja die Gläubiger mehrheitlich zugestimmt haben, nicht zu gefährden.[220]

Tatsächlich kann daher die Annahme eines Insolvenzplanes zumindest als Indiz dafür gelten, dass sich das Vermögen des freiberuflichen Schuldners nicht in einem Zustand des Verfalls befindet, was zu einer Belassung der Zulassung im Falle der Insolvenz führt.

Diese Einschätzung wird durch ein aktuelles Urteil des *BGH* zum Widerruf der Bestellung eines Notars gestützt.[221] Im zu entscheidenden Fall richtete sich ein Notar aus Sachsen gegen die Amtsenthebung durch die zuständige Kammer, nachdem über sein Vermögen das Insolvenzverfahren wegen Zahlungsunfähigkeit eröffnet worden war. Nachdem die Kammer den Notar von der beabsichtigten Amtsenthebung in Kenntnis gesetzt hatte, entschied die Gläubigerversammlung, dass die Praxis vorläufig fortgeführt werden solle und beauftragte den Insolvenzverwalter mit der Erarbeitung eines Insolvenzplanes. Kurze Zeit später wurde der Notar seines Amtes enthoben, wogegen sich der Notar mit einem Antrag auf gerichtliche Entscheidung wandte. Im Laufe des gerichtlichen Verfahrens wurde ein Insolvenzplan erstellt, von den Gläubigern angenommen und vom Gericht bestätigt.
Die Amtsenthebung hatte vor dem *BGH* Bestand. Er führte hierzu aus, dass von einer Widerlegung des Vermögensverfalls zum Zeitpunkt der Amtsenthebung auch unter Berücksichtigung des Ergebnisses der Gläubigerversammlung keine Rede sein könne. Zum Zeitpunkt der Gläubigerversammlung hätten Forderungen in Höhe von 720.000€ gegen den Notar bestanden. Durch die Beauftragung des Insolvenzverwalters zur Erstellung eines Insolvenzplans und die vorläufige Fortführung des als sanierungsfähig eingestuften Notariats sei die Schaffung geordneter Verhältnisse nur vorbereitet worden, ohne dass absehbar gewesen sei, ob der Insolvenzplan die Billigung der Gläubiger und des Gerichtes finden werde und ob der Schuldner anschließend in der Lage sei, diesen zu erfüllen.

---

[220] vgl. ausführlich zu §12 GewO im Hinblick auf den Insolvenzplan: *Marcks* in Landmann/Rohmer, GewO, Stand 2003, §12, Rz.8.

[221] BGH, Beschl. vom 22.03.2004 – NotZ 23/03 = ZVI 2004, S.247.

Der später angenommene und gerichtlich bestätigte Insolvenzplan sah einen Schuldenerlass zugunsten des Notars von 87% auf ca. 85.000€ vor. Zum Zeitpunkt der Entscheidung durch den *BGH* war bereits absehbar, dass es dem Notar gelingen würde, diesen Plan zu erfüllen bzw. überzuerfüllen. Laut *BGH* hat vieles dafür gesprochen, dass der Notar die gegen ihn gerichteten Forderungen in einer Weise zu erfüllen vermag, die seine Einkommensverhältnisse wieder als geordnet erscheinen ließen. Diese Entwicklung könne er aber nicht berücksichtigen, da bei der Prüfung der Rechtmäßigkeit der Amtsenthebung Umstände, die nach dem Ausspruch der Amtsenthebung durch die Landesjustizverwaltung, aber vor Abschluss eines daran anschließenden gerichtlichen Verfahrens eintreten, keine Berücksichtigung fänden.[222]

Diese auf den formalen Aspekt des Zeitpunkts der Entscheidung gestützte Argumentation des *BGH* ist im Hinblick auf den schweren Eingriff in die Berufsfreiheit des Notars bedenklich. Heftig kritisiert wurde sie jüngst von *Smid:*[223] Es gebe kaum eine stärkere Vermutung für das zu erwartende Gelingen einer Vermögensreorganisation des Schuldners als die bevorstehende Annahme eines Insolvenzplans, wie es zum Zeitpunkt der Amtsenthebung aufgrund der Beauftragung durch die Gläubigerversammlung der Fall war. Es wäre „absurd, einem in Vermögensverfall geratenen Notar eine Schuldenbereinigung außerhalb eines Insolvenzplanverfahrens zu eröffnen, um die Amtsenthebung abzuwenden, das vom Bundesgesetzgeber im Rahmen der Insolvenzrechtsreform als der außergerichtlichen Reorganisation vorzuziehende Insolvenzplanverfahren aber geradezu als Anlass zu nehmen, eine in diesem Verfahren unter gerichtlicher Kontrolle und Aufsicht zu realisierende Reorganisation nicht nur bei der Beurteilung der Tatbestandsvoraussetzung des §50 I Nr.8 BNotO auszublenden, sondern als Fallstrick anzusehen."[224]
Nicht erstaunlich ist daher auch, dass das *BVerfG* die Vollziehung der Amtsenthebung des Notars im gegebenen Fall aufgrund einer von ihm eingelegten Verfassungsbeschwerde bis zur Entscheidung über die Verfassungsbeschwerde im Hinblick auf Art.12 GG ausgesetzt hat.[225]

Festhalten lässt sich allerdings trotzdem, dass der *BGH* in seiner Entscheidung ausdrücklich zu erkennen gibt, dass er bei einem freiberuflichen Schuldner, bei dem die Erfüllung eines bestätigten Insolvenzplans absehbar ist, nicht mehr von ungeordneten Vermögensverhältnissen ausgeht.

Auch ein früheres Urteil des *AGH Hamm* zum Widerruf der Zulassung eines Rechtsanwaltes liegt auf der Linie dieses *BGH*-Beschlusses: Grundlage der Entscheidung war zwar nicht ein Insolvenzplan, aber eine in der Wirkung diesem ähnliche außergerichtliche Stundungsvereinbarung zwischen dem Rechtsanwalt als Schuldner und seinen Gläubigern. Der Rechtsanwalt begehrte in dem zu entscheidenden Fall die Aufhebung des Widerrufs seiner Anwaltszulassung. Zum Zeitpunkt des Erlasses der Widerrufsver-

---

222 BGH, Beschl. vom 22.03.2004 – NotZ 23/03 = ZVI 2004, S.247, 248.

223 *Smid* in ZNotP 2004, S.316 ff.

224 *Smid* in ZNotP 2004, S.316, 318, 319.

225 BVerfG-Entsch. vom 28.04.2004 – 1 BvR 912/04, zit. nach ZIP 2004, S.1008.

fügung bestanden titulierte Forderungen gegen den Rechtsanwalt in Höhe von mehr als 110.000€, Vollstreckungsmaßnahmen seiner Gläubiger liefen ins Leere. Nach Widerruf der Zulassung gelang es dem Rechtsanwalt, mit seinen Gläubigern Ratenzahlungen zu vereinbaren. Das Gericht befand, dass unter Berücksichtigung der Erklärung des Antragstellers zu seinen Einkommensverhältnissen daraus gefolgert werden könne, „dass es dem Antragsteller gelungen ist, seine finanziellen Verhältnisse zu ordnen und dass er nicht nur kurzfristig in der Lage ist, seinen Verpflichtungen nachzukommen."[226] Es hob daraufhin die Widerrufsverfügung auf.
Diese Entscheidung des *AGH Hamm,* die auf die Erklärung des Anwaltes zu seinen Einkommensverhältnissen und eine Ratenzahlungsvereinbarung des Schuldners mit seinen Gläubigern abstellt, unterstützt die hier vertretene Ansicht, dass mit Bestätigung eines in der Wirkung vergleichbaren Insolvenzplans nicht grundsätzlich die Veranlassung besteht, die Zulassung des Anwaltes zu widerrufen.[227]

Stellt sich später heraus, dass der Schuldner nicht willens oder nicht fähig ist, seine Verpflichtungen aus dem Plan zu erfüllen, besteht dann immer noch die Möglichkeit die Zulassung zu widerrufen.

Erwähnenswert ist in diesem Zusammenhang auch eine Initiative der Rechtsanwaltskammer in Berlin. Auch hier fand man die rigorose Praxis des Zulassungsentzugs im Falle des Vermögensverfalls als unbefriedigend und rang um einen Ausweg. In Kooperation mit dem Berliner Anwaltsverein wird jetzt eine Beratung für Rechtsanwälte mit finanziellen Problemen angeboten, um möglichst früh bei Auftreten wirtschaftlicher Schwierigkeiten Wege aufzuzeigen, eine Regelung der Vermögensverhältnisse insbesondere mittels Insolvenzplans zu erreichen, um den Zulassungswiderruf zu vermeiden.[228]

### (4) Zwischenergebnis

Zusammenfassend bleibt festzuhalten, dass die Annahme eines Insolvenzplans als Indiz für die Widerlegung des Vermögensverfalls gewertet werden kann und somit eine Chance darstellt, den Zulassungswiderruf nach § 14 II Nr.7 BRAO zu vermeiden.
Unerheblich für das Tatbestandsmerkmal des Vermögensverfalls sind dagegen die Eröffnung des Insolvenzverfahrens und der dadurch bedingte Verlust der Verfügungsbefugnis durch den Schuldner sowie der Antrag auf Restschuldbefreiung.

### (cc) Ausschluss von Gefährdung der Interessen der Rechtssuchenden

Wenn der vermutete Vermögensverfall aufgrund Insolvenz des Rechtsanwaltes nicht in oben dargestellter Form widerlegt werden kann, kann ein Zulassungsentzug nur vermieden werden, wenn es gelingt darzutun, dass die Interessen der Rechtssuchenden

---

[226] AGH Hamm-Beschluss vom 03.07.1998 – 1 ZU 26/97 = AnwBl 12/99, S.698.

[227] so auch: *Feuerich/Weyland,* BRAO, 6.Aufl., §14, Rz.59; *Jessnitzer/Blumberg,*BRAO, 9.Aufl., §14, Rz.10; *Hess/Röpke* in NZI 2003, S.233, 234; *Schmittmann* in NJW 2002, S.182, 185.

[228] s. im Einzelnen: www.rak-berlin.de/infomitglieder/Berufsrecht/Zulassung/Widerruf.htm.

trotz des Vermögensverfalls nicht gefährdet sind. Angesichts des Gesetzeswortlauts ist jedenfalls davon auszugehen, dass der Rechtsanwalt die Darlegungs- und Feststellungslast dafür trägt, dass eine Interessengefährdung nicht vorliegt.[229]

Eine Auswertung der Rechtsprechung der letzten Jahre ergibt, dass in allen veröffentlichten Fällen, in denen sich der in Vermögensverfall geratene Berufsträger gegen den Entzug der Zulassung mit der Begründung wandte, eine Gefährdung der Interessen der Rechtsuchenden sei nicht zu befürchten, das entscheidende Gericht eine solche Gefährdung nicht für ausgeschlossen hielt.[230] Deutlich wird hierin eine sehr restriktive Handhabe dieser Frage. Etwas formelhaft wird vielfach festgestellt, dass der Vermögensverfall regelmäßig zu einer Gefährdung der Rechtssuchenden führt.[231]

Ob die These in dieser Pauschalität haltbar ist, ist Gegenstand der folgenden Untersuchung. Maßgeblich für die Frage, ob die Interessen der Rechtsuchenden gefährdet sind, muss die bereits oben dargestellte Überlegung sein:[232] Die Gefahren, denen mit einem Zulassungsentzug begegnet werden soll, werden darin gesehen, dass der Rechtsanwalt bei eigener desolater finanzieller Situation seine Unabhängigkeit verliert und damit seinen Aufgaben nicht mehr ordnungsgemäß nachkommen kann. Konkrete Gefahren für Mandanten können daraus erwachsen, dass der Anwalt ihm treuhänderisch anvertraute Mandantengelder veruntreut, er aufgrund seiner Finanznot unzulässige oder überhöhte Gebühren geltend macht oder er, um möglichst hohe Umsätze zu erzielen, Mandate übernimmt, denen er wegen des Umfangs, der rechtlichen Schwierigkeiten oder auch nur der Anzahl der Fälle nicht gewachsen ist.[233]

Fraglich ist, ob der Insolvenzverwalter oder der Rechtsanwalt selbst Maßnahmen ergreifen können, um den Vorwurf der mangelnden Unabhängigkeit und eine damit begründete Gefährdung der Mandanteninteressen auszuräumen, um einem Zulassungsentzug vorzubeugen. In einer Entscheidung zum dem §14 II Nr.7 BRAO wortgleichen §46 II Nr.4 StBerG lässt der BFH offen, ob eine Gefährdung der Auftraggeberinteressen erst dann ausgeschlossen ist, wenn der Betreffende seinen Vermögensverfall im Griff hat, weil er seine desolate Vermögenslage greifbar konsolidiert hat und dadurch „beherrscht", oder ob eine Gefährdung schon dann ausgeschlossen werden kann, wenn nach der konkreten Geschäftsgestaltung des betroffenen Steuerberaters keine Möglichkeit eines unmittelbaren Zugriffs auf Mandantengelder besteht.[234]

Von Relevanz, um eine Gefährdung der Interessen der Rechtsuchenden auszuschließen, kann im Einzelfall die Eröffnung des Insolvenzverfahrens, der Antrag auf Rest-

---

[229] so auch: BGH-Beschluss vom 25.03.1991 – AnwZ (B) 80/90 = MDR 1991, S.905; NJW 1991, S.2083; für den gleichlautenden §46 II Nr.4 StBerG: BFH, Urteil vom 04.04.1995, VII R 74/94.

[230] Widerlegt werden konnte in Einzelfällen der vermutete Vermögensverfall, s.o. S.87 ff.

[231] *Feuerich/Weyland,* BRAO, 6.Aufl., §14, Rz.60; *Laufhütte* in DRiZ 1990, S.431, 433; *Roggenbuck* in NJ 1991, S.206, 207; *Kleine-Cosack,* BRAO, 4.Aufl., §14, Rz.14; *Henssler* in Henssler/Prütting, BRAO, 2.Aufl., §14, Rz.24.

[232] s.o. S.79.

[233] so BVerwG-Urteil vom 03.05.1977 – I C 43/74 = NJW 1977, S.2178.

[234] BFH-Beschluss vom 22.09.1992 – VII R 43/92 = BFH MDR 1993, S.911.

schuldbefreiung sowie darüber hinaus die Einrichtung eines Anderkontos, die Beschränkung auf die Annahme bestimmter Mandate und nicht zuletzt die Aufgabe der selbständigen Praxis und gleichzeitiger Eintritt in ein Angestelltenverhältnis sein.

#### (1) Gefährdung der Mandanteninteressen trotz Verfahrenseröffnung/Antrag auf Restschuldbefreiung

In der bereits zitierten *BGH*-Entscheidung machte der Rechtsanwalt als Antragsteller auch geltend, mit der Eröffnung des Insolvenzverfahrens sei von einer Gefährdung der Mandanteninteressen nicht mehr auszugehen.[235] Dies ergebe sich aus dem Umstand, dass er während des Insolvenzverfahrens nicht mehr befugt sei, über sein Vermögen zu verfügen. Dieser Argumentation konnte der *BGH* jedoch nicht beitreten. Entgegen der Ansicht des Antragstellers wäre der Verlust der Verfügungsbefugnis vielmehr dazu geeignet, den Widerruf der Zulassung zu stützen. Nach §14 II Nr.7 BRAO a.F. war die Zulassung zur Rechtsanwaltschaft zu widerrufen, wenn eine derartige Verfügungsbeschränkung angeordnet wurde. Daran habe sich durch das In-Kraft-Treten der InsO nichts geändert. Der Widerrufstatbestand der Nr.7 a.F. wurde lediglich für entbehrlich erachtet, weil die Insolvenzeröffnung nunmehr schon für sich die Vermutung des Vermögensverfalls begründet und unter Nr.7 n.F. fällt. Die Eröffnung des Verfahrens sei mithin unerheblich für die Frage, ob die Interessen der Rechtsuchenden gefährdet seien.

Diese Ansicht lässt sich durch erhebliche praktische Bedenken stützen: Es kann nicht grundsätzlich davon ausgegangen werden, dass jeder einzelne Mandant des Rechtsanwalts über die Eröffnung des Insolvenzverfahrens informiert ist. Damit ergibt sich für diesen trotz der Verfügungsbeschränkung die Gefahr, dass er vorbehaltlich seines guten Glaubens das Honorar nicht befreiend an den Auftragnehmer zahlen kann. Auch kann nicht verhindert werden, dass der Rechtsanwalt ihm treuhänderisch anvertraute Mandantengelder zumindest zwischenzeitlich zur Befriedigung seiner Gläubiger nutzt. Darüber hinaus ist auch die Prämisse unzutreffend, mit Eröffnung des Insolvenzverfahrens trete gleichzeitig immer eine Verfügungsbeschränkung ein, wie etwa die Regelungen über das Eigenverwaltungsverfahren, §270 InsO ff., belegen.
Diese Bedenken könnten dann hinten anstehen, wenn man das Interesse der Gläubiger daran, dass der Schuldner seine rechtsberatende Tätigkeit fortsetzt, um ihnen eine umfassende Befriedigung ihrer Forderungen zu gewähren, als höher einschätzt. Dies ist aber nicht der Fall: Denn in der Beziehung Mandant - Rechtsanwalt steht nicht nur die Verletzung einer privatrechtlichen Vereinbarung auf dem Spiel, sondern das Vertrauen der Allgemeinheit in eine funktionstüchtige Rechtspflege, über die der Staat zu wachen hat.
Die Eröffnung des Insolvenzverfahrens hat daher keine Auswirkung auf die Beurteilung der Frage, ob durch den Vermögensverfall die Interessen der Rechtsuchenden gefährdet sind.

---

[235] BGH-Beschluss vom 13.03.2000 – AnwZ (B) 28/99 = BGH ZIP 2000, S.1018, BGH AnwBl. 2001, S.296; siehe auch *Deppert,* in BRAK-Mitt. 2001, S.111.

Gleichermaßen rechtfertigt auch der Antrag auf Restschuldbefreiung nicht die Annahme, dass Mandanteninteressen nicht gefährdet wären.

### (2) Gefährdung der Mandanteninteressen trotz Anderkontos

Anders könnte sich die Situation darstellen, wenn sämtliche Geldtransfers des insolventen Rechtsanwaltes über ein vom Insolvenzverwalter überwachtes Anderkonto abgewickelt würden. Auf dieses könnten Mandanten ihre Honorare überweisen, treuhänderisch anvertrautes Vermögen könnte der Rechtsanwalt nicht ohne weiteres zweckwidrig verwenden. Jedoch kommt es in der Praxis auch immer wieder vor, dass Zahlungen an den Rechtsanwalt bar oder per Scheck erfolgen. Bei diesen Zahlungen hinge es dann wieder vom Rechtsanwalt ab, ob er sie bestimmungsgemäß verwendet, oder ob er dem möglichen Drängen seiner Gläubiger nachgibt, sie für private Zwecke zu verwenden.
Daher kann auch nach Einrichtung eines Anderkontos nicht davon ausgegangen werden, dass Mandanteninteressen nicht mehr gefährdet wären.[236]

### (3) Gefährdung der Mandanteninteressen trotz Beschränkung auf bestimmte Mandate

In gleicher Weise ungeeignet, eine Gefährdung der Mandanteninteressen auszuschließen, wäre eine Erklärung des Rechtsanwaltes, auf solche Mandate verzichten zu wollen, die mit der Annahme von Mandantengeldern verbunden sind.[237] Dies gilt einerseits, weil die Kontrolle der Einhaltung dieser nach außen nicht erkennbaren Verpflichtung schwerlich möglich ist. Weder Insolvenzverwalter noch die zuständige Kammer könnten überwachen, mit welchen Mandaten der Rechtsanwalt im Einzelnen betraut ist, und ob diese die Betreuung fremder Gelder mit sich bringen. Andererseits ist eine solche Einschränkung der Tätigkeit mit dem Berufsbild eines Anwaltes kaum vereinbar.[238]

### (4) Mandantengefährdung bei Aufnahme einer Angestellten-Tätigkeit

Schließlich ist in Erwägung zu ziehen, ob der Zulassungsentzug wegen Gefährdung der Interessen der Rechtssuchenden dann vermieden werden kann, wenn der Rechtsanwalt seine eigene Kanzlei aufgibt, um eine Tätigkeit als angestellter Rechtsanwalt anzunehmen.

---

[236] BGH-Beschluss vom 25.03.1991 – AnwZ (B) 73/90 = BRAK-Mitt. 1991, S.102; AGH München BRAK-Mitt. 2002, S.94.

[237] *Henssler* in Henssler/Prütting, BRAO, 2.Aufl., §14, Rz.25; *Feuerich/Weyland,*BRAO, 6.Aufl., §14, Rz.62; *Roggenbuck* in NJ 1991, S.206, 208; *Laufhütte* in DRiZ 1990, S.431, 433.

[238] BGH AnwZ (B) 7/84; BGH AnwZ (B) 9/91; BGH AnwZ (B) 26/91; *Feuerich/Weyland,*BRAO, 6.Aufl., §14, Rz.62.

### Ansicht des *BGH*

Auch hierzu vertritt der *BGH* eine dezidierte Meinung: Der Hinweis des Antragstellers darauf, dass er die eigene Praxis aufgegeben habe und nunmehr bei einer Rechtsanwältin angestellt sei, dass außerdem die Praxiskonten sämtlich auf den Namen der Rechtsanwältin lauteten, schlössen eine Gefährdung der Rechtssuchenden ebenfalls nicht aus. Es bestehe nach wie vor die Möglichkeit, dass Zahlungen an den Antragsteller in bar oder per Scheck erfolgten. Außerdem habe der Antragsteller bei Fortbestand seiner Zulassung jederzeit die Möglichkeit, wieder selbständig in eigener Praxis tätig zu werden.[239]
Ähnlich lauten zu diesem Thema auch ältere Berichte zur Rechtsprechung des *BGHs*: Obwohl in solchen Beschäftigungsverhältnissen die momentane Gefährdung der Mandantengelder im Einzelfall ziemlich gering gehalten werden könne, schließe dies die Gefährdung der Rechtsuchenden nicht aus, weil sich der Rechtsanwalt jederzeit wieder selbständig machen könne.[240]

### Gegenstandpunkt

In einer Vielzahl von Fällen liegt der *BGH* mit dieser Einschätzung richtig, im Einzelfall kann man meines Erachtens allerdings auch anders entscheiden, siehe der erwähnte Fall aus Hamburg bzw. der noch streitige Fall vor dem Bayrischen Anwaltsgerichtshof.[241] Ist der Anwalt nicht mehr in eigener Praxis tätig, sondern übt er seinen Beruf als Angestellter aus, lassen sich Konstellationen finden, in denen die Gefahr für Mandanten auf ein zu vernachlässigendes Maß reduziert wird. Als Angestellter bezieht er ein festes Gehalt, von dem ihm der pfändungsfreie Betrag verbleibt; zusätzlich gewährte Boni fließen aufgrund des Insolvenzbeschlages an den Verwalter. Eine gleichmäßige Gläubigerbefriedigung ist hierdurch gesichert.

Der Gefahr, dass der angestellte Rechtsanwalt überhöhte Gebühren fordert oder Mandate annimmt, die ihn überfordern, kann durch zivil- oder gesellschaftsrechtliche Gestaltungen der Vertretungsbefugnis begegnet werden. Sind beispielsweise in einer Rechtsanwalts-GmbH drei Geschäftsführer bestellt, von denen einer der ehemals insolvente Rechtsanwalt ist, von denen aber lediglich zwei gemeinsam vertretungsbefugt sind, können auch nur zwei gemeinsam Mandate annehmen bzw. nach Erledigung derselben die Gebühren in Rechnung stellen.[242] Ein solchermaßen konzipiertes Angestelltenverhältnis bietet meines Erachtens hinreichend Sicherheit dafür, dass Mandanteninteressen nicht gefährdet sind.

---

[239] BGH-Beschluss vom 13.03.2000 – AnwZ (B) 28/99 = BGH ZIP 2000, S.1018, 1019; BGH AnwBl.2001, S.296.

[240] *Roggenbuck* in NJ 1991, S.206, 208; *Laufhütte* in DRiZ 1990, S.431, 433.

[241] s.o. S.81.

[242] so auch *Schmittmann* in NJW 2002, S.182, 184, 185.

Widersprechen könnte dieser Ansicht ein Urteil des *FG Baden-Württemberg.*[243] Zu entscheiden hatte das Gericht über einen Steuerberater, der sich gegen seinen Zulassungsentzug wandte. Durch die Scheidung von seiner Frau, Kreditaufnahmen und ein gescheitertes Bauherrenmodell bestanden im Jahre 1998 insgesamt Forderungen i.H.v. 2 Mio. DM gegen den Steuerberater, woraufhin die Steuerberaterkammer seine Zulassung vor Insolvenzeröffnung entzog. In dem Verfahren wandte sich der Steuerberater gegen diesen Entzug mit der Begründung, er sei inzwischen Angestellter der Steuerberatungsgesellschaft. Seine Tätigkeit umfasse laut Anstellungsvertrag ausschließlich die Vorbereitung und Fertigstellung von Bilanzen und Steuererklärungen sowie die Beantwortung von Schriftsätzen. Er habe aufgrund seiner Tätigkeit und seiner Stellung in der GmbH keinerlei Möglichkeit des Zugriffs auf Mandantengelder, er verwalte keine Treuhandgelder und habe keinen Zugriff auf Gesellschaftskonten. Somit sei eine Gefährdung von Mandanteninteressen nicht zu befürchten.
Dieser Ansicht widersprach das Gericht. Der Kläger übersehe, dass er zwar Angestellter der Gesellschaft sei, er aber an dieser zu 40% beteiligt sei. Er sei zwar nicht geschäftführungsbefugt, er könne aber aufgrund seiner Stellung als Mehrheitsgesellschafter rechtlich und faktisch auf die Gesellschaft Einfluss nehmen. Daher werde er auch in die Lage versetzt, spezielle Mandanten zu beraten, bei denen ein besonderes Gefährdungspotential bestehe.[244] Der Zulassungsentzug hatte aus diesen Gründen Bestand.

Dieses Urteil widerspricht der hier vertretenen Ansicht allerdings nicht grundsätzlich. Es unterstreicht vielmehr die Notwendigkeit, dass gesellschaftsrechtliche Vorsichts- und Sicherungsmaßnahmen getroffen werden, die der Berufsträger nicht einseitig verändern kann.[245] Im Falle der Insolvenz dürfte dieses Problem überdies kaum auftreten, da auch die Gesellschaftsanteile in die Masse fallen und daher vom Insolvenzverwalter zu verwerten sind.

Entgegengetreten werden muss dem *BGH* meines Erachtens in der Einschätzung, dass grundsätzlich eine Interessengefährdung für die Rechtssuchenden darin zu sehen sei, dass der Rechtsanwalt jederzeit wieder eine selbständige Tätigkeit aufnehmen könne. Richtig ist, dass der Rechtsanwalt, dem die Zulassung nicht entzogen worden ist, frei in der Entscheidung ist, sich als selbständiger Rechtsanwalt niederzulassen. Für abwegig halte ich aber, dass eine solche Entscheidung dem zuständigen Insolvenzverwalter bei einer ordnungsgemäßen Überwachung entgeht. Wie oben festgestellt, unterliegt die Arbeitskraft des Schuldners nicht dem Insolvenzbeschlag, so dass der Verwalter eine solche Tätigkeit nicht verhindern könnte. Schon aus haftungsrechtlichen Gründen wird er aber Schritte in die Wege leiten, die einen solchen Alleingang des Rechtsanwalts als Insolvenzschuldner unterbinden, wie etwa die Inkenntnissetzung der Kammer. Die Überwachung durch den Insolvenzverwalter bietet daher hinreichend Sicherheit, dass

---

[243] FG Baden-Württemberg vom 30.01.2001 – 4 K 109/00 = DStRE 2001, S.556 ff.

[244] FG Baden-Württemberg vom 30.01.2001 – 4 K 109/00 = DStRE 2001, S.556, 557; ähnlich auch: BFH vom 08.02.2000- VII B 245/99, NV = DStRE 2000, S.670.

[245] ao auch BFH vom 08.02.2000 – VII B 245/99, NV= DStRE 2000, S.670.

der Rechtsanwalt sich nicht ohne Billigung durch die Rechtsanwaltskammer in eigener Praxis wieder selbständig macht. Vorgebeugt werden kann dieser Gefahr auch dadurch, dass wie bei dem dem *Bayrischen Anwaltsgerichtshof* vorliegenden Fall die anstellende Kanzlei verpflichtet wird, der zuständigen Kammer regelmäßig Bericht über die Tätigkeit des betroffenen Anwalts zu erstatten.

Bei dem hier ins Auge gefassten Ansatz zur Vermeidung des Zulassungsentzugs wegen Gefährdung der Interessen der Rechtsuchenden, nämlich die Aufnahme einer Angestellten-tätigkeit in einer Kanzlei, soll nicht verkannt werden, dass es sich hierbei nicht um ein Patentrezept handelt. Ob diese Konstellation eine Lösung bietet, ist für jeden Einzelfall im Detail zu untersuchen. Hat der Berufsträger in der Vergangenheit ordnungsgemäß gehandelt, ist davon auszugehen, dass auch in Zukunft aufgrund der gewählten Gestaltung die Gefahr für Mandanten eher gering ist.

Berücksichtigt werden sollte in diesem Zusammenhang auch, aus welchen Gründen die Insolvenz eingetreten ist. Während früher vor allem die Rechtsanwälte in Vermögensverfall gerieten, bei denen ein Missverhältnis zwischen Einnahmen und Ausgaben für den eigenen Lebensstil ursächlich für die finanzielle Schieflage war, so treten heute zunehmend bei Rechtsanwälten wirtschaftliche Schwierigkeiten auf, die ihre Ursache in der negativen Ertragsentwicklung im Immobilienbereich haben. Dabei stellen das Mietshaus oder die Investitionen im Immobilienbereich nach wie vor die klassische Altersversorgung von Rechtsanwälten dar. Hierbei muss es sich nicht um spekulative Anlagegeschäfte handeln. Schon der Erwerb eines Miethauses und die umfangreiche und kostenintensive Sanierung dieses Miethauses können zu einer monatlichen Unterdeckung von mehreren tausend € führen, wenn die prognostizierten Mietsteigerungen sich nicht einstellen. Auch ein Verkauf des Objektes ist wegen der teilweise um 30 % bis 50 % gesunkenen Immobilienpreise häufig im Hinblick auf die Höhe der im Grundbuch eingetragenen Belastungen und deren Valutastand wirtschaftlich ausgeschlossen.[246] Dieser Wandel hinsichtlich der Ursachen bei Freiberuflerinsolvenzen kann bei der Frage des Widerrufs der berufsrechtlichen Zulassung nicht außer Betracht bleiben.

Ein Entzug der Zulassung wird in solchen Fällen zu vermeiden sein, wo die Gründe außerhalb der beruflichen Sphäre des Rechtsanwaltes liegen, wie in den geschilderten Fällen der Verschuldung durch Investitionen in Immobilien oder einer Scheidung. Ein Verschulden des Berufsträgers spielt allerdings laut ständiger Rechtsprechung des *BGH* keine Rolle.[247]

Ein Zulassungsentzug wird nicht zu vermeiden sein, sondern ist im Gegenteil anzustreben, wenn der Rechtsanwalt in der Vergangenheit seine Unzuverlässigkeit oder mangelnde Seriosität durch unwahre Auskünfte über seine Vermögensverhältnisse,

---

[246] s. zur Problematik auch das Ringen in der Berliner Anwaltskammer: Beitrag vom Vizepräsidenten *Jan Fiedler*, www.rak-berlin.de/infomitglieder/Berufsrecht/Zulassung/Widerruf.htm.

[247] zuletzt BGH-Beschluss vom 21.06.1999 – AnwZ (B) 88/98 = BRAK-Mitt. 1999, S.270.

Veruntreuung von Geldern oder Nichteinhaltung bereits getroffener Vereinbarungen über eine Schuldentilgung unter Beweis gestellt hat.[248]

### Berücksichtigung des Art.12 GG

Aus einem weiteren Aspekt halte ich diesen Weg der Vermeidung des Zulassungsentzugs für gangbar: Immerhin bedeutet der Entzug der berufsrechtlichen Zulassung eine erhebliche Beschränkung der durch Art.12 I GG gesicherten Berufsfreiheit des Betroffenen. Bei einer solchen Grundrechtsbeschränkung sind die widerstreitenden Interessen gegenüber zu stellen und in einen verhältnismäßigen Ausgleich zu bringen. Vorliegend handelt es sich dabei um das Interesse des Anwaltes, seine erlernte Tätigkeit weiter ausüben zu dürfen, das mit dem Interesse der rechtsuchenden Bevölkerung an einer vertrauenswürdigen Rechtspflege sowie den materiellen Interessen des einzelnen Mandanten in Ausgleich zu bringen ist. Kann eine Verletzung der Interessen der Bevölkerung bzw. des einzelnen Mandanten nahezu ausgeschlossen werden, gebietet das Verhältnismäßigkeitsprinzip, von einem Zulassungsentzug abzusehen.

Mithin kann die Aufgabe der freiberuflichen Praxis und Aufnahme einer Tätigkeit als angestellter Anwalt im Einzelfall dazu führen, dass eine Gefährdung der Rechtsuchenden nicht zu erwarten ist, und damit ein Zulassungsentzug vermieden wird.

### c) Zwischenergebnis

Für spätere Erörterungen sollte daher im Auge behalten werden, dass im Rahmen der Widerrufsregelung des §14 II Nr.7 BRAO ein Zulassungswiderruf im Einzelfall zu vermeiden ist, wenn es dem Rechtsanwalt gelingt, einen Insolvenzplan vorzulegen, der bestätigt wird, oder er eine Angestellten-Tätigkeit aufnimmt, wobei er in seiner Geschäftsführungs- und Vertretungsbefugnis beschränkt ist. Gleiches gilt für den Steuerberater im Hinblick auf §46 II Nr.4 StBerG sowie den Patentanwalt im Hinblick auf §21 II Nr.10 PatO.

## 2. Notare

Eine Amtsenthebung bei einem Notar kann sich im Falle der Insolvenz auf §50 I Nr.5 oder auf §50 I Nr.8 BNotO stützen.

### a) Amtsenthebung nach §50 I Nr.6 BNotO

Ein Notar ist gem. §50 I. Nr.6 BNotO seines Amtes zu entheben, wenn er in Vermögensverfall geraten ist. Auch nach §50 I Nr.6, 2.HS BNotO wird der Vermögensverfall vermutet, wenn ein Insolvenzverfahren über das Vermögen des Notars eröffnet ist. Ausweislich des Gesetzeswortlauts dürften sich in Bezug auf den Vermögensverfall für den Notar keine anderen Voraussetzungen ergeben als für den Rechtsanwalt. Dies

---

[248] ähnlich auch BGH-Beschluss vom 20.03.2000 – NotZ 19/99 = NJW 2000, S.2359; MDR 2000, S.915.

belegt auch die nahezu identische Kommentierung des §50 I Nr.6 BNotO und §14 II Nr.7 BRAO.[249]

### b) Amtsenthebung nach §50 I Nr.8 BNotO

Der Schutz der Interessen der Rechtsuchenden findet in §50 I Nr.8 BNotO in einer eigenen Norm besondere Berücksichtigung: Hiernach hat eine Amtsenthebung des Notars auch dann stattzufinden, wenn seine wirtschaftlichen Verhältnisse, die Art seiner Wirtschaftsführung oder seine Durchführung von Verwahrungsgeschäften die Interessen der Rechtssuchenden gefährden. Anknüpfungspunkt für die Amtsenthebung nach Nr.8 ist nicht notwendigerweise ein Vermögensverfall, sondern es reicht aus, wenn Zahlungsansprüche in erheblicher Größenordnung gegen den Notar bestehen oder gerichtlich anhängig sind, zahlreiche Pfändungs- und Überweisungsbeschlüsse gegen ihn erlassen, fruchtlose Pfändungsversuche unternommen, Verfahren zur Abgabe der eidesstattlichen Versicherung in die Wege geleitet sowie Haftbefehle zur Erzwingung dieser Versicherung gegen ihn erlassen worden sind, da hiervon eine konkrete Gefährdung der Rechtssuchenden ausgeht.[250] Es besteht die Gefahr, dass der Notar bei hoher Verschuldung, fremde Vermögensinteressen nicht mit der gebotenen Sorgfalt wahrnimmt und Versuchen Dritter, seine Amtsführung sachwidrig zu beeinflussen nicht mit dem erforderlichen Nachdruck entgegentreten will oder kann. Der *BGH* sieht die Interessen der Rechtsuchenden dann als gefährdet an, wenn die Abtragung einer längerfristig angewachsenen Schuldenlast des Notars nicht innerhalb eines überschaubaren Zeitraums zu erwarten ist.[251]

### c) Verhältnis von §50 I Nr.6 zu §50 I Nr.8 BNotO

Im Falle der Insolvenz eines Notars wird eine Amtsenthebung somit sowohl nach §50 I Nr.6 als auch nach §50 I Nr.8 BNotO in Betracht kommen. Eine genaue Abgrenzung zwischen den Tatbestandsmerkmalen des Vermögensverfalls (Nr.6) sowie der die Mandanten gefährdenden wirtschaftlichen Verhältnisse (Nr.8) ist kaum möglich. Das wenig stimmige Verhältnis dieser beiden Vorschriften zueinander resultiert daraus, dass 1999 an die Stelle der Amtsenthebung wegen einer Vermögensverfügungsbeschränkung (früher Nr.5) die wegen Vermögensverfalls (jetzt Nr.6) getreten ist.[252] Eine

---

[249] vgl. bspw. *Custodis* in Eylmann/Vaasen, BNotO, §50, Rz.32, 33 mit *Feuerich/Weyland,* BRAO, 6.Aufl., §14, Rz.59; ausdrücklich offen lassend: BGH, Beschluss vom 20.11.2000 – NotZ 17/00 = MDR 2001, S.298.

[250] BGH-Beschluss vom 21.03.1977 – NotZ 15/76 = BGH DNotZ 1977, S.567; BGH-Beschluss vom 22.10.1979 – NotZ 6/79 = BGH DNotZ 1980, S.424, 425; BGH-Beschluss vom 12.10.1990 – NotZ 21/89 = BGH DNotZ 1991, S.94; *Custodis* in Eylmann/Vaasen,BnotO, §50; Rz.41.

[251] BGH-Beschluss vom 20.03.2000 – NotZ 19/99 = BGH NJW 2000, S.2359.

[252] Das Problem wird, soweit ersichtlich, von Kommentatoren nicht diskutiert. *Lerch* kommentiert in der Ausgabe von *Arndt/Lerch/Sandkühler*, BNotO, 5.Aufl., von 2003 zu §50 immer noch unter Nr.6 unter der Überschrift „Gerichtliche Vermögensbeschränkung“ (Rz.15 ff.) mit Bezügen zur Konkursordnung, zu Nr.8 unter der Überschrift „Vermögensverfall“(Rz.26 ff.), obwohl der Gesetzestext in der

Änderung der ehemaligen Nr.5 wurde für notwendig befunden, weil der Begriff der Vermögensbeschränkung solche Fälle nicht erfasste, in denen eine Verfahrenseröffnung mangels Masse abgelehnt wurde, und weil mit der Neufassung der InsO selbst mit Eröffnung des Verfahrens nicht mehr zwingend eine allgemeine Verfügungsbeschränkung verbunden ist, vgl. §§270 ff. InsO.[253] Eine meiner Meinung nach notwendige Klarstellung des Verhältnisses zur Amtsenthebung wegen gefährdender wirtschaftlicher Verhältnisse (Nr.8) unterblieb jedoch.

### d) Widerlegung des Vermögensverfalls durch Insolvenzplan

Festhalten lässt sich jedenfalls, dass wie bei einem Rechtsanwalt unter der Voraussetzung, dass soweit aufgrund eines bestätigten Insolvenzplans nicht mehr von einem Vermögensverfall ausgegangen werde muss, auch eine Amtsenthebung des insolventen Notars nach §50 I Nr.6 BNotO nicht in Betracht kommt.
Diese Ansicht stützt der bereits oben diskutierte BGH-Beschluss, in dem dieser zu erkennen gibt, dass er bei einem freiberuflichen Schuldner, bei dem die Erfüllung eines bestätigten Insolvenzplans absehbar ist, nicht mehr von ungeordneten Vermögensverhältnissen ausgeht.[254]

### e) Keine Angestelltentätigkeit des Notars

Ausgeschlossen ist dagegen bei einem Notar, diesen eine kontrollierte Angestelltentätigkeit ausüben zu lassen, um eine Gefährdung der Interessen der Rechtssuchenden auszuschließen. Dies ergibt sich aus der besonderen Stellung des Notars als Träger originärer hoheitlicher Befugnisse.[255] Diese Stellung gebietet die Unabhängigkeit des Berufsträgers, was sich schon aus §1 BNotO ergibt. Nicht vereinbar mit dieser Stellung wäre die abhängige Tätigkeit in einem Angestelltenverhältnis.
Als Konsequenz daraus folgt, dass meines Erachtens bei einem Notar keine Konstellation vorstellbar ist, bei der zwar die Vermögensverhältnisse als ungeordnet i.S.d. §50 I Nr.8 BNotO eingestuft werden, eine Gefährdung der Interessen der Rechtssuchenden aber verneint wird.

### f) Zwischenergebnis

Gleichermaßen wie bei einem Rechtsanwalt von einem Zulassungswiderruf im Einzelfall abgesehen werden kann, kann bei einem Notar eine Amtsenthebung vermieden werden, wenn es ihm gelingt, einen bestätigten Insolvenzplan vorzulegen. Verwehrt ist dem Notar dagegen aufgrund seiner besonderen Stellung, eine angestellte Tätigkeit als

---

Ausgabe angepasst wurde. Ähnlich auch *Vetter* in Schippel, BNotO, 7.Aufl., in der Ausgabe von 2000, §50, Rz.20 ff. und 30 ff.

[253] BT-Drucks. 12/3803, S.66.

[254] BGH, Beschl. vom 22.03.2004 – NotZ 23/03 = ZVI 2004, S.247.

[255] s. zur Stellung des Notars: *Schippel* in Seybold/Schippel, BNotO, §1, Rz.8.

Notar auszuüben, um so eine Gefährdung der Interessen der Rechtssuchenden auszuschließen.

### 3. Wirtschaftsprüfer

Gemäß §20 II Nr.5 WPO ist die Bestellung als Wirtschaftsprüfer zu widerrufen, wenn der Wirtschaftsprüfer sich nicht in geordneten wirtschaftlichen Verhältnissen befindet, es sei denn, dass dadurch die Interessen der Auftraggeber oder anderer Personen nicht gefährdet sind.

#### a) Ungeordnete wirtschaftliche Verhältnisse

Zwar stellt die Rechtsprechung bei der Prüfung der geordneten wirtschaftlichen Verhältnisse im Wesentlichen auf den eingetretenen Vermögensverfall ab, die ungeordneten wirtschaftlichen Verhältnisse setzen aber nicht zwingend einen Vermögensverfall oder Zahlungsunfähigkeit voraus. Es reicht aus, dass der Berufsträger seinen Zahlungsverpflichtungen nicht nachkommt, sei es, weil er den Überblick über seine wirtschaftlichen Verhältnisse verloren hat, sei es, weil er in so schlechten wirtschaftlichen Verhältnissen lebt, dass er außerstande ist, seine Gläubiger fristgerecht zu befriedigen.[256] Die tatbestandlichen Voraussetzungen der ungeordneten wirtschaftlichen Verhältnisse sind mithin weiter als die des Vermögensverfalls.
Auch hier spricht allerdings nichts dagegen, im Einzelfall trotz Insolvenz von geordneten wirtschaftlichen Verhältnissen auszugehen, wenn ein Insolvenzplan bestätigt wurde, und dadurch zum Ausdruck kommt, dass der Betreffende seine Vermögenslage im Griff hat.[257]

#### b) Mandantengefährdung

Auch im Fall eines Wirtschaftsprüfers ist die Gefährdung der Mandanten darin zu sehen, dass der Berufsträger überhöhte Forderungen geltend macht, Gelder veruntreut oder ihn überfordernde Mandate annimmt. Das *OVG Münster* stellt in einem Beschluss fest, in dem es über den Widerruf der Zulassung eines Wirtschaftsprüfers zu entscheiden hatte, der aufgrund erheblicher Steuerrückstände und privater Forderungen die eidesstattliche Versicherung hatte abgeben müssen, dass diese Gefährdung so lange anzunehmen sei, wie die desolate finanzielle Situation des Berufsträgers andauere. Dies gelte nur dann nicht, wenn die Gefährdung so fern liegt, dass sie ohne Bedenken außer Betracht gelassen werden kann.[258]
Entsprechend obigen Ausführungen muss meiner Meinung nach auch beim Wirtschaftsprüfer nach Eröffnung des Insolvenzverfahrens gelten, dass dieser Gefahr durch eine Tätigkeit als Angestellter mit Einschränkungen in der Geschäftsführungs- und

---

[256] VG Koblenz, Beschl. v. 19.08.1999 – 3 L 1361/99 KO = WPK-Mitt.2000, S.67, 68.

[257] ähnlich OVG Münster im Beschluss vom 09.02.2001– 4 A 5645/99 = NJW 2002, S.234.

[258] OVG Münster im Beschluss vom 09.02.2001 – 4 A 5645/99 = NJW 2002, S.234 unter Berufung auf das BVerwG-Urteil vom 03.05.1977 – I C 43/74 = NJW 1977, S.2178.

Vertretungsbefugnis so weit vorgebeugt werden kann, dass die Mandantengefährdung im Einzelfall so fern liegt, dass sie außer Betracht gelassen werden kann.

In der angeführten Entscheidung, konnte das Gericht eine Interessengefährdung nicht ausschließen, da der Wirtschaftsprüfer seine Nachlässigkeit in eigenen Steuerangelegenheiten unter Beweis gestellt und Erklärungsfristen nicht eingehalten hatte, so dass nicht auszuschließen war, dass er auch die Steuererklärungen seiner Mandanten nicht oder verspätet abgibt. Auch das Vorbringen des Wirtschaftsprüfers, er verfüge über keine Geschäftskonten und er verwalte keine Gelder treuhänderisch befand das Gericht als unerheblich, da diese Aufgaben zu den gesetzlich eingeräumten Befugnissen des Wirtschaftsprüfers gehörten.[259] In seiner Begründung stellte das Gericht maßgeblich auf Rechtsprechung des BFH zum Widerruf der Steuerberaterzulassung ab, was die These unterstützt, dass beim Wirtschaftsprüfer bezüglich des Zulassungswiderrufs die gleichen Maßstäbe wie beim Steuerberater gelten.

#### c) Zwischenergebnis

Auch für den Wirtschaftsprüfer gilt, dass ein Zulassungsentzug im Einzelfall durch Bestätigung eines Insolvenzplans oder Aufnahme einer Tätigkeit als angestellter Wirtschaftsprüfer umgangen werden kann.

### 4. Arzt und Zahnarzt

Die Bundesärzteordnung, entsprechendes gilt für die Bundeszahnärzteordnung, enthält keine den Berufsordnungen der rechts- und steuerberatenden Berufen vergleichbare Regelung, nach der mit Eröffnung des Insolvenzverfahrens der Entzug der Approbation droht. Die Bundesärzteordnung kennt nur den zwingenden Widerruf, wenn sich ein Arzt eines Verhaltens schuldig macht, aus dem sich seine Unwürdigkeit oder Unzuverlässigkeit ergibt, §5 II S.1 i.V.m. §3 I S.1 Nr.2 Bundesärzteordnung (BÄO).[260] Unzuverlässig i.S.d. §3 I S.1 Nr.2 BÄO ist, wer aufgrund seines bisherigen Verhaltens keine Gewähr dafür bietet, dass er in Zukunft seinen Beruf als Arzt ordnungsgemäß ausüben wird.

Diesen Maßstab hat das *OVG Koblenz* in einer Entscheidung im Jahr 1989 konkretisiert, in dem es über den Approbationswiderruf bei einem Arzt zu entscheiden hatte, der betrügerisch zum Nachteil gegenüber dem Krankenversicherungsträger tätig war. Danach sind Verfehlungen unabhängig davon, in welcher Sphäre sie begangen worden sind, immer dann – aber auch nur dann – rechtserheblich i.S.d. §3 I S.1 Nr.2 BÄO, wenn nach den gesamten Umständen des Falles daraus Schlüsse auf eine charakterlich bedingte mangelnde Bereitschaft zur ordnungsgemäßen, pflichtenadäquaten Ausübung

---

[259] OVG Münster im Beschluss vom 09.02.2001 – 4 A 5645/99 = NJW 2002, S.234.

[260] vgl. zum Approbationswiderruf, *Uhlenbruck* in Laufs/Uhlenbruck, Hdb. d. ArztR, 3.Aufl., §8, Rz.29.

des Arztberufes gezogen werden müssen. Die Beurteilung richtet sich also auf eine zukünftige Tätigkeit des Artzes.[261]
Um die Unzuverlässigkeit oder Unwürdigkeit eines Arztes zu begründen, kann daher allein dessen Zahlungsunfähigkeit nicht ausreichen, da sie seine ordnungsgemäße und pflichtenadäquate zukünftige Berufsausübung nicht in Frage stellt. Dies zeigt auch die Handhabung des Approbationswiderrufs in der Praxis, wo eine Nachfrage bei der Bundesärztekammer ergeben hat, das kein Fall bekannt ist, in dem einem Arzt allein aufgrund seiner desolaten finanziellen Verhältnisse die Zulassung entzogen wurde. Hinzukommen müssen vielmehr weitere Umstände, z.B. betrügerische oder andere strafbare Handlungen des Arztes, um seine finanzielle Situation zu verbessern, wie im vom OVG Koblenz zu entscheidenden Fall.

### 5. Ergebnis

Für alle Freiberufler in den rechts- und steuerberatenden Berufen, die aufgrund berufständischer Reglementierungen in der Insolvenz mit einem Zulassungsentzug zu rechnen haben, gilt, dass der Verlust durch frühzeitige Maßnahmen vermieden werden kann. Die Widerlegung des vermuteten Vermögensverfalls bzw. der ungeordneten wirtschaftlichen Verhältnisse kann durch Vorlage eines Insolvenzplans gelingen. Im Einzelfall kann einer Gefährdung der Mandanteninteressen durch Aufnahme einer Tätigkeit als Angestellter vorgebeugt werden (Ausnahme: Notar).

## III. Ansprüche gegen die KV/KZV „Bezüge aus einem Dienstverhältnis" i.S.d. §114 InsO?

In den letzten Monaten wurde die Frage kontrovers diskutiert, ob Ansprüche des Arztes oder Zahnarztes gegen die Kassenärztliche Vereinigung (KV) bzw. die Kassenzahnärztliche Vereinigung (KZV) unter den Begriff der „Bezüge aus einem Dienstverhältnis" i.S.d. §114 InsO subsumiert werden können.[262]
§114 I InsO erklärt Abtretungen von Forderungen aus einem Dienstverhältnis oder an deren Stelle tretende laufende Bezüge für eine Zeit von zwei Jahren nach Eröffnung des Insolvenzverfahrens über das Vermögen des Schuldners für wirksam. Notwendig wurde eine Normierung dadurch, dass gem. §35 InsO nun auch der Neuerwerb massezugehörig ist. Ohne diese Erweiterung der Masse, hätte es des §114 InsO nicht bedurft, da Vorausabtretungen ohne weiteres wirksam geblieben wären.

§114 I InsO ist nun im Zusammenhang mit §287 InsO, in dem die Möglichkeit der Restschuldbefreiung geregelt ist, zu sehen. Das System der Restschuldbefreiung setzt voraus, dass die laufenden Bezüge des Schuldners während einer längeren Zeit nach Beendigung des Verfahrens für die Insolvenzgläubiger zur Verfügung stehen. Um diesem Ziel gerecht zu werden, mussten Verpfändungen, Pfändungen und Vorausabtretungen zu Gunsten eines einzelnen Gläubigers, wie sie jedenfalls bei der Insolvenz

---

[261] OVG Koblenz, Urt. vom 09.05.1989 – 6 A 124/88 = NJW 1990, S.1553.
[262] zur Frage der Verfassungswidrigkeit des §114 InsO s.: *Roellenbleg* in NZI 2004, S.176, 178.

eines angestellten Arbeitnehmers vorliegen, in ihrer Wirksamkeit zeitlich beschränkt werden. Auf der anderen Seite wollte der Gesetzgeber sicherstellen, dass vertragliche Gläubigersicherheiten an den laufenden Bezügen des Schuldners im Falle der Insolvenz nicht völlig wertlos werden.[263]
Mit der Norm des §114 I InsO meinte der Gesetzgeber, zwischen dem Sicherungsbedürfnis der Gläubiger und dem Schaffen eines Anreizes für den Schuldners, einer geregelten Arbeit nachzugehen, einen bestmöglichen Ausgleich zu schaffen.
Nach dem eindeutigen Wortlaut gilt §114 I InsO nur für „Bezüge aus einem laufenden Dienstverhältnis oder an deren Stelle tretende laufende Bezüge", wie beispielsweise Ruhegeld oder Versorgungsrenten. Von erheblicher praktischer Bedeutung bei der Abwicklung von Insolvenzen ist nun die Frage, inwieweit eine Anwendung dieser Norm auf Ansprüche des Arztes/Zahnarztes gegen die KV bzw. KZV gerechtfertigt ist.
Unstreitig ist, dass Honorarforderungen des Arztes gegen Privatpatienten keinesfalls unter §114 InsO subsumiert werden können. Diesen Ansprüchen fehlt jegliche Ähnlichkeit zu Bezügen aus einem Dienstverhältnis.[264]

### 1. 1.Ansicht: Ansprüche gegen KV/KZV sind Bezüge i.S.d. §114 InsO

Intensiv auseinandergesetzt mit oben aufgeworfener Frage hat sich *Uhlenbruck* in einem Gutachten für eine Berliner Anwaltskanzlei.[265] Unstreitig stellt er zunächst, dass zukünftige Forderungen gegen die KV/KZV zedierbar sind, was der *BGH* im Hinblick auf §850 II ZPO klargestellt hat.[266] Weiterhin sei klar, dass der Gesetzgeber mit der Norm des §114 I InsO nicht die Honoraransprüche sämtlicher Freiberufler erfassen wollte.
Aus der Rechtsstellung des Kassenarztes/Kassenzahnarztes auf der Schnittstelle zwischen privatem und öffentlichem Recht könne sich jedoch für deren Honoraransprüche ein anderes ergeben. Zwar seien grundsätzlich auch Kassenärzte und Kassenzahnärzte Freiberufler, ihre Zulassung vermittle aber zwischen ihnen und der KV/KZV ein öffentlich-rechtliches Verhältnis eigener Art. Die Zulassung berechtige und verpflichte sie zur Teilnahme an der vertragsärztlichen Versorgung und habe zur Folge, dass der Vertragsarzt seine Vergütungsansprüche nicht gegenüber den gesetzlich versicherten Patienten, sondern gegenüber seiner KV/KZV geltend mache.
Dadurch, dass der *BGH* im Rahmen des §850 II ZPO Ansprüche gegen die KV/KZV den Bezügen aus einem Dienstverhältnis gleichgestellt habe, weil es sich „um Vergütungen für Dienstleistungen handelt, die die Existenzgrundlage des Schuldners bilden, weil sie seine Erwerbstätigkeit ganz oder zu einem wesentlichen Teil in Anspruch

---

[263] *Uhlenbruck* in ZVI 2002, S. 49, 51.
[264] so *Vallender* in NZI 2003, S.530, 532.
[265] vgl. *Uhlenbruck* in ZVI 2002, S. 49.
[266] so BGH-Urteil vom 30.05.1995 – XI ZR 78/94 = ZIP 1995; S.1071; auch schon BGH-Urteil vom 05.12.1985 - IX ZR 9/85 = BGHZ 96, S.324.

nehmen"[267], sei gerechtfertigt diese Ansprüche auch als „laufende Bezüge" i.S.d. §114 InsO zu qualifizieren. Vertragsärzte erlangten durch die Versorgung der Patienten einen Rechtsanspruch auf angemessene Honorierung ihrer Leistungen für Versicherte.[268] Im Hinblick auf die Tatsache, dass nicht jede Einzelleistung des Arztes vergütet werde, sondern die Abrechnung quartalsweise als Gesamtvergütung nach einem einheitlichen Bewertungsmaßstab erfolge, sei in diesem Zusammenhang von „laufenden Bezügen" i.S.d. §114 I InsO zu sprechen. Nicht zu Unrecht würden diese Bezüge daher auch als „Arztlohn" bezeichnet.
Den Kreditgebern als Sicherungsnehmern blieben also für die Zeit der wirksamen Abtretung von zwei Jahren die während des Insolvenzverfahrens entstehenden Forderungen des Arztes gegen die KV/KZV in Höhe der pfändbaren Beträge als Sicherheit erhalten. Der Vertragsarzt werde durch die entsprechende Anwendung des §850 f I ZPO, siehe §36 I S.2 InsO, in die Lage versetzt, seine Praxis bis zur Erteilung der Restschuldbefreiung bzw. bis zum Abschluss eines Planverfahrens fortzusetzen.[269]

Stützen kann sich diese Ansicht inzwischen auf ein neueres Urteil des *OLG Düsseldorf*.[270] Das Gericht bestätigt die These, dass der Begriff der Bezüge aus einem Dienstverhältnis weit auszulegen sei und sich an §850 ff. ZPO und der dazu ergangenen Rechtsprechung zu orientieren habe, so dass auch die Vergütung eines Kassenarztes davon erfasst sei. Eine andere Ansicht hatte hierzu noch die Vorinstanz vertreten, die darauf abstellte, dass Bezüge aus einem Dienstverhältnis i.S.v. §114 InsO typischerweise die Vergütungsansprüche von Arbeitern und Angestellten sowie die Besoldung der Beamten seien. Der Gesetzgeber habe lediglich eine Privilegierung von Menschen am unteren Ende der sozialen Skala im Auge gehabt. §114 InsO sei eng auszulegen, um eine Schmälerung der Masse zu vermeiden.
Das *OLG Düsseldorf* als Berufungsinstanz hält dies für ein Fehlverständnis des §114 I InsO. Der Begriff der Bezüge aus einem Dienstverhältnis sei weit auszulegen, so dass bei §114 I InsO ebenso wie bei der Einordnung einer Vergütung als Arbeitseinkommen i.S.v. §850 II ZPO von untergeordneter Bedeutung sei, ob es sich um ein Entgelt für eine Tätigkeit in einem freien Beruf handelt oder nicht. Entscheidend sei in beiden Fällen, ob es um eine Vergütung für Dienstleistungen geht, die die Existenzgrundlage des Schuldners bildeten.[271]

---

[267] BGH, Urteil vom 05.12.1985 - IX ZR 9/85 = BGHZ 96, S.324, 327; vgl. weiterhin BGH, Urteil vom 08.12.1977 - II ZR 219/75 = NJW 1978, S.756; zustimmend auch *Stöber* in Zöller, ZPO, 23.Aufl., §850, Rz.9: Arbeitseinkommen in §850 ZPO beziehe sich auch auf sonstige Vergütungen für Dienstleistungen aller Art, weil wesentlich sei, „dass es sich um wiederkehrend zahlbare Vergütungen für (selbständige oder unselbständige) Dienste handelt, die die Existenzgrundlage des Dienstpflichtigen bilden, da sie seine Erwerbstätigkeit ganz oder zu einem wesentlichen Teil in Anspruch nehmen".

[268] ausführlich behandelt das Thema *Schmied* in MedR 2002, S.116.

[269] siehe ausführlich zum Ganzen: *Uhlenbruck* in ZVI 2002, S.49, 51 ff; zustimmend: *Hess* in Hess/Weis/Wienberg, InsO, 2.Aufl., §114, Rz.14; *Vallender* in FS Metzeler, S.21, 27.

[270] OLG Düsseldorf, Urteil vom 31.10.2003 - I - 4U110/03 = ZInsO 2003, S.1149.

[271] OLG Düsseldorf, aaO, S.1150.

### 2. Gegenansicht: Ansprüche gegen KV/KZV sind keine Bezüge i.S.d. §114 InsO

*Ries* tritt den Ausführungen *Uhlenbrucks* ausdrücklich entgegen.[272] Er verweist darauf, dass die von *Uhlenbruck* ins Auge gefasste Lösung zu kaum überwindbaren Problemen in der Verwalterpraxis führt: Während die Bank durch eine weite Auslegung des §114 I InsO einen Großteil der Einnahmen für die Dauer von zwei Jahren kassieren könne, trage der Verwalter aufgrund der Regelung von §108 I InsO hinsichtlich der Dauerschuldverhältnisse die wesentlichen Betriebskosten.
Neben diesen praktischen hegt *Ries* überdies auch rechtliche Bedenken. *Uhlenbruck* verkenne einen wesentlichen Unterschied zwischen der Inbeschlagnahme von Arbeitnehmerlohn und der Globalzession des Selbständigen. Während die Abtretung künftiger Lohnansprüche auch solche Bezüge verstricke, die erst später entstehen, sofern ein „einheitlicher Schuldgrund", der Arbeitsvertrag, weiter besteht, erschaffen Selbständige ihre künftigen Forderungen erst durch Leistung gegenüber Dritten. Die Dauerrechtsbeziehung des Arztes zu seiner KV/KZV könne pfändungsrechtlich nicht den Ausschlag geben. Erst der Abschluss des Behandlungsvertrages zwischen Arzt und Patient begründete honorarrechtliche Rechtsfolgen, indem im Anschluss an das ärztliche Tätigwerden Punktwerte ausgelöst würden. In der Begründung solcher Behandlungsverträge und der daraufhin erlassenen Honorarbescheide liege eine nachträgliche Rechtshandlung gem. §91 I InsO, so dass diese Honorare spätestens mit Verfahrenseröffnung den Zessionsgläubigern entzogen seien. Somit könne die Vorschrift des §114 I InsO gar nicht zum Zuge kommen, da sie nicht rechtsbegründend, sondern allenfalls rechtsvernichtend wirke, indem sie solche Rechte in zeitlicher Hinsicht beschränkt, die anderenfalls noch dauerhaft über den Eröffnungsstichtag fortgegolten hätten.

Auch *Wegner/Köke* treten den Ausführungen *Uhlenbrucks* entschieden entgegen.[273] Ihnen zufolge ist §114 InsO eine Ausnahmevorschrift zu §91 InsO und müsse restriktiv gehandhabt werden. Es gelte allgemein im Zivilrecht der Grundsatz, dass es an künftigen Forderungen nur in engen Grenzen einen Rechtserwerb gebe. Jedenfalls müsse die künftige Forderung hinreichend bestimmbar sein. Dies sei bei Behandlungsverträgen, aus denen letztlich der Anspruch gegen die KV/KZV entstehe, nicht der Fall: Denn zum Zeitpunkt der Zession ständen weder Vertragsbeteiligte noch dessen Volumen fest. Erst der erste Kontakt zwischen Arzt und Patient schaffe die Grundlage für den Vertrag, aufgrund dessen dann ein jeweils neues Valutaverhältnis zur KV/KZV entstehe.

Ähnlich argumentiert *Sander* in seiner Kritik am Urteil des *OLG Düsseldorf*.[274] §114 I InsO erweitere nicht, wie das Gericht anführt, die Masse, sondern suspendiere vielmehr die generelle Unwirksamkeit von Vorausabtretungen. Überdies stammten die Bezüge des Kassenarztes nicht aus einem Dienstverhältnis. Selbständige Tätigkeit und

---

[272] *Ries* in ZInsO 2003, S.1179 ff; gegen eine Anwendung des §114 auf den Kassenarzt wohl auch: *Kießner* in Nerlich/Römermann, InsO, Stand März 2003, §114, Rz.44.
[273] *Wegner/Köke* in ZVI 2003, S.382 ff.
[274] *Sander* in ZInsO 2003, S.1129 ff.

Dienstverhältnis schlössen sich aus dem Kontext der InsO, §§81, 114 sowie §295 II InsO, aus. Aus §295 II InsO ergebe sich zweifelsfrei, dass der Gesetzgeber dann von einem Dienstverhältnis ausgehe, wenn es sich nicht um eine selbständige Tätigkeit handelt. Dadurch, dass das Leistungsvergütungsrecht der Ärzte zu den Krankenkassen öffentlich-rechtlich ausgestaltet sei, werde weder die Tätigkeit des Arztes zu einer unselbständigen noch das Verhältnis zur KV zu einem Dienstverhältnis. Die Besonderheit bei einem Dienstverhältnis bestehe darin, dass der Schuldner durch eigene Tätigkeit im fremden Interesse und in Einbettung in eine Betriebsorganisation einem Erwerb nachgehe. Der selbständig tätige Arzt trage aber die organisatorische Verantwortung selbst, er bestimme Art und Umfang seiner Tätigkeit.
Schließlich verbiete sich auch eine analoge Anwendung des §114 I InsO auf den Kassenarzt, denn die Interessenlage sei nicht vergleichbar: Während beim Selbständigen insbesondere im Falle der Insolvenz nur eine vage Hoffnung auf den Forbestand der Erwerbsquelle bestehe und er alle wirtschaftlichen Risiken seiner Tätigkeit selber tragen müsse, trage beim Arbeitnehmer der Dienstherr entsprechende Risiken, so dass auch bei Krankheit, Berufsunfähigkeit und Rente genau berechenbare Lohnersatzleistungen zur Verfügung ständen. In Anbetracht seiner Ausführungen konsequent hofft *Sander* auf eine Klarstellung durch den *BGH.*

### 3. Stellungnahme

Im Ergebnis kann die von *Uhlenbruck* und dem *OLG Düsseldorf* vertretene Ansicht trotz berechtigter praktischer und rechtlicher Bedenken überzeugen. Die Gegenansicht nimmt für sich in Anspruch, aus der Systematik der InsO ergebe sich, dass §114 I InsO streng dem Wortlaut nach zu verstehen sei. Daher sei §114 I InsO auf den Kassenarzt unanwendbar, da man die Vergütung des Kassen(zahn)arztes nicht als aus einem Dienstverhältnis zur KV/KZV stammend qualifizieren könne. Verkannt wird aber, und hierauf stellt die Argumentation von *Uhlenbruck* wesentlich ab, dass der Kassenarzt eine ihm als Vertragsarzt eigentümliche Stellung auf der Schnittstelle von privatem und öffentlichem Recht einnimmt.[275]
Diesem besonderen Umstand trägt die Gegenansicht nicht hinreichend Rechnung, sondern hebt auf die offensichtliche Feststellung ab, der Arzt stehe in keinem Dienstverhältnis zur KV/KZV. Selbst wenn man aber den Begriff des Dienstverhältnisses in §114 InsO restriktiv auslegen möchte, führt meines Erachtens eine analoge Anwendung dieser Norm zu der von *Uhlenbruck* ins Auge gefassten Lösung. Weder methodisch noch inhaltlich überzeugend verneint *Sander* die Möglichkeit einer analogen Anwendung des §114 I InsO auf Ansprüche des Arztes gegen die KV/KZV. Er geht davon aus, „dass eine analoge Anwendung zwingend geboten“ sein müsse.[276] Die Zulässigkeit einer Analogie setzt entgegen *Sander* aber nicht die zwingende Gebotenheit voraus, sondern erfordert eine planwidrige Regelungslücke und die Vergleichbarkeit

---

[275] *Bogs* spricht von Vertragsärzten als „Dreiviertelbeamten“, in FS Thieme S.715, 717; Quaas spricht gar von der Denaturierung zu einem „Kassenbeamten“, MedR 2001, S.34, 37.
[276] *Sander* in ZInsO 2003, S.1129, 1132.

der Rechts- und Interessenlage.[277] Dass eine Regelungslücke vorliegt, ergibt sich aus der Tatsache, dass Ansprüche von Ärzten gegen die KV/KZV hinsichtlich ihrer Behandlung in der Insolvenz keinen Niederschlag gefunden haben. Dass ein Regelungsbedarf besteht, unterstreicht die kontroverse Diskussion um diesen Punkt. Auf die Planwidrigkeit deutet hin, dass weder in den Diskussionen anlässlich der Einführung der InsO noch anlässlich der Änderungen durch das InsOÄndG von 2001, die Behandlung dieser Ansprüche thematisiert wurde.

*Sander* bestreitet die Vergleichbarkeit der Rechtslage mit dem Hinweis darauf, dass bei einem Selbständigen nur eine vage Hoffnung in den Fortbestand der Erwerbsquelle gesetzt werden könne, die Hoffnung bei einem redlichen Arbeitnehmer größer sei, da dieser kein persönliches Risiko, das allein beim Dienstherrn liege, trage.[278] Dieser Hinweis trifft meines Erachtens nicht den Kern des Problems. Denn §114 I InsO zielt nicht auf eine Differenzierung nach Abschätzen der Wahrscheinlichkeit des Schaffens des Sicherungsgutes durch den Sicherungsgeber. Selbst wenn man dies als maßgeblich betrachtet, überzeugt die Differenzierung insofern nicht, dass einerseits auch beim Arbeitnehmer im Falle der Insolvenz des Arbeitgebers Verdienstausfälle zu erwarten sind. Andererseits ist auch beim Selbständigen die Regel, dass dieser bei Krankheit, Berufsunfähigkeit und Erreichen des Rentenalters eine persönliche Vorsorge getroffen hat, die Bezüge sicherstellt, die an die Stelle der laufenden Bezüge tritt.
Der Kern der Frage geht aber vielmehr dahin, ob die Ansprüche, die ein Arzt gegen die KV/KZV hat, zumindest was den Regelungsbereich des §114 I InsO trifft, mit dem Begriff der „Bezüge aus einem Dienstverhältnis" vergleichbar ist. Hinsichtlich dieser Frage hat *Uhlenbruck* meines Erachtens überzeugende und umfangreiche Ausführungen gemacht. Einerseits hat er auf die besondere Stellung der Kassenärzte in unserem Rechtssystem hingewiesen, andererseits hat er sich mit der Rechtssprechung des *BGH* zu dem in der ZPO im Bereich der Zwangsvollstreckung verwendeten Begriff des „Arbeitseinkommens" auseinandergesetzt. Es liegt in der Tat nahe, den vom *BGH* gesetzten Maßstab hinsichtlich des §850 II ZPO auch bei §114 I InsO anzuwenden, und für maßgeblich zu erachten, dass es sich um Vergütungen für Dienstleistungen handeln muss, die „die Existenzgrundlage des Schuldners bilden, weil sie seine Erwerbstätigkeit ganz oder zu einem wesentlichen Teil in Anspruch nehmen".[279]
Ein weiterer Punkt spricht schließlich für die Vergleichbarkeit der Interessenlage. Im Zuge der Einführung des §114 I InsO hat der Gesetzgeber deutlich gemacht, dass es bei §114 I InsO um einen verhältnismäßigen Ausgleich zwischen gegenläufigen Interessen geht: Einerseits seien die Position der kreditierenden Bank an einer werthaltigen Kreditsicherheit sowie dem gleichlaufenden Interesse des Schuldners an einer solchen Kreditunterlage bei gleichzeitiger Förderung der Motivation des Schuldners in Erwartung der Restschuldbefreiung, weiterzuarbeiten, zu berücksichtigen, andererseits das

---

277 zur grundsätzlichen Zulässigkeit der Analogie siehe BGH, Urteil vom 03.04.1990 – 1 BvR 1186/89 = NJW 1990, S.1593.

278 *Sander*, aaO, S.1133.

279 so BGH, Urteil vom 05.12.1985 – IX ZR 9/85 = BGHZ 96, S.324, 327; vgl. weiterhin BGH, Urteil vom 08.12.1977 – II ZR 219/75 = NJW 1978, S.756

Interesse nicht gesicherter Insolvenzgläubiger an einer Teilhabe an den laufenden Bezügen.[280]
Dieser Interessenwiderstreit ist auch bei einem Kassenarzt wiederzufinden, so dass §114 I InsO auch hier geeignet ist, einen billigen Ausgleich zu schaffen.[281]

### 4. Ergebnis

Im Ergebnis sprechen somit die besseren Argumente dafür, die Ansprüche des Arztes gegen seine KV/KZV i.R.d. §114 I InsO zu berücksichtigen, so dass eine Vorausabtretung dieser Ansprüche für einen Zeitraum von zwei Jahren Wirksamkeit entfaltet.

## IV. Vergütung und Unterhalt des Freiberuflers in der Insolvenz

Ein erhebliches praktisches Problem stellt die Frage dar, nach welchen Vorschriften dem Freiberufler in der Insolvenz Vergütung und Unterhalt zu gewähren sind. In Betracht kommt eine analoge Anwendung des § 278 InsO, des §100 InsO oder eine Anwendung des § 36 InsO i.V.m. §§ 850,850 a I 3, 850 f I, 850 i ZPO.
*Vallender* geht davon aus, dass die Unterhaltsgewährung an den Freiberufler nach §100 InsO zu erfolgen hat.[282] Er weist darauf hin, dass §100 InsO allerdings keinen Anspruch des Freiberuflers auf eine angemessene Alimentierung begründet und sich die Unterhaltszahlungen auf den notwendigen Unterhalt beschränkten.[283] Problematisch sei dies vor allem, so *Vallender*, in dem Zeitraum bis zur ersten Gläubigerversammlung: In dieser Zeit könne der Insolvenzverwalter mit Zustimmung des Gläubigerausschusses nur den sog. notwendigen Unterhalt gewähren, der sich an §§11, 12 BSHG orientiere. Die Alimentierung des Schuldners auf der Basis dieser gesetzlichen Grundlage führe zwangsläufig zu Konflikten zwischen Schuldner und Insolvenzverwalter, insbesondere wenn dieser noch Kinder in der Ausbildung zu finanzieren habe.

Zu diesem Problemkreis Stellung nahm der BGH, als er folgenden Fall zu entscheiden hatte: Eine Diplom-Psychologin als Schuldnerin hatte Ende 2000 die Eröffnung des Insolvenzverfahrens und unter Beifügung einer Abtretungserklärung nach §287 II S.1 InsO die Erteilung der Restschuldbefreiung beantragt. Sie war zu diesem Zeitpunkt in ihrer Privatwohnung ohne Angestellte tätig, Aufträge gingen sporadisch ein.
Dem eingesetzten Treuhänder wurde aufgegeben, die Insolvenzmasse in Besitz zu nehmen, ein Anderkonto für die Masse einzurichten, den pfändbaren Teil des Ein-

---

280 vgl. Diskussionsentwurf zur InsO, S. B 98 ff.; vgl. auch *Hess*, AR-Blattei SD, Insolvenz II, 915.2, Rz.6.

281 Hier ist mit dem Einwand zu rechnen, dieser Interessengegensatz bestehe im Grunde bei anderen selbständig tätigen Personen in gleichem Maße. Dies ist zwar einzuräumen, jedoch spricht dies meines Erachtens nicht gegen die vorgenommene Begründung einer analogen Anwendung des §114 I InsO, denn es sollte lediglich dargestellt werden, dass die Billigkeitserwägungen, die hinter §114 I InsO stehen, jedenfalls auch beim Kassenarzt greifen.

282 *Vallender* in FS Metzeler, S.21, 29.

283 so auch die Entscheidung des LG Hamburg, Beschl. v. 15.12.1999 – 326 T 178/99 = ZInsO 2000, S.108.

kommens der Schuldnerin zu ermitteln und dieses Geld auf das einzurichtende Insolvenzkonto einzuzahlen. Im Folgenden zahlte die Schuldnerin auf das Treuhandkonto als Vorauszahlung auf den pfändbaren Teil ihres Einkommens monatlich 250 DM. Mehrfach wurde der Schuldnerin aufgegeben, aussagefähige Abrechnungen über ihre monatlichen Einkünfte vorzulegen. Ihre Schwiegereltern als Hauptgläubiger beantragten wiederholt, ihr die Restschuldbefreiung wegen falscher Angaben im vor- und nachehelichen Unterhaltsverfahren und wegen mutwilliger und fahrlässiger Schuldenanhäufung, später wegen fehlender Mitarbeit bei der Einkommensermittlung, zu versagen. Dem letzteren Ansinnen entsprach das Insolvenzgericht mit der Begründung, eine nachvollziehbare Darlegung von Einkommen und Ausgaben der Schuldnerin sei trotz Erinnerung nicht vorgelegt worden. Dies erfordere aber §97 I S.1 InsO. Die von der Schuldnerin vorgelegten Übersichten ließen Art und Umfang der beruflich veranlassten Einnahmen und Kosten nicht erkennen, so dass eine Überprüfung auch im Hinblick auf etwaig pfändbare Beträge nicht erfolgen könne. Die sofortige Beschwerde der Schuldnerin wurde vom LG zurückgewiesen.[284]

## 1. Die Entscheidung des BGH

Der *BGH* gab der Rechtsbeschwerde der Schuldnerin gegen die Versagung der Restschuldbefreiung statt. Dazu führte er aus, dass die von den Vorinstanzen verlangten Angaben ersichtlich der Ermittlung der Insolvenzmasse dienten. Zur Ermittlung der Insolvenzmasse nach §§35, 36 InsO bedürfe es aber nicht der verlangten Auskünfte, welche Ausgaben der Schuldnerin beruflich und welche privat veranlasst sind. Zur Insolvenzmasse gehörten diese Einkünfte der Schuldnerin aus ihrer selbständigen Tätigkeit in ihrem vollen Umfange und nicht etwa nur, wie die Vorinstanzen angenommen hatten, der sich aus der Verminderung der Einnahmen um die betrieblich veranlassten Ausgaben ergebende Gewinn. Die Honoraransprüche der Schuldnerin gegen Dritte , denen sie als Diplom - Psychologin Gutachten erstellt, Unterricht erteilt oder die sie betreut, seien nicht wiederkehrend zahlbare Vergütungen für persönlich geleistete Arbeiten oder Dienste i.S.d. § 850 i ZPO, und daher wie Gebührenansprüche freiberuflich tätiger Personen in vollem Umfang pfändbar. Sie fielen daher ohne Abzüge in die Insolvenzmasse. Einen unpfändbaren Anteil in Höhe (notwendiger) beruflich bedingter Ausgaben gebe es bei solchen Einkünften nicht. Der Schuldner könne allenfalls beantragen, dass ihm von den pfändbaren Vergütungen als Unterhaltsbedarf so viel belassen bleibt, wie wenn sein Einkommen aus laufenden Arbeits- und Dienstlohn bestände (§ 850 i Abs.1, Nr. 1 u. 3 ZPO).
Mit dieser Begründung lehnte der *BGH* eine Verletzung des Mitwirkungsgebotes des §97 I S.1 InsO im konkreten Fall ab.[285]

---

[284] vgl. zum gesamten Fall: BGH, Beschl. vom 20.03.2003 – IX ZB 388/02 = ZInsO 2003, S.413.

[285] zur umfangreichen Begründung s. BGH, Beschl. vom 20.03.2003 – IX ZB 388/02 = ZInsO 2003, S.413 – 416.

## 2. Bedeutung der BGH-Entscheidung für Vergütung und Unterhalt des Freiberuflers

Aus dieser Entscheidung des *BGH* wird überwiegend gefolgert, dass nach der Regelung der §§35, 36 InsO zwingend sämtliche pfändbaren Einkünfte von Freiberuflern während der Dauer des Insolvenzverfahrens zur Insolvenzmasse gehörten.[286] Einnahmen des Schuldners zählen danach in vollem Umfang zur Insolvenzmasse, nicht etwa nur der sich aus der Verminderung der Einnahmen um die betrieblich veranlassten Ausgaben ergebende Gewinn, wie noch die Vorinstanzen angenommen hatten,[287] so dass es einen unpfändbaren Teil hier nicht gibt.
Meines Erachtens wird vielfach verkannt, wie etwa auch *Grote* und *Kothe* in ihren Anmerkungen, dass Streitgegenstand in diesem kontrovers diskutierten Urteil des *BGH* nicht der Umfang der Masse war, sondern im Mittelpunkt der Entscheidung die Frage nach einer Verletzung des Mitwirkungsgebotes durch die Schuldnerin im Restschuldbefreiungsverfahren stand und der *BGH* anlässlich dieser Entscheidung Stellung zum Umfang der Masse genommen hat. Ob hiermit tatsächlich endgültig über den Masseumfang beim Neuerwerb des selbständig tätigen Schuldners entschieden werden sollte, scheint zumindest fraglich.

Folgt man der überwiegenden Deutung dieser Entscheidung, so ist für die Frage der Belassung der Mittel zur Bestreitung des persönlichen Lebensbedarfs des Schuldners nicht vorrangig der Weg über §100 InsO zum Bezug von Unterhalt aus der Insolvenzmasse zu wählen, sondern auch hier ist zuerst der Umfang der Masse über §36 InsO i.V.m. §§850 ff. ZPO zu bestimmen. Der *BGH* geht offensichtlich in Einklang mit seiner früheren Judikatur zu den §§850 ff. ZPO von einem weiten Begriff des Arbeitseinkommens des §850 II ZPO aus, wonach alle Vergütungen für Dienstleistungen des Schuldners als Arbeitseinkommen anzusehen sind, die seine Erwerbstätigkeit zu einem wesentlichen Teil in Anspruch nehmen.[288]
Für die Praxis bedeutet das, dass der Insolvenzverwalter sämtliche Vergütungsansprüche des Schuldners einschränkungslos einzieht. Anschließend ermittelt er dann den pfändbaren Teil des schuldnerischen Einkommens, wobei er die betrieblich veranlassten Kosten vorher zu Gunsten des Schuldners analog § 850 a Nr. 3 ZPO berücksichtigt. Anders als später in der Restschuldbefreiungsphase mit treuhänderischer Begleitung richtet sich der Abführungsbetrag des Schuldners im eröffneten Verfahren nicht nach seinem fiktiven Verdienst, sondern daran, was real nach Abzug der Werbungskosten und dem Selbstbehalt des Schuldners als überschießender Betrag verbleibt.
Hierzu ist erforderlich, dass der Schuldner nach §36 I, III InsO i.V.m. §850 i I S.1, 3 ZPO einen Antrag beim Insolvenzgericht stellt und darlegt, welche Werbungskosten und andere Kosten ihm notwendigerweise im Zusammenhang mit der Erzielung seines Einkommens entstanden sind.

---

[286] so etwa *Grote* in seiner Rezension in ZInsO 2003, S.416, 417; ähnlich die Anmerkungen von *Kohte* in NZI 2003, S.393, 394.

[287] so teilweise auch in der Literatur: s. z.B. *Andres* in Nerlich/Römermann, InsO, Stand 2003, §35, Rz.93.

[288] s. hierzu bereits die Ausführungen oben zu §114 InsO.

In der Praxis stellt sich hier das Problem, dass das Gericht Schwierigkeiten haben wird zu entscheiden, welche Kosten im Einzelnen i.R.d. §850 i ZPO zu berücksichtigen sind. Neben seinem eigenen Unterhalt muss der Schuldner weiter die Kosten für seine Arbeitnehmer, Versicherungsbeiträge, Kammerbeiträge u.ä. bestreiten. Jedenfalls wird eine gerichtliche Entscheidung eine gewisse Zeit beanspruchen. Zieht der Insolvenzverwalter in diesem Zeitraum erstmal alle Außenstände zur Masse, worauf der Schuldner mit einem Antrag nach §850 i ZPO reagieren muss, führt diese Konstellation notwendigerweise zu Konflikten.[289]

Problematisch an dieser Entscheidung ist weiterhin, dass in der bisherigen Abwicklung solcher kleineren Insolvenzen jede Möglichkeit genutzt wurde, die bei der Verfahrensabwicklung anfallenden Kosten und den Aufwand zu reduzieren. Dazu wurden Vereinbarungen zwischen Verwalter und Schuldner getroffen, nach denen sich der Schuldner zur Abführung seiner Gewinne oder eines bestimmten Betrages seiner Erlöse aus seiner fortgesetzten Tätigkeit verpflichtete. Dieses Vorgehen baute auf der Tatsache, dass der Schuldner seine Tätigkeit weitgehend autonom fortsetzte, Bestellungen und Aufträge also ohne Einschaltung des Verwalters vornahm.[290]
*Tetzlaff* weist jedoch zu Recht darauf hin, dass die praktischen Konsequenzen der Entscheidung des *BGH* nicht so weitreichend sind, wie dies nach obigen Ausführungen den Anschein hat. Denn der *BGH* stellt ausdrücklich klar, dass es dem Treuhänder, der die Aufgaben eines Insolvenzverwalters übernimmt, möglich sein muss, mit dem Schuldner zu vereinbaren, dass er ihm die für die Fortführung seiner Tätigkeit erforderlichen Mittel aus der bereits vorhandenen Insolvenzmasse oder aus den zukünftigen, gleichfalls zur Masse gehörenden Einkünften zur Verfügung stellt.[291]
Das Gericht verlangt also nicht vom Verwalter, dass er Kleininsolvenzen mit selbständig tätigen natürlichen Personen wie Betriebsfortführungen abwickelt. Der *BGH* stellt nur fest, dass der Schuldner nicht, wie die Vorinstanzen angenommen hatten, verpflichtet ist, bei einer „verwalterfreundlichen" Abwicklung, d.h. einer Abwicklung, bei der der Schuldner weitestgehend eigenständig agiert und die Gewinne an die Masse abführt, mitzuwirken.[292]

Diese Klarstellung durch den *BGH* ist von erheblicher Bedeutung, bietet sie doch in der Praxis erhebliche Vorteile. Es bleibt dem Insolvenzverwalter erspart, eine Zusatzvereinbarung nach § 100 InsO zu treffen, die, wie *Vallender* aufgezeigt hat, Probleme mit sich bringen kann.
In verfahrensökonomischer Hinsicht ist von Vorteil, dass nicht sämtliche Zahlungen über ein Verwalteranderkonto laufen müssen und der Verwalter nicht jede Bestellung abzusegnen braucht. Aus der Sicht des Schuldners bietet sich dieses Vorgehen insofern an, dass er weitgehend in Eigenregie seine Praxis weiterführen kann, was seine Motivation steigern dürfte.

---

[289] vgl. hierzu *Tetzlaff* in ZVI 2004, S.2, 5.

[290] s. dazu die Ausführungen *Tetzlaffs* in EWiR 2003, S.593, 594.

[291] BGH, Beschl. vom 20.03.2003 – IX ZB 388/02 = ZInsO 2003, S.413, 416.

[292] *Tetzlaff*, aaO, S.594; ähnlich auch *Ries* in ZVI 2004, S.221, 225.

Abschließend bleibt darauf hinzuweisen, dass der Referentenentwurf zur Änderung der Insolvenzordnung, des Kreditwesengesetzes und anderer Gesetze (RefE) vom September 2004 vorsieht, dass zukünftig auch das Einkommen Selbständiger wie die Einkünfte abhängig Beschäftigter unter Pfändungsschutz gestellt wird. §850 i ZPO RefE regelt daher, dass das Gericht auf Antrag während eines angemessenen Zeitraums bestimmen kann, welche Einkünfte dem Schuldner zu belassen sind. Dabei hat sich der Umfang der zu belassenden Einkünfte an den Pfändungsfreigrenzen für Arbeitseinkommen zu orientieren.[293]

## V. Keine Begründung von Masseverbindlichkeiten durch den Schuldner

Gegenstand umfangreicher Diskussionen und eng mit der zuvor erörterten Problematik verknüpft ist die Frage, ob der Schuldner bei fortgesetzter Ausübung einer selbständigen Tätigkeit durch sein Handeln Masseverbindlichkeiten begründen kann.

### 1. Problemaufriss: Insbesondere Steuerforderungen des Finanzamts

Ansatzpunkt für diese Überlegung ist §35 InsO, der vorsieht, dass das Insolvenzverfahren das gesamte Vermögen erfasst, das dem Schuldner zur Zeit der Eröffnung des Verfahrens gehört und das er während des Verfahrens erlangt. Damit ist ausdrücklich klargestellt, dass - anders als zu Zeiten der KO - der Neuerwerb Massebestandteil ist. Der Schuldner hat damit während des Insolvenzverfahrens wie auch während des Restschuldbefreiungsverfahrens die Möglichkeit, eine selbständige Tätigkeit auszuüben und mit daraus resultierenden Überschüssen aufgrund der Einbeziehung des Neuerwerbs seine Gläubiger zu befriedigen. Nicht geregelt ist dagegen die Qualifikation der in diesem Zusammenhang vom Schuldner begründeten Verbindlichkeiten. Auf den ersten Blick ist es nahe liegend, die Verbindlichkeiten entsprechend der Qualifizierung des Neuvermögens als gegen die Masse gerichtet zu betrachten.

Zur Verdeutlichung führe man sich folgenden Fall vor Augen: Der selbständig tätige Arzt schließt nach Eröffnung des Insolvenzverfahrens seine Praxis, führt aber von neu angemieteten Räumen aus die Betreuung ausgewählter Patienten mit zwei Sprechstundenhilfen fort. Aus dieser Tätigkeit resultieren Einkünfte sowie Verbindlichkeiten, u.a. gegenüber seinen Helferinnen und Steuerverbindlichkeiten gegenüber der Finanzverwaltung. Der Arzt führt die angefallenen Steuern nicht an das Finanzamt ab. Darüber hinaus schließt er selbständig verschiedene Verträge über Behandlungsinstrumente und Arzneimittel mit verschiedenen Firmenvertretern ab.
Nachdem das Finanzamt dies einige Monate beobachtet hat, tritt es mit folgender Ansicht an den Insolvenzverwalter heran: Da der Neuerwerb zur Masse gehöre, unterfalle dieser dem Verwaltungsrecht des Insolvenzverwalters. Der Insolvenzverwalter sei aufgrund seiner Stellung Vermögensverwalter i.S.d. §34 III AO. Nach §34 I AO haben die gesetzlichen Vertreter natürlicher und juristischer Personen und die Geschäftsführer von nichtsrechtsfähigen Personenvereinigungen und Vermögensmassen deren steu-

---

[293] vgl. hierzu *Stephan* in NZI 2004, S.521, 532; *ders.* in ZVI 2004, S.505, 511.

erliche Pflichten zu erfüllen. Sie haben insbesondere dafür zu sorgen, dass die Steuern aus den Mitteln entrichtet werden, die sie verwalten, §34 I S.2 AO. Dies ergebe sich schon daraus, dass der Schuldner für die Fortsetzung seiner selbständigen Tätigkeit keine neue Steuernummer bekommen habe, so dass Insolvenzmasse und Schuldner unter einer Steuernummer erfasst seien.
Hiernach hätte der Insolvenzverwalter die durch den Neuerwerb des Schuldners begründeten Steuern aus der Masse zu zahlen. Konsequenz dieses Befundes sei, dass den Insolvenzverwalter wegen schuldhafter Verletzung dieser Zahlungspflicht eine persönliche Haftung aus §69 AO oder auch aus §60 InsO treffe.[294]
Auch die Firmen, die das bestellte Material bereits an den Arzt geliefert haben, fordern eine nachträgliche Bestätigung des Insolvenzverwalters darüber, dass für die aus ihren Lieferungen resultierenden Verbindlichkeiten die Masse hafte.

Dass diese Überlegungen keine reine Hypothese sind, zeigt ein Urteil des *LG Lüneburg*. Ausgangspunkt dieser Entscheidung war ein Bauvertrag, den der Schuldner als Auftraggeber mehrere Monate nach Eröffnung des Insolvenzverfahrens über sein Vermögen abgeschlossen hatte. In dem nachfolgenden Rechtsstreit, in dem der Bauunternehmer den Schuldner auf Bezahlung seiner Bauleistungen in Anspruch nahm, erteilte das Gericht dem Kläger zunächst den Hinweis, der Schuldner sei im Hinblick auf das anhängige Insolvenzverfahren über sein Vermögen nicht prozessführungsbefugt. Sodann wies es die Klage gegen den Schuldner mangels Bestehens einer Prozessführungsbefugnis als unzulässig ab. In den Gründen dieser Entscheidung führte es aus, die Klage müsse infolge des Verbots an den Schuldner, für die Dauer des Insolvenzverfahrens über sein gegenwärtiges und zukünftiges Vermögen zu verfügen, gegen den Insolvenzverwalter gerichtet werden, der für die vermeintlichen Ansprüche des Klägers gegen den Schuldner allein prozessführungsbefugt sei.[295] Wäre diese letzte Annahme des Gerichts, der Kläger könne anstelle des Schuldners den Insolvenzverwalter gerichtlich in Anspruch nehmen, richtig, folgte hieraus zwangsläufig, dass der Schuldner die Rechtsmacht hat, die Insolvenzmasse zu belasten und Verträge abzuschließen, die vom Verwalter zum Nachteil der Altgläubiger zu befriedigen sind.[296]

Ein Fall, in dem es um während des laufenden Insolvenzverfahrens durch den Schuldner begründete Steuerschulden ging, lag dem *LG Erfurt* vor: In dem zugrunde liegenden Fall hatte das Finanzamt Erfurt die Auffassung vertreten, dass die während der Dauer des Insolvenzverfahrens vom Gemeinschuldner begründeten Lohn- und Umsatzsteuerverbindlichkeiten Massesteuerschulden seien. Dieser Auffassung der Finanzverwaltung ist die entscheidende Kammer allerdings entschieden entgegengetreten.[297]

---

[294] siehe zum Problemkreis: *Maus* in ZInsO 2001, S.493; *ders.* in ZIP 2004, S.389 ff.; *Pech*, Einbeziehung des Neuerwerbs in die Insolvenzmasse, Diss.; S.147 ff.

[295] LG Lüneburg, Urt. v. 09.07.2000 – 5 O 232/01 = ZInsO 2002, S.941.

[296] s. ausführlich zur Kritik am Urteil des LG Lüneburg: *Pape* in ZInsO 2002, S.917.

[297] LG Erfurt, Urteil vom 30.10.2002 – 3 O 2992/01 = ZInsO 2002, S.1090; zustimmend *Eckardt* in seiner Rezension zum Urteil in EWiR 2003, S.69, 70.

Neuerdings liegt auch eine finanzgerichtliche Entscheidung zu diesem Problemkreis vor: Das *FG Thüringen* hatte über die Klage eines Insolvenzverwalters zu entscheiden, der sich gegen Steuerforderungen des Finanzamtes gegenüber der Masse wandte. In dem zugrunde liegenden Fall verwaltete der Insolvenzverwalter das Vermögen eines gewerblich tätigen Unternehmers. Nachdem der Insolvenzverwalter das Gewerbe mangels vorhandener Mittel nach Eröffnung des Verfahrens abgemeldet hatte, meldete der Schuldner ein halbes Jahr später ein neues Gewerbe an und betrieb dieses auch unter einer neuen Steuernummer. Trotz Aufforderung durch den Verwalter führte der Gemeinschuldner seinen Neuerwerb nicht an die Masse ab. Das Finanzamt machte im folgenden Umsatzsteuerverbindlichkeiten des Schuldners gegenüber dem Verwalter mit dem Hinweis darauf geltend, dass der Neuerwerb des Schuldners während des Verfahrens nach §35 InsO in die Masse falle. Da die Verwertung und Verwaltung nach §55 I InsO dem Verwalter unterliege, müsse die Umsatzsteuer auch von der Masse getragen werden.
Das Finanzgericht Thüringen hat der Klage des Insolvenzverwalters stattgegeben. Aus Wortlaut und Systematik des Gesetzes ergebe sich, dass nur der Verwalter Masseverbindlichkeiten nach §55 I InsO begründen könne. Hierfür spräche, dass es sich nach dem Gesetzeszweck bei den in §55 InsO geregelten Masseverbindlichkeiten um vom Verwalter im Interesse der Abwicklung des Verfahrens begründete Forderungen handele. Bei anderer Ansicht könne der Schuldner die Masse willkürlich schmälern und damit die Tätigkeit des Verwalters unterminieren. Umsatzsteuerschuldner sei in diesem Fall daher allein der Insolvenzschuldner.[298]
Irreführend ist dagegen der Hinweis des Gerichts, dass nur der Schuldner und nicht der Insolvenzverwalter Unternehmer im umsatzsteuerrechtlichen Sinne nach §2 UStG sei. Zwar verliert der Schuldner die Unternehmereigenschaft durch die Eröffnung des Verfahrens nicht, allerdings schuldet der Insolvenzverwalter die Umsatzsteuern des Schuldners grundsätzlich als Verfügungsbefugter i.S.d. §§34, 35 AO aus der Masse.[299]

Unbefriedigend ist die augenblickliche gesetzliche Situation damit v.a. für die Neugläubiger des Insolvenzschuldners: Hielte man sich streng an den Gesetzeswortlaut, könnten sich die Vertragspartner des selbständig tätigen Schuldners als Neugläubiger nur aus dem insolvenzfreien Vermögen befriedigen, so dass sie weitgehend rechtlos gestellt sind.[300] Da sie weder Insolvenzgläubiger sind, noch mit dem Insolvenzverwalter einen Vertrag geschlossen haben, kommen Ansprüche gegen die Masse nicht in Betracht. *Tetzlaff* formuliert sehr plastisch, dass die Insolvenzmasse aufgrund der Einbeziehung des Neuerwerbs auf die „Gewinne“ der vom Schuldner getätigten Geschäfte zugreifen könne, „Verluste“ aber nicht tragen müsse.[301]

---

[298] FG Thüringen, Urt. v. 11.09.2003 – IV 966/02 = EFG 2004, S.1171. Es ist Revision beim BFH eingelegt worden (Az. des BFH: V R 5/04). S. zum Urteil auch die Anmerkung von *Loose* in EFG 2004, S.1172.

[299] s. hierzu *Alter* in ZInsO 2004, S.393.

[300] *Andres* in Nerlich/Römermann, InsO, Stand 2003, §35, Rz.90; *Holzer* in Kübler/Prütting, InsO, Stand 2003, §35, Rz.36; *Tetzlaff* in ZVI 2002, S.309.

[301] *Tetzlaff* in ZVI 2002, S.309.

Andererseits käme aus Sicht der Insolvenzverwalter ein kaum zu kontrollierender Zugriff der Neugläubiger auf die Insolvenzmasse einem Dammbruch zu Lasten der Masse gleich.[302]
Auch für den Schuldner ist die Situation insofern unbefriedigend, als er durch seine Weiterarbeit im Einzelfall die Masse mehrt, für neue Verbindlichkeiten aber mit seinem Privatvermögen dauerhaft und außerhalb der Restschuldbefreiung haftet. Daraus ergibt sich für den Schuldner, der die Restschuldbefreiung als Ziel hat, die Folgeproblematik, dass er Schwierigkeiten haben wird, Vertragspartner zu finden, soweit er seine Verbindlichkeiten nicht sofort bar erfüllt oder aber einen Bürgen beibringen kann.

## 2. Meinungsstand

Wie oben bereits angedeutet, halten viele die aktuelle gesetzliche Regelung für unbefriedigend und versuchen die mit ihr einhergehenden Folgen zu korrigieren. Zu Recht wird bei der Auseinandersetzung mit diesem Thema allgemein vorausgesetzt, dass eine Verpflichtungsermächtigung des Schuldners zu Lasten der Masse ausgeschlossen ist und dass der Schuldner durch Eröffnung des Verfahrens seine Geschäftsfähigkeit nicht verliert.[303] Im Einzelnen werden folgende Lösungen ins Auge gefasst:

### a) Analogie zu §295 II InsO

*Henckel* schlägt vor, das aufgeworfene Problem mit einer Analogie zu §295 II InsO zu lösen, soweit der Schuldner nach Eröffnung des Insolvenzverfahrens selbständig tätig ist. Der Gesetzgeber habe für das in der Interessenlage vergleichbare Restschuldbefreiungsverfahren eine brauchbare Lösung gefunden. Der Schuldner, der eine selbständige Tätigkeit ausübt, habe nach §295 II InsO seine Insolvenzgläubiger durch Zahlungen an den Treuhänder so zu stellen, wie wenn er ein angemessenes Dienstverhältnis eingegangen wäre. Da nur Gewinn abzuführen ist und nicht, wie nach dem Wortlaut des §35 InsO, die Forderungen und Einnahmen kraft Gesetzes der Haftungsmasse zugeordnet sind, wird selbständiges Wirtschaften möglich.
Nach *Henckel* soll der Schuldner in entsprechender Anwendung des §295 II InsO im Insolvenzverfahren daher entgegen §35 InsO nur verpflichtet sein, den Reingewinn in dem Umfang an den Insolvenzverwalter abzuführen, in dem er in einem fingierten angemessenen Arbeitsverhältnis pfändungsfreies Einkommen beziehen würde.[304]

### b) Doppelte Anwendung der Pfändungsgrenzen

Ist der Schuldner dagegen in einem Angestelltenverhältnis tätig, schlägt *Henckel* folgendes Vorgehen vor (Beispiel vor dem 01.01.2001): Ausgangspunkt sei die Annahme, dass ein lediger Schuldner 8.000 DM netto ohne Unterhaltspflichten verdiene. Nach §35 InsO fielen hiervon 6.003 DM in die Masse, 1.997 DM verblieben dem

---

[302] so *Alter* in ZInsO 2004, S.393.
[303] vgl. dazu *Windel* in KTS 1995, S.367, 397.
[304] *Henckel* im Beitrag zum Kölner AK Jubiläumskongress 1999, S.97, 115.

Schuldner. Aus der Sicht eines Neugläubigers, der keinen Anspruch gegen die Masse hat, verdient der Schuldner diesen Betrag von 1.997 DM. Deshalb liege es nahe, den Pfändungsfreibetrag nach dem disponiblen Einkommen des Schuldners in Höhe von eben diesen 1.997 DM zu berechnen, so dass im Rechenbeispiel 539 DM für die Neugläubiger pfändbar wären.

### c) Schuldner als Angestellter der Masse

*Runkel* will den Schutz der Neugläubiger dadurch verwirklichen, dass er den selbständig tätigen Schuldner für die Dauer des Insolvenzverfahrens als für die Masse arbeitenden Angestellten betrachtet, der dafür den nicht der Pfändung unterliegenden Ertrag seiner Tätigkeit vom Verwalter als Lohn erhält. Nur auf diese Weise könne der Verwalter den tatsächlichen Neuerwerb dergestalt zur Masse ziehen, dass der Ertrag aus der selbständigen Tätigkeit des Schuldners ohne Zugriffsmöglichkeit der Neugläubiger den Insolvenzgläubigern vorbehalten bleibt.[305]

### d) Nur Nettovermögen ist Neuerwerb

*Andres* spricht sich dafür aus, dass der Ertrag aus dem selbständigen Gewerbe des Schuldners dem Insolvenzbeschlag soweit unterliege, wie die Pfändungsgrenzen reichen. Neuerwerb ist danach nur das neu erworbene Nettovermögen, d.h. Aktivvermögen nach Abzug der neuen Schulden.[306] Diese Begriffsbestimmung stelle keine Einschränkung dar, sondern entspräche bei genauer Betrachtung dem Willen des Gesetzgebers.[307] Zustimmend hierzu äußert sich *Bäuerle*. Ihm zufolge erfasse der Beschlag zwar den Bruttoerwerb, der Insolvenzverwalter müsse dem Schuldner aber im Wege der konstitutiven Freigabe die Mittel zur Deckung des Aufwandes belassen. Dabei sei die Freigabe nur insoweit zu gewähren, wie die Neuverbindlichkeiten zur Erzielung des Bruttoneuerwerbs angemessen und nötig seien, damit die Begründung von beliebigen Neuverbindlichkeiten durch den Schuldner vermieden wird.[308]

### e) Analoge Anwendung des §333 BGB

Dass die Insolvenzmasse durch die Einbeziehung des Neuerwerbs auf die Gewinne aus den Geschäften des Schuldners zugreifen kann, die Risiken aber nicht tragen muss, will *Windel* dadurch verhindern, dass der Insolvenzverwalter entsprechend §333 BGB einen Erwerb für die Masse zurückweisen muss, wenn die Masse die Risiken nicht

---

[305] *Runkel* in FS Uhlenbruck, S.315, 329; zustimmend *Lwowski* in MüKo zur InsO, Stand 2003, §35, Rz.65.

[306] zustimmend wohl auch: FG Thüringen, Urt. v. 11.09.2003 – IV 966/02 = EFG 2004, S.1171.

[307] *Andres* in Nerlich/Römermann, InsO, Stand 2003, §35, Rz.93; ähnlich: *Weis* in Hess/Weis/Wienberg, InsO, 2.Aufl., §§35, 36, Rz.43; dieser Ansicht hat der BGH in anderem Zusammenhang eine Absage erteilt: s. dazu BGH, Beschl. vom 20.03.2003 – IX ZB 388/02 = ZInsO 2003, S.413.

[308] *Bäuerle* in Braun, §35, Rz.70.

tragen soll.[309] Offen bleibt dabei, ob die Zurückweisung auch nachträglich erklärt werden kann, um so die Haftungsrisiken ex tunc auszuschalten,[310] oder ob der Insolvenzverwalter jedes Geschäft unmittelbar auf seinen Ertrag hin überprüfen muss, um eine Zurückweisung vornehmen zu können.[311]

### f) Neugläubiger haben Tabellenforderungen

*Holzer* hingegen plädiert für eine Erweiterung des §38 oder des §174 I InsO auch auf Neugläubiger, so dass diese Insolvenzgläubiger werden oder zumindest am Verfahren teilnehmen können.[312]

### g) Aufrechnung gegenüber der Masse

Dass die Insolvenzmasse und damit die Insolvenzgläubiger auf Kosten von Neugläubigern ungerechtfertigte Gewinne einstreichen, ist laut *Häsemeyer* dadurch zu vermeiden, dass den Neugläubigern entgegen der Regelung des §96 I Nr.1 InsO die Möglichkeit einer Aufrechnung gegenüber der Masse zugestanden wird.[313]

### h) Ungerechtfertigte Bereicherung der Masse

*Lwowski* spricht sich dafür aus, den Schutz der Neugläubiger dadurch zu verwirklichen, dass man diesen einen Anspruch aus §55 I Nr.3 InsO gegen die Masse gibt, wenn die vom Schuldner begründeten Verbindlichkeiten nicht bezahlt werden und die Masse daher ungerechtfertigt bereichert ist.[314]

### i) Verbindlichkeit aus Tätigkeit des Schuldners ist Masseverbindlichkeit

Einzig *Schumacher* kommt ohne vergleichbare Konstruktionen zu einer Haftung der Masse für durch den Schuldner begründete Verbindlichkeiten. Bei der Auslegung des Begriffs „Verwaltung der Insolvenzmasse“ in §55 I Nr.1 InsO müsse die Einbeziehung des Neuerwerbs in die Insolvenzmasse nach §35 InsO berücksichtigt werden, so dass grundsätzlich auch im Zusammenhang mit dem Neuerwerb entstehende Verbindlichkeiten von §55 I Nr.1 InsO erfasst seien. Die persönliche Haftung des Schuldners soll daneben bestehen bleiben. Hätte der Gesetzgeber die Belastung der Masse mit solchen Verbindlichkeiten ausschließen wollen, hätte er die Begründung von Masseverbindlichkeiten „in anderer Weise“, worunter alle Möglichkeiten der Anspruchsbegründung zu verstehen seien, ausdrücklich einschränken müssen. Dies gelte jedoch nicht, wenn der Schuldner in einer dem Zweck des Insolvenzverfahrens widersprechenden

---

[309] *Windel* in KTS 1995, S.367, 405 ff.; zustimmend *Eickmann* in HK zur InsO, 3.Aufl., §35, Rz.25.
[310] so verstanden wird *Windel* von *Tetzlaff* in ZVI 2002, S.309, 310.
[311] So verstanden wird *Windel* von *Runkel* in FS Uhlenbruck, S.315, 328.
[312] *Holzer* in Kübler/Prütting, InsO, Stand 2003, §35, Rz.38.
[313] *Häsemeyer* in Kölner Schrift zur InsO, 2.Aufl., S.645 ff., Rz.51, 52.
[314] *Lwowski* in MüKo zur InsO, Stand 2003, §35, Rz.65.

Weise absichtlich Verbindlichkeiten im Zusammenhang mit dem Neuerwerb begründe.[315]

### 3. Stellungnahme

Die letztgenannte Auffassung von *Schumacher* besticht zwar durch ihre Einfachheit, ist jedoch als evident contra legem abzulehnen: Für Verbindlichkeiten, die der Schuldner im Rahmen seiner Tätigkeit verursacht, ist nicht §35 InsO einschlägig sondern §81 I InsO. Ratio des §81 I InsO ist, die Masse umfassend vor nachteiligen Handlungen des Schuldners zu schützen.
Hier wird unmissverständlich die Unwirksamkeit von Verfügungen, die der Schuldner nach Verfahrenseröffnung über die Insolvenzmasse trifft, angeordnet. Hierunter lassen sich alle von diesem begründeten Verbindlichkeiten fassen.

Keines weiteren Begründungsaufwandes bedarf es, die von *Holzer* vertretene Ansicht, den Neugläubigern Tabellenforderungen gem. §§38, 174 I InsO zuzugestehen, als mit der augenblicklichen Fassung der InsO nicht vereinbar einzuordnen.
Gleiches gilt für die von *Häsemeyer* ins Auge gefasste Aufrechnungsmöglichkeit des Neugläubigers gegen die Masse, die der Regelung des §96 I Nr.1 InsO widerspricht.

Auch der Vorschlag von *Andres,* Neuerwerb sei nur das Aktivvermögen nach Abzug der Verbindlichkeiten, begegnet Bedenken: Einerseits wird hierdurch der vollstreckungsrechtliche Prioritätsgrundsatz missachtet, nach dem im Insolvenzverfahren der gesamte Neuerwerb den Insolvenzgläubigern zugeordnet ist. Überdies widerspricht diese Ansicht der eindeutigen Rechtsprechung des *BGH,* der in anderem Zusammenhang klargestellt hat, dass das Einkommen des Freiberuflers ohne vorherige Abzüge vollumfänglich Massebestandteil ist.[316]
Andererseits ist der Gewinn als betriebswirtschaftliche Größe in einem bestimmten Zeitraum dinglich nicht fassbar, so dass auch das dingliche Bestimmtheitsgebot verletzt wäre.[317]

Sowohl dem Vorschlag von *Windel,* der eine Zurückweisung jedes schuldnerischen Geschäfts nach §333 BGB für möglich hält, als auch dem von *Runkel,* der den Schuldner als Angestellten der Masse sieht, mangelt es an Praxistauglichkeit: Beide Lösungen fordern eine ständige Überwachung des Schuldners und dessen Geschäftstätigkeit, was angesichts des damit verbundenen Zeitaufwandes wirtschaftlich nicht sinnvoll ist.

Auch die von *Lwowski* dargestellte Lösung, den Neugläubigern einen Bereicherungsanspruch gegen die Masse aus §55 I Nr.3 InsO zu geben, überzeugt letzten Endes

---

[315] *Schumacher* in FK zur InsO, 3.Aufl., §55, Rz.20, 21; ähnlich neuerdings *Maus* in ZIP 2004, S.389. Im Übrigen ist dies auch – entsprechend einer bundesweiten Verwaltungsanweisung – der Standpunkt der Finanzämter.

[316] BGH, Beschl. vom 20.03.2003 – IX ZB 388/02 = ZInsO 2003, S.413 – 416.

[317] vgl. *Voigt/Gerke* in ZInsO 2002, S.1054, 1061; siehe zu weiteren Problemen: *Runkel* in FS Uhlenbruck, S.315, 329.

nicht, da es kaum möglich erscheint, einen Zeitraum zu definieren, der bei der Bereicherung der Masse maßgeblich ist und daher damit gerechnet werden müsste, dass Neugläubiger auf alle vereinnahmten Beträge Zugriff nehmen könnten.[318]

Wenn auch das Ergebnis von einigen als unbefriedigend empfunden wird, muss es bei den aktuellen gesetzlichen Regelungen dabei bleiben, dass Neugläubiger keinen Anspruch gegen die Masse haben. Alle anderen Ansichten verschließen die Augen vor den klaren gesetzlichen Vorgaben, insbesondere den §§35 und 80 - 82 InsO.[319]

Nicht zu verkennen ist indes, dass dieses Verständnis der §35 und §55 I Nr.1 InsO in einem Spannungsverhältnis zu dem Beschluss des *BGH* vom 20.03.2003 steht: Dieser hat hier zu erkennen gegeben, dass sämtliche pfändbaren Einkünfte von Freiberuflern während der Dauer des Insolvenzverfahrens zur Insolvenzmasse zu zählen sind. Einnahmen des Schuldners gehören danach in vollem Umfang zur Insolvenzmasse, nicht etwa nur der sich aus der Verminderung der Einnahmen um die betrieblich veranlassten Ausgaben ergebende Gewinn.[320] Vor dem Hintergrund dieses Urteils ließe sich überzeugend darstellen, dass folgerichtig auch die mit den Einnahmen im Zusammenhang stehenden Verbindlichkeiten, wie etwa die Umsatzsteuerverbindlichkeiten, von der Masse bedient werden müssten. Mit diesem Problemkreis wird sich der *BFH* im Revisionsverfahren zum Urteil des *FG Thüringen* auseinandersetzen müssen.[321] Die Entscheidung ist insofern richtungweisend zur Wechselwirkung zwischen §35 und §55 I Nr.1 InsO in der aktuellen Fassung.

Irreführend ist der teilweise angeführte Hinweis, der Gesetzgeber habe dieses Problem bislang übersehen oder eine Benachteiligung der Neugläubiger nicht gewollt:[322] Der Gesetzgeber der InsO hat die Möglichkeit, dass der Schuldner während des Verfahrens eine selbständige Tätigkeit ausübt und mit den daraus resultierenden Überschüssen aufgrund der Einbeziehung des Neuerwerbs seine Gläubiger befriedigt, bei der Gesetzgebung berücksichtigt. Eine gleichzeitige insolvenzrechtliche Qualifikation der vom Schuldner im Rahmen seiner selbständigen Tätigkeit begründeten Verbindlichkeiten ist unterblieben, trotz vorheriger Erörterung dieser Problematik.[323]

Vielfach wird das Ergebnis, dass nämlich dem Neugläubiger kein Zugriff auf die Insolvenzmasse zu gewähren ist, auch als durchaus gerecht oder rechtspolitisch hinnehmbar angesehen.
*Smid* argumentiert, für eine vom Gesetz abweichende Regelung bestehe kein Bedarf, da in allen Fällen §81 InsO greife, wonach der Schuldner nach Eröffnung des Verfah-

---

[318] vgl. *ausführlich* zur Problematik: *Tetzlaff* in ZVI 2002, S.309, 311; *Pape* in ZInsO 2002, S.917.

[319] so zuletzt FG Thüringen, Urt. v. 11.09.2003 - IV 966/02 = EFG 2004, S.1171.

[320] BGH, Beschl. vom 20.03.2003 - IX ZB 388/02 = ZInsO 2003, S.413; dazu *Grote* in ZInsO 2003, S.416, 417 und *Kohte* in NZI 2003, S.393, 394; zur Kritik an den weitreichenden Folgerungen, die vielfach aus dem Urteil gezogen wurden s.o. S.118.

[321] FG Thüringen, Urt. v. 11.09.2003 - IV 966/02 = EFG 2004, S.1171; Az. des Revisionsverfahrens beim BFH: V R 5/04.

[322] so z.B. *Runkel* in FS Uhlenbruck, S.315, 327.

[323] s. z.B. *Dieckmann* in Leipold, Insolvenzrecht im Umbruch, S.127 ff.

rens Verbindlichkeiten über sein Vermögen nicht mehr wirksam begründen könne, so dass eine Geschäftsfortführung ohne Mitwirkung des Verwalters nicht mehr in Betracht komme; damit sei wegen des sichergestellten Mitwirkens des Verwalters gewährleistet, dass Verpflichtungen aus der Masse bedient würden.[324]
Außerdem entspricht es zivilrechtlicher Normalität, dass jeder Vertragspartner das Insolvenzrisiko seines Vertragspartners tragen muss.[325] Bei dem aussichtslosen Zugriff des Neugläubigers auf das insolvenzfreie Vermögen handelt es sich um nichts anderes. Er muss das Risiko der Leistungsunfähigkeit seines Vertragspartners tragen, von der er aufgrund der öffentlichen Verlautbarung der Insolvenzeröffnung ohnehin wissen müsste.[326]

Letztlich verkennen die Vertreter, die eine über den Wortlaut hinausgehende Auslegung der §§35, 55 I InsO fordern, auch einen entscheidenden Unterschied zwischen Insolvenz- und Neugläubiger: Der Insolvenzgläubiger wird zwar bevorzugt aus der Masse befriedigt, nach Abschluss des Restschuldbefreiungsverfahrens ist seine Forderung aber unwiderbringlich erloschen, wohingegen der nicht privilegierte Neugläubiger sich auch nach Abschluss dieses Verfahrens noch über Jahre vollumfänglich aus dem Vermögen des Schuldners befriedigen kann. Der Massegläubiger „erkauft" sich also seine bevorzugte Stellung mit der Beschränkung, dass er mit Abschluss dieses Verfahrens seine Gläubigerstellung verliert. Schon aus diesem Grund gebührt dem Schutz der Masse gegen unredliches Verhalten des Schuldners Vorrang vor dem Schutz der Neugläubiger.

Insofern ist den Urteilen, die einen Zugriff der Neugläubiger auf die Insolvenzmasse ablehnen, trotz hiermit im Einzelfall verbundener unbefriedigender Konsequenzen zuzustimmen. Das gefundene Ergebnis ist gerade in der Freiberuflerinsolvenz vor dem Hintergrund begrüßenswert, dass die ohnehin in der Regel schmale Masse vor weiteren Belastungen geschützt wird.
Zu kurz greift die Argumentation lediglich hinsichtlich eines Deliktsgläubigers des insolventen Schuldners. Er kann sich den Delinquenten nicht nach dessen Kreditwürdigkeit aussuchen. Es ist schwer vermittelbar, dass der pfändungsfreie Betrag des unter Umständen gut verdienenden Schuldners allein den Insolvenzgläubigern und Massegläubigern zufließt, bis das Insolvenzverfahren endlich abgeschlossen und weitere Jahre vergangen sind, während der Deliktsgläubiger als Neugläubiger leer ausgeht.[327]
Dieser interessenwidrigen Benachteiligung des Deliktsgläubigers des Insolvenzschuldners ist durch richterliche Rechtsfortbildung entgegenzutreten. Eine Korrektur des Gesetzeswortlauts zur Klarstellung dieser Frage ist wünschenswert.[328]

---

324 *Smid* in Smid, InsO, 2.Auflage, §35, Rz.7.

325 *Hess* in Hess/Weis/Wienberg, InsO, 2.Aufl., §§35, 36, Rz.38 ff.

326 *Vallender* in FS Metzeler, S.21, 31; *Pape* in ZInsO 2002, S.917, 920.

327 *Henckel* im Beitrag zum Kölner AK Jubiläumskongress 1999, S.97, 112.

328 so *Pape* in ZInsO 2002, S.917, 920. Ins Auge gefasst ist eine Änderung des §35 InsO im Referentenentwurf zur Änderung der Insolvenzordnung, des Kreditwesengesetzes und anderer Gesetze (RefE) von September 2004, dazu s. sogleich, S.106.

### 4. Konsequenz für die insolvenzrechtliche Praxis

Die Diskussion um die Stellung der Neugläubiger im Insolvenzverfahren hat vor allem für zwei Personenkreise besondere Bedeutung: In erster Linie für die Neugläubiger ist bedeutsam, gegen welche Vermögensmasse sie Ansprüche geltend machen können. Nach oben Gesagtem ist dies einzig das insolvenzfreie Vermögen des Schuldners. *Tetzlaff* schlägt deswegen vor, der Gläubiger müsse auf einem Bargeschäft bestehen, wenn er sich dem damit verbundenen Risiko nicht aussetzen wolle.[329]

Andererseits stellt die vorhandene Rechtsunsicherheit ein erhebliches Haftungsrisiko für den Insolvenzverwalter dar. Denn insbesondere die Finanzämter werden sich auch in Zukunft im Bereich der Begründung von Steuerverbindlichkeiten auf den Standpunkt zurückziehen, ihre Steuerforderungen seien Masseverbindlichkeiten gegenüber der Insolvenzmasse.[330] Eine Lösung könnte in der Freigabe der freiberuflichen Praxis aus der Insolvenzmasse unter Abtretung der pfändbaren Teile des Einkommens durch den Schuldner zu finden sein.[331] Diese Möglichkeit dürfte jedoch nur bei einem kooperativen Schuldner in Betracht kommen, denn die Freigabe bringt gleichzeitig auch Risiken für die Altgläubiger mit sich, vor allem eine Schmälerung der Haftungsmasse.[332]

Auch im Falle einer Eigenverwaltung dürfte sich ein Gleichlauf von gewonnenem Recht und begründeter Pflicht sicherstellen lassen. Bei Abschluss eines Rechtsgeschäftes im Rahmen der dem Schuldner zugewiesenen Rechtsmacht wird man auch dann eine Verpflichtung der Masse annehmen können, wenn die Leistung durch den Schuldner aus dem beschlagfreien Vermögen zu erbringen ist.[333] Dies ist ein weiterer Aspekt, der als rechtlicher Vorteil der Eigenverwaltung in der Freiberuflerinsolvenz, im Auge behalten werden soll.

### 5. Ausblick: Die geplante Änderung des §35 InsO durch das Gesetz zur Änderung der Insolvenzordnung, des Kreditwesengesetzes und anderer Gesetze

Einer Lösung könnte das erörterte Problem durch die ins Auge gefasste Änderung der Insolvenzordnung zugeführt werden. Der Referentenentwurf zur Änderung der Insolvenzordnung, des Kreditwesengesetzes und anderer Gesetze (RefE) von September 2004 sieht vor, §35 InsO dahingehend zu ändern, dass dem Insolvenzverwalter bei einem selbständig tätigen Schuldner die Möglichkeit eingeräumt wird, eine Freigabe des Vermögens in der Weise zu erklären, dass Vermögen aus der selbständigen Tätigkeit des Schuldners nicht zur Insolvenzmasse gehört und Ansprüche aus dieser Tätig-

---

[329] *Tetzlaff* in ZVI 2002, S.309, 311.

[330] so etwa das Finanzamt im Verfahren FG Thüringen IV 966/02 = EFG 2004, S.1171; s. auch *Vallender* in FS Metzeler, S.21, 31; *Maus* in ZInsO 2001, S.493; *Tetzlaff* in ZVI 2002, S.309, 311; *ders.* in ZVI 2004, S.2, 7.

[331] Diesen Vorschlag macht auch *Bäuerle* in Braun, InsO, §35, Rz.70; neuerdings *Maus* in ZIP S.389; kritisch aufgrund der ex post-Wirkung der Freigabe: *Alter* in ZInsO 2004, S.393.

[332] s. ausführlich zur Problematik der Prognoseentscheidung bei der Freigabe: *Voigt/Gerke* in ZInsO 2002, S.1054, 1062.

[333] *Vallender* in FS Metzeler, S.21, 31; *Windel* in KTS 1995, S.367, 397.

keit nicht im Insolvenzverfahren geltend gemacht werden können, §35 II RefE. Der Entwurf sieht eine Pflicht zur öffentlichen Bekanntmachung dieser Freigabeerklärung vor.

Aus der Begründung zum RefE geht hervor, dass man durch diese Neuregelung dem Schuldner die Möglichkeit eröffnen will, sich auch während des Verfahrens durch eine freiberufliche Tätigkeit eine neue wirtschaftliche Existenz zu schaffen, gleichzeitig aber zu vermeiden sucht, dass eine Belastung der Masse durch Verbindlichkeiten aus dieser Tätigkeit resultiert. Konsequenz der neuen Regelung soll dem Entwurf zufolge sein, dass den Neugläubigern nach einer erklärten Freigabe durch den Insolvenzverwalter als Haftungsmasse nur die durch die selbständige Tätigkeit erzielten Einkünfte zur Verfügung stehen. Gleichzeitig könne der Insolvenzschuldner die Masse nicht verpflichten. Der Insolvenzverwalter habe daher abzuwägen, ob der Behalt des Neuerwerbs für die Masse vorteilhaft ist, mit der Konsequenz, dass die Masse auch alle mit dem Neuerwerb im Zusammenhang stehenden Verbindlichkeiten tragen muss, oder aber, ob die Fortführung der selbständigen Tätigkeit nachteilig ist und daher eine Freigabe zu erklären ist.[334]

In dem bislang beschriebenen Umfang ist die Neuregelung begrüßenswert: Sie schafft auf der einen Seite für den Insolvenzverwalter die Möglichkeit, durch eine Freigabeerklärung die Masse und damit auch sich persönlich einer Haftung für Verbindlichkeiten, die aus einer fortgesetzten selbständigen Tätigkeit des Schuldners resultieren, zu entziehen; andererseits wird durch das geplante Institut der Freigabe dem selbständig tätigen Schuldner frühzeitig die Möglichkeit eines wirtschaftlich unabhängigen Neuanfangs eingeräumt. Entscheidender Vorteil ist darüber hinaus, dass durch die Freigabe ein Gleichlauf von berechtigter und verpflichteter Vermögensmasse erreicht wird, und damit das Spannungsverhältnis zwischen dem Urteil des *BGH* vom 20.03.2003, dass sämtliche pfändbaren Einkünfte von Freiberuflern während der Dauer des Insolvenzverfahrens zur Insolvenzmasse gehören,[335] und der Qualifikation der vom Schuldner begründeten Verbindlichkeiten als allein gegen diesen gerichtete, nicht auftritt.
Dabei darf allerdings nicht verkannt werden, dass die Neuregelung des §35 InsO in Form des RefE dem Insolvenzverwalter nach wie vor nicht die Möglichkeit einräumt, Gegenstände oder Verträge beliebig aus der Masse freizugeben, um dem Schuldner eine selbständige wirtschaftliche Tätigkeit zu ermöglichen. Die Freigabemöglichkeit besteht nicht für Gegenstände, an denen ein Aus- oder Absonderungsrecht besteht, oder für solche Gegenstände oder Verträge, aus denen eine Schmälerung der Masse und damit eine Beeinträchtigung der Insolvenzgläubiger resultiert. Vielmehr beschränkt sich die Freigabemöglichkeit nur auf „Vermögen aus der selbständigen Tätigkeit", also gerade auf das Vermögen, das der selbständig Tätige aus dem Abschluss neuer Verträge nach Eröffnung des Verfahrens erwirtschaftet.

---

[334] Zum gesamten Referentenentwurf und dessen Begründung s.: www.inso-rechtspfleger.de/inhalt/04_materialien/Referentenentwurf%2016.9.2004.pdf.
[335] BGH, Beschl. vom 20.03.2003 – IX ZB 388/02 = ZInsO 2003, S.413 – 416.

Erwägenswert ist daher meines Erachtens, den Gesetzesentwurf dahingehend zu ergänzen, dass die Freigabe durch den Insolvenzverwalter von der Zustimmung der Gläubigerversammlung abhängig gemacht wird. Ein solcher Zustimmungsvorbehalt trüge dem Umstand Rechnung, dass das Insolvenzverfahren in erster Linie der Befriedigung der Insolvenzgläubiger dient, und befreite gleichzeitig den Verwalter von der Gefahr einer Haftung für eine aus der Freigabe resultierende Schmälerung der Masse.

Ausweislich der Begründung zum Referentenentwurf soll aus der Neuregelung des §35 InsO weiterhin folgen, dass die durch den Neuerwerb begründeten Verbindlichkeiten dann zwingend als Masseverbindlichkeiten zu qualifizieren sind, wenn der Insolvenzverwalter von der Freigabe keinen Gebrauch macht, sondern die Fortführung der gewerblichen Tätigkeit duldet.[336] Hinsichtlich dieser Konsequenz ist die Begründung zum Referentenentwurf falsch, soweit sie feststellt, die im RefE vorgesehene Regelung habe lediglich deklaratorischen Charakter.[337]

§55 I Nr.1 InsO sieht vor, dass Masseverbindlichkeiten solche Verbindlichkeiten sind, die durch Handlungen des Insolvenzverwalters oder in anderer Weise durch die Verwaltung, Verwertung und Verteilung der Insolvenzmasse begründet werden, ohne zu den Kosten des Insolvenzverfahrens zu gehören. Anerkannt ist im Rahmen dieser Norm, dass grundsätzlich auch Unterlassungen des Insolvenzverwalters Masseverbindlichkeiten auslösen können, nämlich dann, wenn eine Pflicht zum Handeln des Insolvenzverwalters bestand.[338]

In dem hier diskutierten Fall, dass der Schuldner aufgrund seiner selbständigen Tätigkeit neue Verbindlichkeiten begründet, kann indes nicht grundsätzlich eine Handlungspflicht des Insolvenzverwalters angenommen werden: Es besteht einerseits keine Verpflichtung des Verwalters, die selbständige Tätigkeit des Schuldners zu unterbinden; wie bereits festgestellt, ist es ihm vielmehr verwehrt, eine eigenständige Tätigkeit des Schuldners zu verhindern.[339]

Andererseits konstituiert §35 II RefE keine Freigabeverpflichtung für den Verwalter, sondern nur die Möglichkeit einer Freigabe. Von dieser wird er, um die Masse nicht zu belasten und um einer möglichen Haftung zu entgehen, Gebrauch machen, wenn er von einer masseschädigenden selbständigen Tätigkeit des Schuldners erfährt. Unterlässt der Insolvenzverwalter trotz dieser Kenntnis von der masseschädigenden selbständigen Tätigkeit des Schuldners eine Freigabeerklärung, kann hierin ohne weiteres eine Verwaltungstätigkeit durch schlüssiges Verhalten i.S.d. §55 I Nr.1 InsO gesehen

---

336 s. zur Begründung: www.inso-rechtspfleger.de/inhalt/04_materialien/Referentenentwurf%2016.9.2004.pdf; zustimmend *Stephan* in NZI 2004, S.521, 525.

337 s. etwa das entgegenstehende Urteil: FG Thüringen, Urt. v. 11.09.2003 – IV 966/02 = EFG 2004, S.1171; s. dazu auch die Anmerkungen von *Alter* in ZInsO 2004, S.393.

338 *Uhlenbruck/Berscheid* in Uhlenbruck, InsO, 12. Aufl., §55, Rz.44.

339 s. S. 44 ff. sowie S.56 ff. Möglich ist allerdings die Einleitung eines Gewerbeuntersagungsverfahren; §12 GewO greift nicht, da er nur in Bezug auf das Gewerbe anwendbar ist, das zur Zeit der Verfahrenseröffnung ausgeübt wurde.

werden. Hier trifft den Verwalter in der Tat die Pflicht, von der ihm eingeräumten Freigabemöglichkeit Gebrauch zu machen.

Wie bisher bleiben aber die Fälle problematisch, in denen der Schuldner unkooperativ agiert und ohne das Wissen des Verwalters Geschäfte tätigt.[340] Hier kann nicht ohne weiteres davon ausgegangen werden, dass die unwissentliche Duldung der Fortführung der selbständigen Tätigkeit als Verwaltungshandlung zu sehen ist.[341] Eine Haftung der Masse und letztendlich auch des Verwalters für entsprechend begründete Verbindlichkeiten anzunehmen, ist meines Erachtens nicht interessengerecht und mit den zu §55 I Nr.1 InsO entwickelten Grundsätzen zur Begründung von Masseverbindlichkeiten nicht vereinbar.
Es sollte daher auch nach einer gesetzlichen Klarstellung der Freigabemöglichkeit des Insolvenzverwalters dabei bleiben, dass der Gemeinschuldner durch eine selbständige Tätigkeit nur soweit Masseschulden begründen kann, wie der Insolvenzverwalter die selbständige Tätigkeit ausdrücklich billigt und keine Freigabe erklärt. Ein schlichtes unwissentliches Dulden seitens des Insolvenzverwalters kann nicht dazu führen, die vom Schuldner begründeten Verbindlichkeiten als Masseverbindlichkeiten einzustufen.[342]

## VI. Zusammenfassung: Besondere Probleme der Fortführung bei der Insolvenz eines Freiberuflers

Zusammenfassend bleibt festzuhalten, dass der Verwalter in der Insolvenz eines Freiberuflers mit folgenden spezifischen Problemfeldern konfrontiert ist:

1. Die freiberufliche Praxis inkl. deren Goodwill sowie Einzelgegenstände in den Grenzen des §36 I InsO i.V.m. §811 I Nr.5 ZPO, wozu auch die Praxisunterlagen des Freiberuflers gehören, sind vom Insolvenzbeschlag umfasst. Bei einer Übertragung der Karteien ist allerdings in jedem Fall die vorherige Einwilligung durch die betroffenen Patienten/Mandanten erforderlich. Dies schränkt die Übertragbarkeit in der Praxis erheblich ein. Nicht massezugehörig sind dagegen die Arbeitskraft des Schuldners und dessen Zulassung sowie beim Arzt/Zahnarzt dessen Vertragsarztsitz.

2. In der Insolvenz eines in der Rechts- oder Steuerberatung (Rechtsanwalt, Steuerberater, Notar, Patentanwalt, Wirtschaftsprüfer) tätigen Freiberuflers ist in aller Regel spätestens mit der Eröffnung des Insolvenzverfahrens mit dem Zulassungsentzug durch die Kammern zu rechnen. Im Einzelfall kann dies durch Bestätigung eines Insolvenzplans oder durch Aufnahme einer Tätigkeit als angestellter Rechts- oder Steuerberater vermieden werden.

---

[340] so etwa im oben diskutierten Fall des FG Thüringen, Urt. v. 11.09.2003 – IV 966/02 = EFG 2004, S.1171.

[341] so aber *Stephan* in NZI 2004, S.521, 525.

[342] für die augenblickliche gesetzliche Lage so auch überzeugend *Alter* in ZInsO 2004, S.393.

3. Der Gemeinschuldner kann nach Eröffnung des Insolvenzverfahrens durch sein Handeln allein keine gegen die Masse gerichteten Verbindlichkeiten begründen. Für den Verwalter besteht trotzdem eine Haftungsgefahr, da insbesondere Finanzämter in Zukunft die Ansicht vertreten werden, durch den Schuldner begründete Steuerverbindlichkeiten seien gegen die Masse gerichtet, für die der Verwalter zu haften habe.

Es wird ersichtlich, dass der Verwalter in der Insolvenz des Freiberuflers mit einer Reihe rechtlicher Probleme und daraus resultierend mit Haftungsrisiken konfrontiert ist.
Gerade in Verfahren mit einer geringen Masse ist die Vergütung so gering, dass der Verwalter kaum kostendeckend arbeiten kann. Bei den nun folgenden Betrachtungen ist neben der Notwendigkeit der Bewältigung rechtlicher Probleme also auch im Auge zu behalten, dass der Verwalter selber unternehmerisch denken muss, d.h. dass der Verwaltungsaufwand nur so hoch sein darf, dass für ihn noch ein auskömmlicher Unternehmerlohn erwirtschaftet wird.

## VII. Exkurs: Die Mindestvergütung

Besondere Probleme bereitet die Frage der Vergütung und damit verbunden die des kostendeckenden Arbeitens durch den Insolvenzverwalter im massearmen Verfahren. Nach §2 Insolvenzrechtliche Vergütungsverordnung (InsVV) erhält der Insolvenzverwalter im Regelverfahren eine Vergütung, deren Höhe von der Insolvenzmasse bei Beendigung des Verfahrens abhängt. Die Vergütung ist nach §2 Abs.1 InsVV als Staffelvergütung ausgestaltet. Sie besteht in einem degressiv steigenden Prozentsatz der Insolvenzmasse. Mindestens beträgt die Vergütung nach §2 Abs.2 InsVV 500€. Bezogen auf den Staffelsatz nach §2 Abs.1 InsVV wird die Mindestvergütung ab einer Insolvenzmasse von 1.250,02€ überschritten, der Staffelsatz beträgt aufgerundet 500,01€.[343]
Gerade in Verfahren die nur mit Hilfe der Kostenstundung nach §4a ff. InsO eröffnet werden konnten und somit praktisch masselos waren, ergab sich für den Verwalter nur die Mindestvergütung von 500€. Ein wirtschaftliches Arbeiten zu dieser Vergütung war in einer Vielzahl der Fälle ausgeschlossen. Die Höhe der Mindestvergütung empfanden so auch eine Reihe von Amtsgerichten als unbefriedigend und haben diese mit unterschiedlichsten Begründungen pauschal erhöht.[344]
Mit Beschluss vom 15.01.2004 stellte dann auch der *BGH* in je einem Verbraucherinsolvenzverfahren und einem Regelinsolvenzverfahren fest, dass die Regelungen zur Mindestvergütung für Verwalterbestellungen ab dem 01.01.2004 im Hinblick auf

---

[343] Ausführlich zur Mindestvergütung auch im Verbraucherinsolvenzverfahren s. *Keller* in ZIP 2004, S.633, 634.

[344] Das AG Göttingen bspw. hat die Mindestvergütung nach §2 Abs.2 InVV auf 2.000€ vervierfacht, AG Göttingen, Beschl. vom 06.05.2003 – 74 IN 264/02 = ZIP 2003, S.918.

Art.12 GG verfassungswidrig sind, und forderte gleichzeitig den Verordnungsgeber auf, verfassungskonforme Regelungen zu finden.[345]
Der *BGH* führt hierzu aus, mit der Pauschalierung der Vergütung verfolge der Verordnungsgeber zwar einen legitimen Zweck, wie etwa Rechtssicherheit, leichte Handhabbarkeit, Kalkulierbarkeit der Ausgaben sowie Begrenzung der Staatsausgaben. Bei einer Abwägung zwischen der Schwere des Eingriffs und dem Gewicht der ihn rechtfertigenden Gründe erweise sich die Regelung jedoch als unverhältnismäßig, weil sie die betroffenen Insolvenzverwalter insbesondere unter Berücksichtigung der Haftungsrisiken übermäßig belaste.
Es bleibt abzuwarten, wie der Verordnungsgeber auf diese begrüßenswerte Entscheidung des *BGH* reagiert und inwiefern ein wirtschaftliches Arbeiten in praktisch masselosen Verfahren für den Insolvenzverwalter in Zukunft möglich sein wird.[346] Von der Gestaltung der Mindestvergütung in solchen Verfahren hängt in nicht zu vernachlässigendem Umfang ab, ob Insolvenzverwalter über das Vermögen von Freiberuflern in eigener Praxis in Zukunft bereit sein werden, umfangreiche Sanierungskonzepte, insbesondere Insolvenzpläne, zu erarbeiten.

---

[345] zum Regelinsolvenzverfahren: BGH, Beschl. vom 15.01.2004 – IX ZB 96/03 = ZIP 2004, S.417; zum Verbraucherinsolvenzverfahren: BGH, Beschl. vom 15.01.2004 – IX ZB 46/03 = ZIP 2004, S.424.

[346] s. ausführlich zu den Konsequenzen der BGH-Entscheidung: *Keller* in ZIP 2004, S.633 ff. Vorgesehen ist mittlerweile eine Umsetzung der BGH-Entscheidung im Referentenentwurf zur Änderung der Insolvenzordnung, des Kreditwesengesetzes und anderer Gesetze.

## F. Möglichkeiten der Verfahrensgestaltung

Nach der Erörterung einzelner besonderer Problemfelder in der Insolvenz stellt sich die Frage, welche Konsequenzen die oben festgestellten Befunde für die Verfahrensgestaltung haben.

### I. Die Fortführung durch den Verwalter im Regelverfahren

Zunächst wird untersucht, inwieweit das Unternehmen eines Freiberuflers überhaupt einer Fortführung ohne insolvenzrechtliche Sonderverfahren durch den Insolvenzverwalter zugänglich ist. Hierbei sind zwei Konstellationen zu unterscheiden:

#### 1. Fortführung bei eigener Qualifikation

Wie bereits eingangs dargestellt, fehlt dem Insolvenzverwalter regelmäßig die erforderliche Qualifikation, um den Betrieb eines Freiberuflers ohne dessen Mitwirkung fortzuführen. Gleichwohl sind Fälle denkbar, in erster Linie bei Rechtsanwälten und Steuerberatern, in denen der Verwalter die Qualifikation besitzt und zumindest theoretisch eine eigenhändige Fortführung durch diesen möglich wäre. Fraglich ist jedoch, ob eine solche Fortführung überhaupt zulässig ist.

*Schick* ist der Ansicht, der Verwalter könne auch bei einer entsprechenden berufsrechtlichen Qualifikation nicht, wie beispielsweise bei einem Gewerbebetrieb, an die Stelle des Schuldners treten. Für die Tätigkeit des Freiberuflers seien dessen Qualifikation und höchstpersönliches Arbeiten entscheidend. Höchstpersönliche Leistungen könne der Verwalter auch in anderen Bereichen nicht für den Gemeinschuldner erbringen. Weiter spräche auch der persönliche Charakter des Verhältnisses zwischen Freiberufler und Patient/Klient gegen eine Fortführung durch den Verwalter.[347]

Dieser Auffassung muss meines Erachtens entgegengetreten werden. Bereits oben wurde ausgeführt, dass der Freiberufler kein schützenswertes Interesse an der Geheimhaltung seiner Patienten-/Mandantenkarteien hat. Ähnlich liegt der Fall bei der hier diskutierten Fragestellung: Wohl hat der Freiberufler ein ideelles Interesse aus persönlicher Affinität zu seiner Praxis oder aus einem engen Verhältnis zu seiner Patienten-/Mandantenschaft, seine Praxis in Eigenregie fortzuführen oder zumindest zu verhindern, dass ein Verwalter seine Stellung übernimmt.
Dieses Interesse ist aber rechtlich nicht geschützt, vielmehr dient das Insolvenzverfahren in erster Linie der Befriedigung der Gläubiger, wozu im Einzelfall eine Fortführung durch den Verwalter persönlich erforderlich oder zumindest zuträglich sein kann. Auch ist nicht ersichtlich, warum ein Insolvenzverwalter nicht zumindest theoretisch die rechtliche Beratung von Mandanten eines insolventen Rechtsanwaltes soll übernehmen können. Daher spricht meines Erachtens nichts gegen die rechtliche Zulässig-

[347] *Schick* in NJW 1990, S.2359, 2361.

keit der Fortführung einer freiberuflichen Praxis durch den Insolvenzverwalter bei entsprechender Qualifikation.

So wird inzwischen auch überwiegend die Ansicht vertreten, dass die Freiberuflerpraxis grundsätzlich vom Verwalter fortführbar ist, soweit dieser die erforderliche Qualifikation besitzt.[348] Berufen wird sich hier in erster Linie auf ein Urteil des *BFH* aus den neunziger Jahren, in dem dieser entschieden hat, dass der Rechtsanwalt als Konkursverwalter über das Vermögen eines früheren Steuerberaters befugt sei, dessen Mandanten im Rahmen der von ihm fortgeführten Steuerberaterpraxis gegenüber den Finanzbehörden steuerlich zu vertreten.[349]

Besonderheit in dem entschiedenen Fall war allerdings, dass der Gemeinschuldner der Praxisfortführung zugestimmt hatte, was sich konkludent aus seiner Anstellung als Steuerfachgehilfe gegen Zahlung eines festen monatlichen Gehalts ergab, was konkursrechtlich nicht zu beanstanden war und auch bei Geltung des Insolvenzrechts keinen Bedenken begegnet. Dies mindert die Aussagekraft des Urteils erheblich. Eine solche Zustimmung halte ich jedoch für entbehrlich, da in gleichem Maße wie bei Übertragung der freiberuflichen Praxis oder einer Einsichtnahme oder Verwertung der Mandantenkartei keine schützenswerten Belange des Freiberuflers einer Fortführung durch den Verwalter entgegenstehen.[350]

Durch diese Gestaltung wurde auch die weitere Problematik umgangen, inwieweit der Verwalter in die Mandantenkartei und in die Unterlagen einzelner Mandanten ohne die Zustimmung derselben Einblick nehmen darf, denn die Einsichtnahme und Bearbeitung erfolgte nach wie vor durch den angestellten Gemeinschuldner. In anderen Fällen ist hier allerdings eine Einschränkung notwendig: Wie bereits erörtert, dient der strafrechtliche Schutz dieser Unterlagen den Mandanten, Klienten und Patienten. Will der Verwalter selbst zur eigenhändigen Fortführung der Praxis Einblick in die Kartei nehmen, ist diesem Schutz erst Genüge getan, wenn die Zustimmung eines jeden einzelnen Mandanten/Patienten eingeholt wurde. Anderenfalls ist der Verwalter nicht berechtigt, in die Karteien Einsicht zu nehmen, um die Praxis fortzuführen.[351]

Aufgrund dieser Einschränkung und der Tatsache, dass der Insolvenzverwalter in den allerseltensten Fällen die erforderliche berufliche Qualifikation zur Fortführung des schuldnerischen Betriebes besitzen wird, ist die betrachtete Konstellation der Fortfüh-

---

[348] *Hess/Röpke* in NZI 2003, S.233, 234; *Onusseit* in Kübler/Prütting, InsO, Stand 2003, §157, Rz.7, 8; *Lwowski* in MüKo zur InsO, Stand 2003, §35, Rz.159.

[349] BFH-Urteil vom 22.03.1994 - VII R 58/93 = ZIP 1994, S.1283.

[350] für den Fall der Übertragung der freiberuflichen Praxis: *Holzer* in Kübler/Prütting, InsO, Stand 2003, §35, Rz.62; *Weis* in Hess/Weis/Wienberg, InsO, 2.Aufl., §§35, 36, Rz.214; *Uhlenbruck* in Uhlenbruck, InsO, 12.Aufl., §35, Rz.50; *ders.* in Laufs/Uhlenbruck, Hdb. d. ArztR 3.Aufl., §19, Rz.1; *Kluth* in NJW 2002, S.186; *Gerhardt* in FS Gaul, S.139, 146; *Hubmann* in FS Lehmann, S.812, 818; s. auch bereits oben: S.50.

[351] *Uhlenbruck* in FS Henckel, S.877, 887; *Onusseit* in Kübler/Prütting, InsO, Stand 2003, §157, Rz.8; *Lwowski* in MüKo zur InsO, Stand 2003, §35, 158; *Graf/Wunsch* in ZIP 2001, S.1029, 1033, s. bereits oben: S.50.

rung ohne Mitwirkung des Gemeinschuldners eine Ausnahme und fällt bei der Gesamtzahl der betrachteten Fälle nichts ins Gewicht. So ist auch nicht verwunderlich, dass seit der zitierten Entscheidung des *BFH* keine gerichtliche Entscheidung zu diesem Problem mehr ergangen ist.
Schließlich ergibt sich, wie bereits oben schon einmal ausgeführt, der Wert einer Praxis aus dem dem Freiberufler entgegengebrachten Vertrauen, so dass eine dauerhafte Fortführung regelmäßig nur bei einer irgendwie gearteten Mitwirkung des Schuldners sinnvoll ist.

### 2. Fortführung durch den Verwalter unter Mitwirkung des Freiberuflers

Weitaus häufiger ist dagegen die Situation, dass der Insolvenzverwalter nicht die erforderliche Qualifikation zur Fortführung der freiberuflichen Praxis besitzt. Bei der Praxis eines Freiberuflers kann der Insolvenzverwalter wegen berufsrechtlicher Beschränkungen also nicht wie bei einem gewerblichen Unternehmer an die Stelle des Schuldners treten.

#### a) Fortführung einer Apotheke (OVG Berlin)

Am wenigsten problematisch könnte sich die Fortführung einer Apotheke durch den Insolvenzverwalter bei gleichzeitiger Weiterarbeit durch den Apotheker als Schuldner darstellen, wenn man die kaufmännische Komponente der Tätigkeit des Apothekers in den Vordergrund rückt. Über einen entsprechenden Fall hatte das OVG Berlin im Jahr 2002 zu entscheiden.[352]
Nach gerichtlicher Bestellung eines vorläufigen Insolvenzverwalters über das Vermögen eines in eigener Apotheke tätigen Apothekers hatte die Überwachungsbehörde die Schließung der Apotheke angeordnet. Gegen diese Entscheidung wandte sich der Schuldner
Das OVG Berlin gab der Klage des Schuldners nicht statt. Es führte aus, § 22 bzw. § 80 InsO sei nicht mit apothekenrechtlichen Grundsätzen vereinbar. Nach § 7 S.1 Apothekengesetz (ApoG) obliege dem Apotheker die persönliche Leitung der Apotheke in eigener Verantwortlichkeit. Eine Aufspaltung der Tätigkeit des Apothekers in einen pharmazeutischen und einen wirtschaftlichen Teil sei nicht möglich. Selbst wenn der Insolvenzverwalter nicht in die fachliche Ebene eingreife, bleibe es dabei, dass es an der Eigenverantwortlichkeit des Schuldners fehle. Hierdurch werde einer abstrakten Gefahr für die „Volksgesundheit“ vorgebeugt.
Als Lösungen kommen laut dem OVG die Verpachtung der Apotheke nach § 9 Abs.1 Nr.1 ApoG, die Freigabe durch den Verwalter oder aber ein Verfahren in Eigenverwaltung in Betracht.[353]

---

[352] OVG Berlin Beschluss vom 18.6.2002, OVG 5 S 14/02.

[353] Die Möglichkeit einer Freigabe sieht ausdrücklich auch §35 InsO in Form des Referentenentwurfes zur Änderung der Insolvenzordnung, des Kreditwesengesetzes und anderer Gesetze aus September 2004 vor.

Daraus ergibt sich, dass selbst eine Apotheke, die auf der Schnittstelle zwischen den Heilberufen und Handel steht, einer Insolvenzverwaltung im Regelverfahren nicht ohne weiteres zugänglich ist.

### b) Fortführung einer freiberuflichen Praxis

Noch stärker zu Tage treten entsprechende Probleme bei der Fortführung einer ärztlichen Praxis durch den Insolvenzverwalter unter Mitarbeit des Freiberuflers.
Beispielhaft sollen diese an einem freiberuflich tätigen Zahnarzt veranschaulicht werden: Eine vorübergehende Fortführung der Praxistätigkeit nach Insolvenzeröffnung wird zunächst einmal von der Wirklichkeit erzwungen.[354] Patienten sind einbestellt, Notfallpatienten müssen behandelt werden, Materialien sind bestellt und werden geliefert. Im Auge behalten werden muss darüber hinaus, dass die Zahnarztpraxis, wie bereits festgestellt, einen Vermögenswert hat, der dem Wert eines Unternehmens vergleichbar ist, der jedoch nur dann einer Realisierung mittels Übertragung zugänglich ist, wenn die Praxis nicht völlig zum Erliegen kommt, sondern zumindest vorübergehend weitergeführt wird.
Die berufsrechtliche Problematik erschöpft sich nicht in der vordergründigen Feststellung, der Insolvenzverwalter könne mangels Qualifikation diese Tätigkeiten nicht für den insolventen Zahnarzt übernehmen, also nicht selber die Spritzen setzen, einen Zahn ziehen oder mit dem Bohrer hantieren.

Zunächst wird die Handhabung dieses Problems in der Praxis betrachtet. Hier dürfte der von *Schick* ins Auge gefasste Ansatz häufig Anwendung finden: Zwar wird die wirtschaftliche Verfügungsbefugnis dem freiberuflich tätigen Schuldner entzogen, demgegenüber steht aber der Schuldner als Person, der die Qualifikation hat sein Vermögen in massemehrender Weise zu nutzen. Soll die freiberufliche Praxis weitergeführt werden, gilt es, diese beiden Komponenten zusammen zu führen.[355] Dies sieht in der Praxis so aus, dass der Verwalter dem Freiberufler die Vermögenswerte in erforderlichem Umfang mehr oder weniger konkludent zur Verfügung stellt, so dass der Freiberufler mit seiner fachlichen Qualifikation und dem ihm entgegengebrachten Vertrauen seine Tätigkeit fortsetzen kann. Der Insolvenzverwalter begibt sich bei dieser Handhabung weitestgehend jeder Möglichkeit der Einflussnahme.

Genau dies ist aber auch der kritische Punkt der von *Schick* ins Auge gefassten Lösung und der Handhabung in der Praxis, denn hier kollidieren arzt- und insolvenzrechtliche Aspekte. Einerseits sieht sich der Insolvenzverwalter ständig der Haftungsgefahr aus §60 I InsO ausgesetzt, wenn er seine Pflichten, beispielsweise Aufsichts- und Kontrollpflichten, schuldhaft verletzt, andererseits darf der Insolvenzverwalter weder selbst die ärztliche Tätigkeit ausüben noch darf sich der Arzt bei der Ausübung seines Berufes den Weisungen eines Nichtarztes, also beispielsweise denen eines Insolvenzverwalters, unterwerfen.

---

[354] so bereits *Schick* in NJW 1990, S.2359, 2361.

[355] *Schick* in NJW 1990, S.2359, 2360, 2361.

Letzteres ist vergleichbar mit der Situation bei einer Ärzte-GmbH. Auch hier befindet sich der Arzt in Abhängigkeit gegenüber einem Nichtarzt, nämlich der anstellenden GmbH. In dem Fall der Ärzte-GmbH betreibt nicht die GmbH die ärztliche Tätigkeit, auch wenn sie Vertragspartner wird, sondern der einzelne behandelnde Arzt. Der *BGH* spricht in diesem Zusammenhang von der fachlichen Unabhängigkeit bei wirtschaftlicher Abhängigkeit des Arztes.[356]
Überträgt man diese Rechtsprechung des *BGH* zur Ärzte-GmbH auf den Insolvenzverwalter der Arztpraxis, so ist zu fordern, dass dieser sich jeder Einmischung bezüglich Beratung und Behandlung der Patienten enthält, haben die vom Arzt zu treffenden Entscheidungen auch noch so weitreichende finanzielle Folgen. Bei der Ärzte-GmbH muss die Weisungsunabhängigkeit nach der Rechtsprechung nicht nur faktisch bestehen, sondern sie muss gesellschaftsvertraglich abgesichert sein. Eine solche rechtliche Möglichkeit, die Weisungsunabhängigkeit des Arztes gegenüber dem Insolvenzverwalter a priori und unwiderruflich abzusichern, besteht im Fall der Insolvenzverwaltung nicht.
Aus diesem Vergleich zur strengen Rechtsprechung zur ärztlichen Unabhängigkeit in der Ärzte-GmbH könnte eine gänzliche Unzulässigkeit einer Praxisfortführung unter einem Insolvenzverwalter geschlossen werden.[357]

Eine solche Forderung ginge jedoch an der Realität vorbei. Die praktische Notwendigkeit hat bisher eine Kooperation zwischen Insolvenzverwalter und Arzt gefordert, in der überwiegenden Mehrzahl der Fälle sind die beschriebenen Probleme ausgeblieben. Trotzdem ist eine solche Kooperation vom arztrechtlichen Standpunkt zumindest als kritisch zu betrachten. Jedenfalls aber schränkt eine solche Kooperation zwischen Arzt und Insolvenzverwalter den Handlungsspielraum des Verwalters in einer Weise ein, dass dieser sich zwangsläufig auf Kollisionskurs mit seinen Pflichten und damit in die Gefahr einer Haftung begibt.[358]

Darüber hinaus könnte es auch bei dieser Art der Kooperation zu einem Konflikt mit dem Selbstbestimmungsrecht der Patienten kommen. Da der Insolvenzverwalter die „Geschäftsführung" des Arztes prüfen und überwachen muss, wird er kaum umhinkommen, hierfür Einblick in die Patientenunterlagen nehmen zu müssen. Hierfür wäre die Einwilligung der Patienten unabdingbar, was in der Praxis zu kaum überwindbaren Hürden führte.[359]

### 3. Zwischenergebnis

Zusammenfassend lässt sich festhalten, dass weder die Fortführung der freiberuflichen Praxis durch den Verwalter bei eigener Qualifikation trotz grundsätzlicher Zulässigkeit

---

[356] BGHZ 70, S.158, 166; BGH VersR 1992, S.510, 511 = NJW 1992, S.430; BGH MedR 1992, S.152; *Katzenmeier,* MedR 1998, S.113, 115; *Laufs,* MedR 1995, S.11, 15.

[357] vgl. zum Ganzen ausführlich: *Graf/Wunsch* in ZIP 2001, S.1029, 1034.

[358] *Graf/Wunsch* in ZIP 2001, S.1029, 1034.

[359] *Kluth* in NJW 2002, S.186, 188.

noch die Fortführung durch den Verwalter im Wege der Regelinsolvenz unter Mitwirkung des Freiberuflers eine einwandfreie Lösung bieten.
Im Folgenden wird daher untersucht, ob das Insolvenzrecht Möglichkeiten bietet, die eine rechtlich konfliktfreiere und für den Verwalter mit weniger Haftungsrisiken verbundene Lösung darstellen. Besonderes Augenmerk gilt dabei den Instituten der Eigenverwaltung und des Insolvenzplans, wobei im Mittelpunkt die Frage steht, inwieweit eine Verbindung beider Sanierungsmöglichkeiten in der Insolvenz eines Freiberuflers sinnvoll und erfolgversprechend ist.

## II. Grundsätzliches zu Insolvenzplan und Eigenverwaltung

Bevor eine Auseinandersetzung über die Eignung von Eigenverwaltung und Insolvenzplan zur Sanierung der freiberuflichen Praxis erfolgen kann, muss eine Darstellung der Grundgedanken des Gesetzgebers, deren Umsetzung im Gesetzestext sowie nicht zuletzt die Reaktion auf beide Institute in Wissenschaft und Praxis und deren Bedeutung in der Praxis vorgenommen werden.

### 1. Die Eigenverwaltung

Die Eigenverwaltung als noch relativ neues insolvenzrechtliches Institut erfreut sich bis heute weder großer Bekanntheit in der Öffentlichkeit noch großer Beliebtheit unter Rechtspraktikern und –theoretikern. Treffend bringt *Weis* auf den Punkt: „Die Eigenverwaltung ist praktisch bedeutungslos.“[360] Bevor auf die Eignung der Eigenverwaltung für die in Frage stehenden Freiberufler eingegangen werden kann, werden vorweg Ursachen und Berechtigung dieser Feststellung eingehend untersucht.

#### a) Gesetzliche Grundlagen

Die Eigenverwaltung ist in den §§270- 285 InsO geregelt. Sie dient, wie es der Name nahe legt, einem Insolvenzverfahren ohne Insolvenzverwalter. Dabei wird statt einem Insolvenzverwalter lediglich ein Sachwalter bestellt, der die Durchführung des Verfahrens durch den Schuldner überwacht, §274 InsO.
Grundsätzlich verbleibt die Verwaltungs- und Verfügungsbefugnis beim Schuldner, wobei das Gericht auf Antrag der Gläubiger anordnen kann, dass bestimmte Rechtsgeschäfte des Schuldners nur wirksam sind, wenn der Sachwalter ihnen zugestimmt hat, §277 I S.1 InsO. Darüber hinaus gehört es zu den Pflichten des Sachwalters, dass er die Anmeldung der Forderungen durch die Insolvenzgläubiger entgegennimmt und die Tabelle führt, §270 III S.2 InsO. Nur ihm steht im Rahmen der Eigenverwaltung das Recht der Insolvenzanfechtung zu, §280 i.V.m. §§129 ff. InsO.
Die Stellung, die im Regelinsolvenzverfahren der Insolvenzverwalter einnimmt, nimmt ansonsten der Schuldner selbst ein, so dass sich keine weitergehenden Unter-

---

[360] *Weis* in Hess/Weis/Wienberg, InsO, 2.Aufl., Vor. §270, Rz.8.

schiede in der Rechtsstellung der Verfahrensbeteiligten gegenüber dem Regelinsolvenzverfahren ergeben.

Die Anordnung der Eigenverwaltung ergeht im Eröffnungsbeschluss, §270 I S.1 InsO. Die Anordnung setzt voraus, dass die Eigenverwaltung vom Schuldner beantragt worden ist, §270 II Nr.1 InsO. Ist der Insolvenzeröffnungsantrag von einem Gläubiger gestellt worden, setzt die Anordnung darüber hinaus die Zustimmung des Gläubigers voraus, §270 II Nr.2 InsO. In beiden Fällen ist erforderlich - was als wesentliche Hürde der Anordnung der Eigenverwaltung gesehen werden muss -, dass nach den Umständen zu erwarten ist, dass die Anordnung nicht zu einer Verzögerung des Verfahrens oder zu sonstigen Nachteilen für die Gläubiger führen wird, §270 II Nr.3 InsO. Nicht erforderlich ist aber – was die Anwendung des §270 II Nr.3 InsO in der Praxis teilweise vermuten lässt -, dass die Anordnung der Eigenverwaltung für die Gläubiger mit Vorteilen verbunden sein muss.
Die Wahrung der Gläubigerinteressen ist daneben durch die §§271, 272 InsO abgesichert: Nach §272 I Nr.1 InsO hebt das Gericht eine angeordnete Eigenverwaltung auf Antrag der Gläubigerversammlung wieder auf, so dass eine Eigenverwaltung zunächst immer eine vorläufige ist.
Genauso muss das Gericht aber auch eine zunächst abgelehnte Eigenverwaltung auf Antrag der ersten Gläubigerversammlung nachträglich anordnen, §271 S.1 InsO. Diese späteren Entscheidungen unterliegen in keiner Form mehr einer gerichtlichen Kontrolle. Es lässt sich also feststellen, dass eine Eigenverwaltung dauerhaft nur mit Zustimmung der Gläubiger durchführbar ist.[361]

### b) Hintergrund der Einführung der Eigenverwaltung in die InsO

#### (aa) Gesetzgeberische Absichten

Die Eigenverwaltung wurde mit der Insolvenzordnung vom 5.10.1994 eingeführt und ist als solche seit dem 1.1.1999 in Kraft. Für die Eigenverwaltung hat die Begründung zum Regierungsentwurf der Insolvenzordnung drei Gesichtspunkte angeführt:[362]

- Die Eigenverwaltung führt zu einer erheblichen Verbilligung des Verfahrens. Geplant war, dem Sachwalter nur 50% der Vergütung des Insolvenzverwalters zuzubilligen, nach §12 I InsVV wird der Sachwalter nun grds. mit 60% der Vergütung eines Insolvenzverwalters vergütet. Mit den geringeren Kosten sollte vor allem dem Übel der Massearmut begegnet werden.
- Die Kenntnisse und Erfahrungen des bisherigen Geschäftsleiters sollen besser genutzt werden. Ein Insolvenzverwalter habe den Nachteil, dass er sich einarbeiten muss.

---

[361] ausführlich zu Voraussetzungen und Wirkung der Eigenverwaltung neuerdings auch *Smid/Wehdeking/Flöther*, Eigenverwaltung, S.23 ff.

[362] *Grub* in AnwBl 2000, S.580, 581; ausführlich neuerdings auch *Smid/Wehdeking/Flöther*, Eigenverwaltung, S.3 ff.

- Die Eigenverwaltung biete daneben einen erheblichen Anreiz für den Schuldner, rechtzeitig den Antrag auf Eröffnung des Verfahrens zu stellen, weil er nicht damit rechnen muss, automatisch aus der Geschäftsführung verdrängt zu werden.[363]

Insgesamt sieht der Gesetzgeber in dem Rechtsinstitut der Eigenverwaltung auch einen Ausbau der Gläubigerautonomie: Er will es den Gläubigern überlassen, ob sie es akzeptieren, dass der Schuldner selbst die Verfahrensabwicklung übernimmt.[364]
Mit der Eigenverwaltung wurde allerdings kein gänzlich neuer Weg beschritten, denn die Eigenverwaltung lehnt sich einerseits an das Modell der Vergleichsordnung, andererseits an das des „debtors in possession" des US-amerikanischen Insolvenzrechts an. Anders als der Konkursverwalter hatte der Vergleichsverwalter nicht das Recht der Verwaltung und Verwertung des Schuldnervermögens. Vielmehr behielt der Schuldner nach der Vergleichsordnung bis auf wenige Ausnahmefälle des Liquidationsvergleichs die Verfügungsgewalt über sein Vermögen. Dem Vergleichsverwalter standen dabei weitgehende Überwachungs- und Antragsrechte zu. Diese Verfahren zeigten nach Ansicht des Gesetzgebers, dass es Vorteile haben kann, den Schuldner grundsätzlich verfügungsbefugt zu belassen und ihn lediglich unter die Aufsicht eines Verwalters zu stellen.[365]

### (bb) Das Vorbild des US-amerikanischen Chapter 11-Verfahrens[366]

Näher dürfte das Verfahren der Eigenverwaltung jedoch dem US-amerikanischen Vorbild des „debtors in possession" sein.[367] Das Chapter 11-Verfahren (BC 11) setzt jedoch kein eröffnetes Verfahren voraus. Vielmehr handelt es sich um ein eigenständiges Verfahren, das durch den Schuldner oder den Gläubiger beantragt werden kann, §§301, 303 BC 11. Hiernach soll der Schuldner die Kontrolle über sein Unternehmen ausüben können „unless there is a cause to replace the debtor in possession."[368]

Nach dem „Chapter 11-Verfahren" des US-amerikanischen Insolvenzrechts geht die Verwaltungs- und Verfügungsbefugnis gemäß §1108 BC 11 mit der Eröffnung des Reorganisationsverfahrens auf einen „trustee" über. Die Einsetzung eines solchen „trustee" ist allerdings die Ausnahme und darf nur auf Grund des Antrags eines Beteiligten und unter bestimmten gesetzlichen Voraussetzungen erfolgen. Hervorzuheben ist deswegen, dass einem Schuldner nach §1107 BC 11 in einem Reorganisations-

---

363 Zum Risiko, durch einen Eigenantrag bei drohender Zahlungsunfähigkeit früher als nötig seine Verfügungsbefugnis wegen Ablehnung der Eigenverwaltung zu verlieren: *Schlegel* in ZIP 1999, S.955 ff; auch: *Smid/Wehdeking/Flöther,* Eigenverwaltung, S.7 ff.

364 Begr. zum RegE, BT-Drucks. 12/2443, S.100.

365 BR-Drucksache, 1/92, S.222, 223.

366 s. für eine ausführliche Analyse des Chapter 11-Verfahrens: *Terhart,*Chapter 11 BC: Eine alternative für Deutschland?, Diss., S.163 ff.

367 11 USC, §§1101, 1107.

368 Weintraub/Resnick, S.8-84.

verfahren alle Befugnisse eines „trustee“ zustehen, solange ein solcher nicht gerichtlich eingesetzt ist. Der Schuldner bleibt also verwaltungs- und verfügungsbefugt. In der Praxis wird der Schuldner somit automatisch mit Antragstellung zum „debtor in possession“ und fungiert als solcher als Treuhänder seiner Gläubiger, weswegen diese einen Anspruch auf Ausübung der Befugnisse zu ihren Gunsten haben. Flankiert wird diese Treuhänderstellung vom sog. „automatic stay“: Dessen Funktion besteht darin, dass die Gläubiger sämtliche Maßnahmen, um gegen den Schuldner vorzugehen, einzustellen haben. Dem Schuldner wird dadurch die Möglichkeit eingeräumt, seine finanzielle Situation zu analysieren, um den gesamten Forderungsbestand festzustellen und die verbleibenden Vermögenswerte zu sichern. Auch soll eine Ungleichbehandlung der Gläubiger vermieden werden, indem nicht einzelne die Insolvenzmasse für sich vollständig in Anspruch nehmen.

Vor dem Hintergrund, dass das Leitbild des „Chapter-11-Verfahrens“ von der Sanierung eines Rechtssubjektes in Eigenverwaltung ausgeht, ist diese insgesamt sehr schuldnerfreundliche Regelung konsequent. Problematisch an dem Regelungskonzept ist aber einerseits, dass durch das vorgesehene Regel-Ausnahme-Verhältnis selbst solche Personen „debtor in possession“ werden, deren persönliches Versagen in die Krise geführt hat. Es wird nicht von vorneherein, wovon das deutsche Insolvenzrecht ausgeht, die Inkompetenz oder Unehrlichkeit des Schuldners unterstellt, sondern das Gesetz vermutet zunächst das Gegenteil. Erst wenn Missbräuche oder Inkompetenz erkennbar sind, kann eine andere Regelung der Geschäftsführung getroffen werden, indem ein „trustee“ oder auch nur ein „examiner“ eingesetzt wird. Andererseits ist kritisch zu beurteilen, dass wegen der gegenläufigen Interessen von Gläubiger und Schuldner ohne Möglichkeit der zuverlässigen Kontrolle des Schuldners von dessen Neutralität nicht unbedingt ausgegangen werden kann.
Die Einsetzung einer außenstehenden Person, die den Schuldner als „debtor in possession“ überwacht, würden diese Schwächen abmildern.[369]

### c) Eigenverwaltung im Spiegel von Literatur, Rechtsprechung und Praxis

#### (aa) Literatur

Die herbe Kritik, auf die das Institut der Eigenverwaltung seit ihrer Einführung immer wieder gestoßen ist, lässt sich auf den Nenner bringen, es dürfe nicht der Bock zum Gärtner gemacht werden.[370] Der Gläubiger sei nicht ausreichend geschützt, da die Eigenverwaltung zumindest vorübergehend, d.h. bis zur ersten Gläubigerversammlung, auch ohne den Willen der Gläubiger angeordnet werden könne. Dem wird entgegengehalten, das Gericht dürfe die Eigenverwaltung ohnehin nur anordnen, wenn keine Gläubigergefährdung und keine Verzögerung des Verfahrens zu erwarten sei. Die Dar-

---

[369] vgl. zum Ganzen: *Kemper,* S.56 ff.

[370] so *Förster* in ZInsO 1999, S.153; *Grub/Rinn* in ZIP 1993, S.1583, 1586.

legungslast bezüglich dieser Prognoseentscheidung des Gerichts trage dabei der Gläubiger.[371]
Auch sei eine Nutzung der fachlichen Kompetenz des Schuldners nicht nur auf dem Wege der Eigenverwaltung möglich, ein eingesetzter Insolvenzverwalter könne auch im Regelverfahren auf die Kompetenz des Schuldners zurückgreifen und dazu diese einer effektiven Kontrolle unterwerfen.[372]

Andere führen gegen die Eigenverwaltung ins Feld, sie verkenne den elementaren Interessengegensatz zwischen den Gläubigern und dem Schuldner.[373] Das Insolvenzverfahren sei weiterhin ein Gesamtvollstreckungsverfahren, das der Haftungsverwirklichung diene. Der Schuldner werde bei der Eigenverwaltung in erster Linie seine eigenen Interessen und nicht die seiner Gläubiger verfolgen; der Schuldner könne nicht sein eigener Gerichtsvollzieher sein.[374]
Kritisiert wurde weiterhin der Vergleich mit der Vergleichsordnung: Dieser hinke, da in der Vergleichsordnung wesentlich weitergehende Gläubigerschutzvorschriften existierten. So musste nach §7 I S.2 VerglO den Vergleichsgläubigern mindestens eine Quote von 35% ihrer Forderungen gewährt werden, daneben stellte §17 VerglO Würdigkeitsanforderungen an den Schuldner. Von beiden Gedanken sei in der Insolvenzordnung keine Spur zu finden.[375]

*Leipold* argumentiert, ein Insolvenzverfahren ohne Insolvenzverwalter sei ein Widerspruch in sich. Die Eröffnung des Verfahrens bedeute, dass der Schuldner bzw. dessen Geschäftsleitung versagt habe. Der Insolvenzverwalter werde die erhoffte Hilfe bei der Insolvenzabwicklung dadurch erreichen, dass das bisherige Management von ihm herangezogen und weiterbeschäftigt werde.[376]

Der *Gravenbrucher Kreis* sprach sich gegen die Einführung der Eigenverwaltung aus mit der Begründung, die Verbilligung des Verfahrens erkaufe man sich mit dem Preis der Manipulationsmöglichkeiten des Schuldners.[377]

---

371 *Smid* in WM 1998, S.2489, 2508; *Graf/Wunsch* in ZIP 2001, S.1029, 1032; str. für die Pflicht zur Amtsermittlung plädieren *Huntemann/Dietrich* in ZInsO 2001, S.13, 15; *Vallender* in WM 1998, S.2129, 2131.

372 So *Förster* in ZInsO 2003, S.402 ff.

373 *Grub* in Kübler, Neuordnung des Insolvenzrechts, 1989, S.90.

374 *Grub* in AnwBl 2000, S.580. 581.

375 *Vallender* in WM 1998, S.2129, 2130.

376 *Leipold* , Insolvenzrecht im Umbruch, S.169.

377 *Gravenbrucher Kreis* ZIP 1990, S.477; ZIP 1992, S.658; der Gravenbrucher Kreis ist ein loser Zusammenschluss erfahrener Insolvenzverwalter mit überregionalem Wirkungskreis. Mitglieder sind, bzw. waren: J.Brandenburg, Hamburg; J.Füchsl, München; H.Gattermann, Hamburg; V.Grub, Stuttgart; F.Irschlinger, Mannheim; H.Johlke, Hamburg; W.Klaas, Krefeld; B.Kübler, Köln; .M.Lepper, Kassel; H.Lutz, Hamburg; R.Mönning, Aachen; W.Petereit, Mainz; H.Ringwald, Stuttgart; W.Schaaf, Frankfurt; W.Schneider, Neu-Ulm; H.Schulze, Bremen; G.Weiland, Hamburg; J.Wellensiek, Hamburg.

In eine ähnliche Kerbe schlägt die Kritik von *Grub/Rinn:* Ohne die Bedenken nur gegen das Institut der Eigenverwaltung zu richten, stellen sie dar, dass eine Besserstellung des Schuldners in der Insolvenz gegenüber dessen Stellung in der Konkursordnung nicht zu rechtfertigen sei. In ihrer Untersuchung über Insolvenzursachen wird deutlich, dass diese in erster Linie in charakterlichen Mängeln, unzureichender Fachausbildung, schlechtem Informationsstand, jedenfalls in inneren und nicht in äußeren Faktoren zu suchen seien.
Gegen eine Stärkung der Schuldnerstellung spreche auch die Kriminalstatistik: Je nachdem, welche Quelle man heranziehe, liege die Zahl der Fälle, in denen bei Zusammenbrüchen Insolvenzstraftaten verübt würden, zwischen 25% und 80%.[378]

*Häsemeyer* hält die Konzeption der Eigenverwaltung weder in ihren Voraussetzungen noch in ihren Folgen für stimmig. Die Eigenverwaltung sei nämlich nicht nur für erhoffte Sanierungen konzipiert, sondern auch für Vermögensliquidationen unter möglicherweise fortbestehender Haftung des Schuldners.[379]

*Smid* sieht in der Eigenverwaltung eines der gefährlichsten Instrumente, die der Gesetzgeber dem Schuldner an die Hand gibt. Besonders unglücklich sei die Position des Sachwalters, der beispielsweise bei der Aufnahme eines Sanierungskredits, der seiner Zustimmung bedarf, zwischen die haftungsrechtlichen Fronten von Schuldner und Gläubigern kommen könne.[380] Weiterhin weist *Smid* darauf hin, dass die Eigenverwaltung von ihrem Grundgedanken her nicht in das System des deutschen Insolvenzrechts passe. Dieses sei seit jeher als besondere Haftungsordnung zu sehen und diene als Instrument der Haftungsverwirklichung. Ganz anderes gelte dagegen für das US-amerikanische Recht, an das sich das deutsche mit der Eigenverwaltung anlehnen soll: Insolvenzrecht werde hier als Mittel dazu begriffen, dem Schuldner einen unbelasteten Wiedereintritt ins Wirtschaftsleben zu ermöglichen. Das Reorganisationsverfahren nach Chapter 11 stelle sich als „a business debtor`s remedy for relief from financial distress" dar und stehe unter dem Vorzeichen eines „fresh start" des Schuldners.[381]
Einen legitimen Anwendungsbereich der Eigenverwaltung sieht *Smid* in erster Linie bei der Sanierung landwirtschaftlicher Betriebe in den neuen Bundesländern, bei der es sinnvoll sei, die Möglichkeit der Heranziehung des Sachverstandes des Schuldners durch Anordnung der Eigenverwaltung zu nutzen.[382]

Eher spärlich sind bisher die Stimmen der Fürsprecher der Eigenverwaltung gesät. *Huntemann/Dietrich* weisen auf die Vorteile hin, die die Eigenverwaltung gerade im Rahmen einer ins Auge gefassten Sanierung bieten könne.[383] Sie plädieren trotz erheb-

---

[378] *Grub/Rinn* in ZIP 1993, S.1583, 1584, 1586.

[379] *Häsemeyer* InsO, 2.Aufl., Rz.8.03.

[380] *Smid/Nellessen* in InVo 1998, S.113, 114.

[381] *Smid* in Grundzüge des Insolvenzrechts, §28, Rz.8, S.431; *ders.* in WM 1998, S.2489, 2506.

[382] *Smid* in Grundzüge des Insolvenzrechts, §28, Rz.10, S.432, *ders.* in WM 1998, S.2489, 2506; als Beispiel für eine Eigenverwaltung einer landwirtschaftlichen Genossenschaft gibt er das Verfahren vor dem AG Brandenburg, Beschl. vom 18.01.2000 – 21 IN 313/99 = ZInsO 2000, S.111.

[383] *Huntemann/Dietrich* in ZInsO 2001, S.13 ff.

licher Bedenken gegen die Eigenverwaltung dafür, diese als Möglichkeit der Sanierung im Auge zu behalten.

Auch *Viniol* hält die Normen zur Eigenverwaltung für einen akzeptablen Kompromiss zwischen Vor- und Nachteilen der Eigenverwaltung, insbesondere dadurch, dass die Gläubigerversammlung jederzeit den Ein- oder Ausstieg beschließen könne.[384]

Ähnlich äußert sich *Uhlenbruck:* Trotz der bekannten Gefahren sei die Eigenverwaltung ein geeignetes Instrument der Sanierung des schuldnerischen Betriebes, wenn die Gläubiger ihr Vertrauen in das Management des schuldnerischen Unternehmens nicht verloren hätten. Besondere Bedeutung könne der Eigenverwaltung in Zukunft vor allem bei der Fortführung einer freiberuflichen Praxis zukommen.[385] Chancen räumt er einem Antrag auf Eigenverwaltung auch dann ein, wenn er mit der Vorlage eines „prepackeged plan" verbunden ist.[386]
Vehement für die Anordnung der Eigenverwaltung im Falle der Insolvenz einer freiberuflichen Praxis, insbesondere bei Verbindung mit einem Insolvenzplan, äußern sich darüber hinaus *Graf/Wunsch.*[387]

*Buchalik* sieht nach eigenen positiven Erfahrungen einen klassischen Anwendungsfall der Eigenverwaltung, wenn das Management durch die Gesellschafter in Abstimmung mit den betroffenen Gläubigern kurz vor Antragstellung ersetzt wurde.[388]

Auch *Braun* hält die Kritik an der Eigenverwaltung für übertrieben. Im Bereich der Unternehmensinsolvenz seien seiner Meinung nach Sachverhaltskonstellationen, bei denen das Management durch die Gesellschafter in Abstimmung mit beteiligten Gläubigern noch nicht allzu lange ersetzt wurde, klassische Anwendungsfälle.[389] Hauptursache für die in den bisherigen Großverfahren aufgetretenen Probleme sieht er in dem erheblichen Konfliktpotential der Eigenverwaltung, nämlich einerseits zwischen dem frühzeitig zum Geschäftsführer bestellten Insolvenzfachmann, der die Anordnung der Eigenverwaltung sicherstellen soll, und dem vorläufig bestellten Insolvenzverwalter,[390] andererseits zwischen dem die Eigenverwaltung anstrebenden Schuldner und dem Insolvenzgericht, dessen Macht durch frühzeitige Personalentscheidungen unterminiert zu werden drohe. Schwierigkeiten bereite in solchen Fällen außerdem, was der Gesetzgeber nicht bedacht habe, dass der die Eigenverwaltung anstrebende Schuldner, der von einem vorläufigen Insolvenzverwalter begleitet wird, erheblichen Irritationen im Außenverhältnis begegne.[391]

---

[384] *Viniol* in Beck/Depré, Praxis der Insolvenz, 6.Teil, Rz.5, S.1448.

[385] *Uhlenbruck* in Uhlenbruck, InsO, 12.Aufl., §270, Rz.2 ff.; *ders..* in FS Henckel, S.877 ff.; ähnlich auch *Viniol* in Beck/Depré, Praxis der Insolvenz, S.1462, Rz.65; *Pape/Uhlenbruck,* InsR, S.605, Rz.832; *Schneider/Waschk,* Unternehmen zw. Krise und Insolvenz, S.66.

[386] *Uhlenbruck* in NZI 1998, S.4, 7; *ders.* in FS Metzeler, S.85, 93.

[387] *Graf/Wunsch* in ZIP 2001, S.1029 ff; siehe dazu im Einzelnen unten.

[388] *Buchalik* in NZI 2000, S.294, 296.

[389] *Braun* in Braun/Uhlenbruck, Die Unternehmensinsolvenz, S.691, 695.

[390] so im Fall des LG Bonn, Beschluss v. 23.07.2003 – 6 T 135/03 = ZIP 2003, S.1412.

[391] *Braun* in NZI 2003, S.588, 589.

Als Fazit der Auswertung der Literatur zur Eigenverwaltung bleibt festzuhalten, dass diese wegen erheblicher Gefahren, wie etwa gläubigerschädigender Absichten des Schuldners, der Verletzung des Gleichbehandlungsgrundsatzes, insolvenzzweckwidriger Verfügungen und gutgläubigen Erwerbs, Zweckentfremdung von Geldern, Bestreiten angemeldeter Forderungen durch den Schuldner oder Versperren von Informationsquellen und Einwirkungsmöglichkeiten von Großgläubigern, überwiegend kritisiert wird. Von Einzelnen wird dieses Institut aber trotzdem in bestimmten Verfahrenssituationen als geeignete Sanierungsmöglichkeit gesehen.[392]
Inwieweit das für die Sanierung der freiberuflichen Praxis gilt, bleibt festzustellen.

### (bb) Rechtsprechung und Praxis

Vergleichsweise übersichtlich ist die bisherige Rechtsprechung zur Eigenverwaltung. Die Einstellung der Insolvenzgerichte zur Anordnung der Eigenverwaltung lässt sich treffend mit einer Formulierung des *AG Darmstadt* belegen: „Die Eigenverwaltung des Schuldners im Insolvenzverfahren soll die seltene Ausnahme sein."[393] Der schuldnerische Antrag auf Eigenverwaltung wurde in diesem Fall von dem Gericht mit dem Verweis auf eine mögliche Gläubigergefährdung abgelehnt, wobei man v.a. auf das Verhalten der Schuldnerin, eines Bekleidungshandels, vor der Insolvenz abstellte. Unter anderem wurde der Geschäftsführung der Schuldnerin vorgeworfen, diese habe durch unternehmerische Fehlentscheidungen zur Herbeiführung der Insolvenz beigetragen, man habe keine ordnungsgemäßen Bilanzen erstellt und es seien dem Unternehmen nicht belegbare Mittel i.H.v. 250.000 DM entzogen worden. Die Gründe, die für die Eigenverwaltung sprächen, müssten deswegen zurücktreten.[394]

Das *AG Köln* lehnte 1999 einen Antrag auf Eigenverwaltung mit der Begründung ab, es stehe zu befürchten, dass der geschäftsführende Gesellschafter die Anordnung der Eigenverwaltung dazu nutzen werde, sich der persönlichen Haftung gem. §54 II GmbHG sowie weiteren Erstattungsansprüchen zu entziehen. Die Masse setzte sich in dem betreffenden Verfahren ausschließlich aus Haftungs- und Erstattungsansprüchen gegen die Gesellschafter zusammen. Der geschäftsführende Gesellschafter hatte in einem Anhörungsbogen eine eidesstattliche Versicherung über die Vollständigkeit und Richtigkeit der gegebenen Auskünfte erteilt, ohne zu möglichen Ansprüchen der Gesellschaft gegen ihn Auskunft zu erteilen.[395]

Das *OLG Naumburg* stellte 2001 fest, die Anordnung der Eigenverwaltung komme nicht in Betracht, wenn entweder der Schuldner gar keinen entsprechenden Antrag gestellt hat oder der Gläubiger bereits der Anordnung widersprochen hat.[396]

---

[392] für die Maßgeblichkeit des Insolvenzgrundes für die Anordnung der Eigenverwaltung plädieren *Bichlmeier/Engberding/Oberhofer* Insolvenzhdb., S.381.

[393] AG Darmstadt, Beschl. vom 20.02.1999 – 9 IN 1/99 = ZIP 1999, S.1494.

[394] AG Darmstadt, Beschl. vom 20.02.1999 – 9 IN 1/99 = ZIP 1999, S.1495, 1496.

[395] AG Köln, Beschl. vom 17.09.1999 – 71 IN 28/99 = ZIP 99, S.1646.

[396] OLG Naumburg, Beschl. vom 17.04.2001 – 5 W 29/01 = ZInsO 2001, S.810.

Nach dem *AG Lübeck* ist die Eigenverwaltung über das Vermögen einer GmbH abzulehnen, wenn eine mögliche Interessenkollision zwischen dem Liquidator und dem Eigenverwalter, der bereits als Konkursverwalter über einen Gesellschaftsanteil der Schuldnerin eingesetzt war, nicht auszuschließen sei. Ferner sei die Eigenverwaltung über das Vermögen einer in Liquidation befindlichen GmbH abzulehnen, wenn keine Betriebsfortführung beabsichtigt sei.[397]

Entdeckt wurde das Institut der Eigenverwaltung von der Wirtschaft bis heute vor allem im Zusammenhang mit der Sanierung von Großunternehmen. Schlagzeilen machten die Insolvenzen in Eigenverwaltung von Fairchild Dornier, Sachsenring Automobiltechnik und Sachsenring Fahrzeugtechnik, KirchMedia, Philipp Holzmann und zuletzt Babcock Borsig. Diese Fälle, in denen Großunternehmen mittels Eigenverwaltung saniert werden sollten, wurden aber vielerorts als „unechte" Eigenverwaltungen gerügt, in denen es den Beteiligten darum ging, die gerichtliche Entscheidung zu präjudizieren. Besonders deutlich wird diese Kritik im Fall Babcock: Hier hat das *AG Duisburg* die Berufung eines Verwalters in den Vorstand ausdrücklich missbilligt und festgestellt, dass dieses Vorgehen nicht mit dem Sinn der Eigenverwaltung vereinbar sei. Obwohl das Gericht weiterhin feststellte, dass die Voraussetzungen für die Anordnung einer Eigenverwaltung nicht vorlagen, sah es sich genötigt, diese nach einer faktischen Präjudizierung durch den nordrheinwestfälischen Ministerpräsidenten anzuordnen.[398]

Eine der wenigen Entscheidungen zur Anordnung der Eigenverwaltung in der Insolvenz einer natürlichen Person fällte das *LG Cottbus* 2001: Es ordnete im Falle eines Gastwirtes als Schuldner (Verbindlichkeiten in Höhe von ca. 1,5 Mio. DM) im Beschwerdeverfahren antragsgemäß die Eigenverwaltung unter Einsetzung des Verfahrensbevollmächtigten des Schuldners als Sachwalter an. Das Gericht entschied, „dass das üblicherweise der Eigenverwaltung entgegenstehende Bedenken der erwiesenen geschäftlichen Unfähigkeit des Schuldners vorliegend keine Rolle spielt. Die (...) wenigen noch ausstehenden Verwertungs- und Verteilungsvorgänge können dem unter der verantwortlichen Aufsicht des Sachwalters stehenden Schuldner, dem es ersichtlich auf die Wohlverhalten voraussetzende Erlangung der Restschuldbefreiung ankommt, anvertraut werden.[399]

Ungewöhnlich an der Anordnung der Eigenverwaltung in diesem Fall ist, dass diese vom Gericht nicht als Sanierungs-, sondern als Verwertungsmaßnahme angeordnet wurde. Mit Recht wird die Eigenverwaltung von einigen nur in Fällen der Sanierung, nicht aber in Fällen der Liquidation des schuldnerischen Betriebs für zulässig erachtet.[400]

---

[397] AG Lübeck, Beschl. vom 04.02.2000 – 53b IN 19/00 = DZWIR 2000, S.482.

[398] AG Duisburg, Beschl. vom 01.09.2002 – 62 IN 167/02 = ZIP 2002, S.1636; weniger kritisch sieht das Vorgehen *Uhlenbruck* in FS Metzeler, S.85, 87 ff.

[399] LG Cottbus, Beschl. vom 17.07.2001 – 7 T 421/00 = ZIP 2001, S.2188.

[400] so z.B. *Koch,* Die Eigenverwaltung, Diss., S.100 ff; ähnlich auch *Smid* in Smid/Rattunde, Der Insolvenzplan, Rz.145, S.46, 47; a.A.: *Riggert* in Nerlich/Römermann, InsO, Stand 2003, §270, Rz.24.

*Lüke* kritisiert darüber hinaus, dass das Gericht nicht ausreichend begründet habe, warum die noch vorzunehmenden Verteilungs- und Verwertungsmaßnahmen durch den Schuldner keine Gefahr für die Gläubiger darstellen sollten. Auch habe das Gericht nicht erkannt, dass der bestellte Sachwalter aufgrund seiner vorhergehenden Tätigkeit als Prozessbevollmächtigter des Schuldners und der dadurch bedingten Weisungsabhängigkeit untauglich war.[401]

In der Verwalterpraxis spielt die Eigenverwaltung allenfalls eine untergeordnete Rolle. Bisher kann keine Rede davon sein, dass die Eigenverwaltung die Insolvenzszene mehr verändert hat als alle übrigen Bestimmungen der Insolvenzordnung.[402] Im Bereich der Großinsolvenzen mögen die erfolgreich durchgeführten Eigenverwaltungen, wie die oben erwähnten von Babcock Borsig, Grundig, Kirch Media und Philipp Holzmann, dazu geführt haben, dieser mehr Akzeptanz zu verschaffen.
In der Insolvenz von Selbständigen oder aber Freiberuflern, bei denen viele das Hauptanwendungsfeld der Eigenverwaltung vermutet oder gefordert haben,[403] spielt diese keine Rolle. Zu untersuchen wird sein, worin die Ursache für diese eklatante Diskrepanz zwischen Wunsch und Praxis zu sehen ist und inwieweit diese berechtigt ist.

## 2. Der Insolvenzplan

Der Insolvenzplan ist aus Sicht des Gesetzgebers das Kernstück der Insolvenzrechtsreform.[404] Allerdings lässt sich auch hinsichtlich des Insolvenzplans feststellen, dass er in der Literatur mehr Beachtung als in der Praxis gefunden hat.

### a) Gesetzliche Grundlagen

Der Insolvenzplan ist in den §§217 - 269 InsO geregelt. Das Recht zur Vorlage eines Insolvenzplans steht nach §218 I S.1 InsO dem Insolvenzverwalter und dem Schuldner zu. Der Schuldner kann nach §218 I S.2 InsO seine Planvorlage mit dem Eröffnungsantrag verbinden. Der Insolvenzverwalter kann nach seiner Ernennung einen eigenen Plan vorlegen; es gibt sogar Stimmen, die vertreten, der Verwalter sei bei positiver Beurteilung der Voraussetzungen für eine Sanierung verpflichtet, von sich aus einen Plan zu erstellen.[405] Der Verwalter kann hierzu des Weiteren auch von der Gläubigerversammlung beauftragt werden, §157 I S.2 InsO.

Nach §219 S.1 InsO gliedert sich der Insolvenzplan inhaltlich in darstellenden und gestaltenden Teil. Der darstellende Teil dient nach §220 InsO der Erläuterung der Voraussetzungen, unter denen die Krise und die beabsichtigte Sanierung des Schuld-

---

[401] *Lüke* in ZIP 2001, S.2189.

[402] so *Grub* in Kölner Schrift zur InsO, S.682, Rz.31.

[403] siehe bspw. *Füchsl* in INDat Report 3/02, S.7.

[404] vgl. die Begründung RegE InsO, BT-Drucks. 12/2443, S.90 sowie Beschlussempf. des Rechtsausschusses zum RegE InsO, BT-Drucks. 12/7302, S.181.

[405] so bspw. *Lüke* in FS Uhlenbruck, S.519, 524, m.w.N. in Fn.24, S.524.

ners stehen. Der gestaltende Teil beinhaltet nach §221 InsO die Rechtsfolgen, die aus dem Plan erwachsen sollen. Hierzu können nach §217 InsO die Befriedigung der Gläubiger, die Verwertung der Insolvenzmasse sowie die Haftung des Schuldners nach Beendigung des Insolvenzverfahrens gehören. Überdies kann der Plan sachenrechtliche Veränderungen vorsehen, §228 InsO.
Außerdem müssen die Gläubiger nach §222 InsO in Gruppen eingeteilt werden, wobei die Vorschrift folgende Mindesteinteilung vorsieht: Eine Gruppe bilden die absonderungsberechtigten Gläubiger, soweit der Plan in deren Rechte eingreift, eine andere die der nicht nachrangigen Insolvenzgläubiger, eine letzte die der nachrangigen Insolvenzgläubiger in einzelnen Rangklassen. §222 II InsO sieht vor, dass Gläubiger einer Gruppe mit gleicher Rechtsstellung in Untergruppen zusammengefasst werden können, soweit sie gleiche wirtschaftliche Interessen haben. Innerhalb jeder dieser gebildeten Gruppen müssen alle Gläubiger gleich behandelt werden, soweit nicht alle betroffenen Beteiligten eine abweichende Regelung getroffen haben, §226 InsO.

Der vorgelegte Insolvenzplan durchläuft dann das folgende Verfahren: Zunächst prüft das Insolvenzgericht den Plan hinsichtlich bestimmter gesetzlicher Voraussetzungen, §231 InsO. Stellt das Gericht das Vorliegen der gesetzlichen Vorgaben fest, leitet es den Plan anschließend nach §232 InsO an bestimmte Beteiligte weiter, u.a. an den Gläubigerausschuss, soweit vorhanden den Betriebsrat und denjenigen Beteiligten, der nicht vorgelegt hat, also Schuldner oder Verwalter.
Die letztlich entscheidende Abstimmung durch die Gläubiger über die Annahme des Plans findet im vom Gericht anzuberaumenden Erörterungs- und Abstimmungstermin statt, §235 InsO. In diesem Termin stimmt jede Gruppe der stimmberechtigten Gläubiger nach §243 InsO gesondert über den Insolvenzplan ab. Ein Plan ist angenommen, wenn er die Zustimmung der Mehrheit der abstimmenden Gläubiger in jeder Gruppe erhält (§244 I Nr.1 InsO) und wenn die Summe der Ansprüche der zustimmenden Gläubiger mehr als die Hälfte der Summe der abstimmenden Gläubiger beträgt (§244 I Nr.2 InsO).

Erreicht der Plan diese Mehrheiten nicht, hat aber immerhin die Mehrheit der Gruppen zugestimmt, so ist der Plan noch nicht endgültig abgelehnt. Es obliegt dann dem Gericht zu prüfen, ob die Ablehnung einzelner Gruppen eine unzulässige und damit unwirksame Obstruktion gegen den Plan darstellt, §245 I InsO. Unzulässig ist eine Obstruktion i.S.d. §245 InsO v.a. dann, wenn die Gläubiger der entsprechenden Gruppe durch den Insolvenzplan voraussichtlich nicht schlechter stehen als ohne den Plan (Nr.1) oder wenn die Gläubiger der entsprechenden Gruppe durch den Plan angemessen an dem wirtschaftlichen Wert beteiligt werden (Nr.2). Stellt das Gericht einen Verstoß einer einzelnen Gruppe gegen dieses Obstruktionsverbot fest, so gilt deren Zustimmung als erteilt.

Nach der Annahme durch die Gläubiger bestätigt das Gericht den Insolvenzplan, §248 InsO. Mit der Bestätigung des Plans treten die im gestaltenden Teil festgelegten Wirkungen für und gegen alle Beteiligten ein, §254 I S.1 InsO.
Der gestaltende Teil des Insolvenzplans kann und wird in der Regel vorsehen, dass die Einhaltung des Plans durch den Insolvenzverwalter überwacht wird, §§260, 261 InsO.

Diese Überwachung ist nach §268 InsO aufzuheben, wenn die Ansprüche, deren Erfüllung überwacht wird, erfüllt sind oder die Erfüllung dieser Ansprüche gewährleistet ist (Nr.1) oder wenn seit der Aufhebung des Insolvenzverfahrens drei Jahre verstrichen sind und kein Antrag auf Eröffnung eines neuen Insolvenzverfahrens vorliegt (Nr.2).

Die Gestaltungswirkungen des Plans können wieder entfallen: So lebt nach §255 I S.1 InsO eine gestundete oder teilweise erlassene Forderung in ihrer ursprünglichen Form wieder auf, wenn der Schuldner mit ihrer Erfüllung erheblich in Rückstand gerät. Nach §255 II InsO leben die Forderungen sämtlicher Gläubiger wieder auf, wenn vor vollständiger Erfüllung des Plans ein neues Insolvenzverfahren über das Vermögen des Schuldners eröffnet wird.

### b) Hintergrund der Einführung des Insolvenzplanverfahrens in die InsO

#### (aa) Gesetzgeberische Absichten

Lange Zeit stand das deutsche Insolvenzrecht unter dem Primat der Gläubigerbefriedigung und verfolgte als solches ausschließlich vollstreckungsrechtliche Ziele. Die Vorstellung dass die Wahrung der Gläubigerinteressen nicht notwendig mit der Zerschlagung schuldnerischer Unternehmungen einhergehen muss, war dem deutschen Rechtsdenken fremd. Dies belegt die praktische Bedeutungslosigkeit der Vergleichsordnung, sieht man vom Vergleichsantragsverfahren als häufig willkommener Vorstufe zum Konkursverfahren ab.[406] Erst nach dem Krieg setzte sich langsam die Erkenntnis durch, dass das Insolvenzverfahren auch vermögenserhaltende Wirkungen haben kann. Ausfluss dieser wachsenden Überzeugung ist die Einführung des Insolvenzplanverfahrens in die InsO. Mit diesem Verfahren soll den Beteiligten die Möglichkeit eröffnet werden, Insolvenzen auf der Grundlage der Gläubigerautonomie flexibel und wirtschaftlich effektiv abzuwickeln.
Zwar ist dieser Gedanke, wie bereits angedeutet nicht grundsätzlich neu, da schon die Vergleichsordnung die Möglichkeit eröffnete, Regelungen zur Lösung finanzieller Schieflagen außerhalb eines ordentlichen Insolvenzverfahrens zu treffen. Neu an dem Regelungskonzept der Insolvenzordnung ist aber die Einteilung der Gläubiger in Gruppen und das daran anknüpfende Obstruktionsverbot. Für überholt hielt der Gesetzgeber darüber hinaus die in der Vergleichsordnung vorgesehene Mindestquote sowie das Kriterium der Vergleichswürdigkeit als Korrektiv.[407] Er verfolgte mit der Einführung des Planverfahrens vor allem zwei Ziele: Zum einen sollte die Sanierung insolventer Unternehmen im Insolvenzverfahren erleichtert werden, zum anderen sollte an die Stelle des als zu schwerfällig empfundenen Vergleichsverfahrens ein Instrument treten, das wirtschaftlich zu vernünftigen Problemlösungen anregt.[408]

---

[406] *Lüer* in Uhlenbruck, InsO, 12.Aufl., Vor §217, Rz.1.
[407] *Smid* in Smid/Rattunde, Der Insolvenzplan, S.1, Rz.3.
[408] *Smid* in Smid/Rattunde, Der Insolvenzplan, S.5, Rz.17.

### (bb) Wieder: Das Vorbild des US-amerikanischen Chapter 11-Verfahrens

Wie bei dem Institut der Eigenverwaltung orientiert sich auch das Insolvenzplanverfahren als Kernstück der Reform in wesentlichen Bereichen am Reorganisationsverfahren des Chapter 11 des US-amerikanischen bankruptcy code.

#### (1) Grundlagen des Chapter 11-Verfahrens

Nach einem entsprechenden Schuldner- oder Gläubigerantrag nach §§301, 303 BC 11 wird der Schuldner zum „debtor in possession",[409] und hat sodann innerhalb einer Frist von 120 Tagen das ausschließliche Recht, ein „disclosure statement" und einen Reorganisationsplan bei Gericht einzureichen. Das „disclosure statement" dient der Information der Gläubiger über die wirtschaftliche Situation des Unternehmens, ist also vergleichbar mit dem darstellenden Teil eines Insolvenzplans.
Dabei hat der Planersteller eine klare Einteilung der Gläubiger nach Anspruchsarten und Beteiligungsrechten in Klassen vorzunehmen und deren genaue Bezeichnung als „impaired" (benachteiligt) bzw. „not impaired" (nicht benachteiligt) anzugeben, sog. „claim classification" nach §§1123 a) Nr.1, 1124 a) Nr.1-3 BC 11. Der Sanierungsplan bedarf der Annahme der Inhaber derjenigen Forderungen, in die der Plan eingreift, die Inhaber der sog. „impaired claims".
Dem amerikanischen Verständnis zufolge soll durch eine entsprechende Gestaltung des Sanierungsplans verhindert werden, dass das reorganisierte Unternehmen nochmals insolvent und damit die Liquidation oder eine erneute Reorganisation notwendig werden würde.[410] Daher hat das Gericht abschließend die feasibility (Durchführbarkeit) des vorgelegten Plans zu prüfen und den Plan zu bestätigen §1129 a) Nr.1 BC 11. Die gerichtliche Bestätigung des Plans setzt gem. §1129 a) Nr.8 BC 11 voraus, dass alle beeinträchtigten Gläubigerklassen den Plan angenommen haben. Ist dies nicht der Fall, hat aber mindestens eine benachteiligte Gruppe dem Plan zugestimmt, §1129 a) Nr.10 BC 11, kann sich das Gericht unter den Voraussetzungen des §1129 b) BC 11 über das ablehnende Votum einer Gruppe hinwegsetzen und den Plan trotzdem bestätigen, sog. „cram down". Dies entspricht dem Prinzip des Obstruktionsverbotes nach §245 InsO.

Trotz dieser Anlehnung an das US-amerikanische Insolvenzrecht soll nochmals auf den wesentlichen Unterschied zum deutschen Insolvenzrecht hingewiesen werden: Dem amerikanischen Insolvenzrecht liegt seit jeher der Gedanke eines „fresh starts" des Schuldners zugrunde. Das Insolvenzrecht soll dem Schuldner zum Aufbau einer neuen Existenz verhelfen und ist daher stärker dem Vergleichsparadigma verhaftet.[411] Dagegen war der deutsche Konkurs, wie *Flessner* sehr plastisch formuliert, seit jeher in erster Linie „das Vollzugsmittel des unerbittlichen Marktgesetzes, das die unrentablen Betriebe vom Wirtschaftsprozess ausscheidet. Der Konkurs ist in dieser Sicht..., notwendiger Prozess der Reinigung des Wirtschaftskörpers von unnützen und daher

---

[409] s.o. S.144.

[410] *Herzig*, Das Insolvenzplanverfahren, Diss., S.32.

[411] *Balz* in Balz/Landfermann, Die neue InsO, S.XXXV, XXXVI.

schädlichen Bestandteilen.“[412] Wenn dieser Grundsatz auch durch die Einführung der Insolvenzordnung mit den Instituten der Eigenverwaltung und des Insolvenzplans aufgeweicht ist, bleibt die Haftungsverwirklichung dennoch primäres Ziel des Verfahrens, §1 S.1 InsO.

### (2) US-amerikanische Erfahrungen mit dem Chapter 11-Verfahren

*Ehlers* gibt einen Überblick über die Erfahrungen, die in den USA in den ersten sechs Jahren seit der Einführung mit dem Chapter 11-Verfahren gemacht wurden.[413] So wurde in insgesamt 125.638 Fällen ein Antrag auf Durchführung eines Chapter 11-Verfahrens zur Abwendung der Liquidation eingereicht, was einem Jahresschnitt von etwa 20.000 Fällen entspricht. Dies machte im Schnitt 4-5% aller Insolvenzverfahren aus. Von den 125.638 Verfahren nach Chapter 11 wurde in 82.279 Fällen tatsächlich ein Insolvenzplan eingereicht (ca.66%). In 33.768 Verfahren war noch keine Entscheidung über die Annahme eines Plans gefallen. In 43.177 Verfahren war der Plan endgültig abgelehnt worden, so dass es nur in 5.334 Verfahren zu einem Abschluss durch einen bestätigten Insolvenzplan kam. Dabei lag die Befriedigungsquote durchschnittlich bei über 50%. Die durchschnittliche Verfahrensdauer vom Antrag bis zur Planbestätigung betrug 656 Tage.
Diese eher ernüchternden Zahlen führen vor Augen, dass übertriebene Hoffnungen in das Insolvenzplanverfahren in Deutschland kaum gerechtfertigt sind. Selbst in den USA, deren Recht wesentlich stärker auf eine Sanierung des schuldnerischen Unternehmens ausgerichtet ist, führte nur in einem verschwindend geringen Teil aller Verfahren ein Plan in die angestrebte Sanierung. Auch was die Verfahrensdauer angeht, geben die US-amerikanischen Erfahrungen keine allzu großen Hoffnungen auf eine deutliche Beschleunigung des Verfahrens.

### (3) Sonderformen des Sanierungsplans im Rahmen des Chapter 11

Durch jahrelange Übung - das Chapter 11-Verfahren gibt es in dieser Form seit dem Bankruptcy Reform Act von 1978 - haben sich in den USA verschiedene Sonderformen des Sanierungsplans herausgebildet. Derer zwei sollen hier aufgegriffen und dargestellt werden, um anschließend auf ihre Tauglichkeit für die Sanierung der freiberuflichen Praxis hin untersucht zu werden. Es handelt sich hierbei um den sog. „prepackaged plan“ und den „single asset case“.

---

[412] *Flessner,* Sanierung und Reorganisation, Diss., S.172; vgl. ausführlich zur Problematik: *Smid* in Smid/Rattunde, Der Insolvenzplan, Rz.59-92, S.21ff.
[413] *Ehlers* in ZIP 1998, S.2025, 2026.

### (a) Der „prepackaged plan"

Bei dem sog. "prepackeged plan" handelt es sich um einen eigenen Plantyp, der in der amerikanischen Literatur entwickelt wurde.[414] Kennzeichnend für diese Pläne ist, dass sie im Anwendungsbereich von leistungswirtschaftlichen Sanierungsplänen bereits im Vorfeld der eigentlichen Insolvenzantragstellung mit der Mehrheit der Insolvenzgläubiger, insbesondere den absonderungsberechtigten, abgestimmt sind. Vorbereitete Pläne bieten einen erheblichen Zeitvorteil allein dadurch, dass komplexe, zeitintensive Sanierungskonzepte nicht erst nach Planeinreichung durch den Schuldner oder sogar erst nach Beauftragung durch die Gläubigerversammlung im Berichtstermin, §157 S.2 InsO, erstellt werden.[415] Darüber hinaus sind solche vorbereiteten Pläne aber auch eine strategische Verhandlungsposition in einer Lage, bei der gesicherte Gläubiger zu Zugeständnissen bewegt werden sollen, in Form des Inaussichtstellens eines Plans für den Fall, dass außergerichtliche Bemühungen scheitern. Auch haben solche vorbereiteten Pläne den Vorteil, dass derjenige, der die Initiative ergreift, den Sanierungsprozess steuert und nicht nur reagiert.[416]
Schließlich gewähren solche Pläne einen hohen Grad an Bestätigungswahrscheinlichkeit, sofern die Abstimmung der Planziele und der zur Realisierung notwendigen Maßnahmen mit den mehrheitsbildenden Gläubigern und Gläubigergruppen im Vorfeld der Antragstellung erfolgte.[417]

### (b) Der „single asset case"[418]

Mit der Bezeichnung "single asset case" ist eine in der amerikanischen Rechtspraxis entwickelte Sonderform eines Insolvenzplans angesprochen, bei der nicht die zeitliche Komponente den besonderen Typus kennzeichnet, sondern die besondere Vermögenssituation des Schuldners. Kennzeichnend für solche Pläne ist, dass der Schuldner Eigentümer eines einzigen Vermögensgegenstandes oder einer Gruppe gleichartiger Vermögensgegenstände ist und die Verbindlichkeiten maßgeblich aus der Investition in diesen einen Vermögensgegenstand herrühren.
Hauptanwendungsfeld sind dabei die sog. „single asset real estate"-Pläne, bei dem ein Grundstück, auf dem ein Hotel oder eine Wohnanlage errichtet wurde, den wesentlichen Vermögensgegenstand darstellt. Reichen die Einnahmenüberschüsse aus dem Objekt aufgrund falscher Prognosen nicht aus, um die bei der Investition aufgenommenen Verbindlichkeiten zu tilgen, sollen sog. „single asset real estate" - Pläne die finanzwirtschaftliche Reorganisation gewährleisten. Die Erstellung eines „single asset" – Plans kann auch in der Freiberuflerinsolvenz eine Option bieten, wenn das Vermö-

---

[414]siehe z.B. *Miller,* I, A, 2. zitiert nach *Braun* in Braun/Uhlenbruck, Unternehmensinsolvenz, 7.Teil, G, II, 1, S.568.

[415] *Herzig,* Das Insolvenzplanverfahren, Diss., S.93.

[416] *Braun* in Braun/Uhlenbruck, Unternehmensinsolvenz, 7.Teil, G, II, 1, S.567.

[417] *Herzig,* Das Insolvenzplanverfahren, Diss., S.93

[418] Die folgenden Ausführungen beziehen sich im Wesentlichen auf die Darstellung von *Braun* in Braun/Uhlenbruck, Unternehmensinsolvenz, 8.Teil, V, 1, S.575.

gen des Freiberuflers aus einzelnen oder mehreren Immobilien besteht, die wertausschöpfend mit Grundpfandrechten belastet sind.

*Braun* weist a.a.O. darauf hin, dass die Übertragung der Prinzipien der „single asset cases“ in das deutsche Recht erhebliche Vorteile gegenüber der bisherigen Handhabung solcher Fälle mit sich bringen könnte. Fehlgeschlagene Investitionen in Immobilien, die wegen Fehlkalkulationen keine ausreichende Amortisation der für die Investition eingegangenen Verbindlichkeiten boten, führten in Deutschland bisher in die Zwangsverwaltung oder Zwangsversteigerung und damit notwendig in die Expropriation des bisherigen Eigentümers.[419]
Wenig zufrieden stellend war diese bisherige Situation für die Finanzierungsgläubiger insofern, als sie an einer Übernahme, Verwaltung und schlussendlichen Verwertung des Objekts weder Interesse noch Mittel hatten, auf der anderen Seite bei einer Zwangsversteigerung erhebliche finanzielle Einbußen zu befürchten waren.

Unter diesen Voraussetzungen bietet das Insolvenzplanverfahren nunmehr Gestaltungsspielräume, die eine finanzwirtschaftliche Restrukturierung ermöglichen. Das Insolvenzplanverfahren bietet sich einerseits deswegen an, weil die erforderlichen finanzwirtschaftlichen Maßnahmen in der Regel überschaubar sind. Ein solcher Plan eröffnet dem Schuldner, der seine Umsätze falsch prognostiziert hat, insbesondere dann einen Verhandlungsspielraum und schafft Wohlwollen der dinglich gesicherten Gläubiger hinsichtlich einer Sanierung, wenn er zu erkennen gibt, dass er selbst in der Lage und bereit ist, zur Reduzierung der Schuldenlast noch mal einen gewissen Geldbetrag aufzubringen.
Andererseits schafft das Institut des Insolvenzplans die Möglichkeit, lästige Forderungen von Kleingläubigern, beispielsweise den am Bau beteiligten Handwerkern, zu erfassen, die anderenfalls erhebliche Probleme bei der Fortführung des Projekts darstellen könnten.

Letztlich bietet ein „single asset“-Plan auch in Fällen der schon begonnenen Zwangsverwaltung oder Zwangsversteigerung besondere Chancen: Der durch das Einführungsgesetz der Insolvenzordnung neu geschaffene §30 d ZVG (Zwangsversteigerungsgesetz) lässt die Einstellung des Zwangsversteigerungsverfahrens zu, wenn der Berichtstermin noch bevorsteht oder das Grundstück nach dem Ergebnis des Berichtstermins im Insolvenzverfahren für die Fortführung des Unternehmens benötigt wird, was bei „single asset“-Fällen in der Regel der Fall ist. Durch ein Einreichen eines Insolvenzplans bei Insolvenzantragstellung kann der Eigentümer hierdurch also die Einstellung des Zwangsversteigerungsverfahrens erreichen.
§153 b ZVG schafft dadurch einen zusätzlichen Anreiz, sich die Chancen eines „single asset“-Plans zunutze zu machen, dass nach dieser Norm nach Eröffnung des Insolvenzverfahrens auf Antrag des Insolvenzverwalters die Einstellung der Zwangsverwaltung anzuordnen ist, wenn glaubhaft gemacht werden kann, dass durch die Fortsetzung der Zwangsverwaltung eine wirtschaftlich sinnvolle Nutzung der Insolvenzmasse, was im Wesentlichen der „single asset“ sein wird, wesentlich erschwert wird.

---

419 *Smid* in Grundzüge des Insolvnezrechts, §24, Rz.11, S.387; *ders.* in WM 1998, S.2489.

*Braun* räumt a.a.O. in den genannten Konstellationen der „single asset"-Fälle einem zeitgleich mit dem Eröffnungsantrag eingereichten Antrag auf Eigenverwaltung gute Chancen ein.

Jüngst hat sich *Smid* intensiv mit den Chancen und Risiken des „single asset real estate case" auseinandergesetzt.[420] Dabei erörtert er intensiv die für die Erstellung eines „single asset" – Planes entscheidende und kontrovers diskutierte Frage, welche Bedeutung die „absolute priority rule" im deutschen Insolvenzrecht hat, die in §245 II Nr.2 InsO ihren Niederschlag gefunden hat.

**Exkurs: Absolute priority rule und §245 II Nr.2 InsO**
In §245 II Nr.2 InsO wird normiert, dass eine angemessene Beteiligung der Gläubiger einer Gruppe am wirtschaftlichen Wert vorliegt, wenn nach dem Plan weder ein Gläubiger, der ohne einen Plan mit Nachrang gegenüber den Gläubigern der Gruppe zu befriedigen wäre, noch der Schuldner oder eine an ihm beteiligte Person einen wirtschaftlichen Wert erhält. Diese Regelung ist Ausdruck des US-amerikanischen Prinzips der Absolute Priority Rule, wonach der Plan keine unfaire Diskriminierung verwirklichen darf und „fair and suitable" sein muss.[421]
Streitig ist, ob §245 II Nr.2 InsO verletzt ist, wenn ein gegenüber Absonderungsberechtigten „nachrangiger" Gläubiger durch den Plan befriedigt wird, während die Befriedigung der absonderungsberechtigten Gläubiger plangemäß ausgesetzt wird. Diese Frage ist auch in der Freiberuflerinsolvenz aufgrund der eingangs dargestellten Ausgangssituation von Relevanz: In aller Regel ist die kreditgebende Hausbank des Schuldners Hauptgläubiger und als solcher umfassend grundpfandrechtlich abgesichert. Es stellt sich die Frage, ob ein Insolvenzplan in der Form in die Rechte der durch Grundpfandrechte gesicherten Bank eingreifen kann, dass die Befriedigung der Bank und die Verwertung der für ihre Forderungen bestellten Sicherheiten ausgesetzt wird, während die ungesicherten Gläubiger befriedigt werden.
Es wird die Ansicht vertreten, dass ein Rangverhältnis im Sinne von §245 II Nr.2 InsO nur für Forderungen der nachrangigen Gläubiger einerseits und der nicht nachrangigen Gläubiger andererseits angenommen werden kann. Absonderungsrechte stünden demgegenüber in keinem Rangverhältnis zu den anderen Forderungen im Sinne des §245 II Nr.2 InsO. Der Reformgesetzgeber habe die Rangordnung der Konkursgläubiger abgeschafft und sähe nurmehr eine Nachrangordnung gem. §39 Abs.1 InsO vor. Die einfachen, nicht nachrangigen Insolvenzgläubiger i.S.d. §38 InsO seien daher nicht „nachrangig" gegenüber Absonderungsberechtigten, sondern ein „rechtliches aliud". Sogar gegenüber den nachrangigen Forderungen nach §39 Abs.1 InsO genössen Absonderungsberechtigte keinen Vorrang. Daraus folgt insbesondere, dass die Absonde-

---

[420] *Smid* in FS Gerhardt, S.1 ff.

[421] *Smid/Rattunde* in Smid, InsO, 2.Aufl., §245, Rz.18; in den USA erstmals 1899 vom Supreme Court angewendet im Verfahren Louisville Trust Co vs. Louisville, New Albany & Chicago Ry Co, 174 US 674, 684 (1899); bestätigt 1913 im Verfahren Northern Pacific Ry Co vs. Boyd; 228 US 482, 501-508 (1913).

rungsrechte nicht etwa vollständig befriedigt werden müssten, bevor nicht nachrangigen oder nachrangigen Insolvenzgläubigern etwas zukommen kann.[422]

Hiergegen wendet sich *Smid*: Für die Auslegung der Gerichte spreche nur vordergründig die Entwicklung von der Konkursordnung zur Insolvenzordnung. Das Gesetz habe nämlich sehr wohl die Rechtsausübung der absonderungsberechtigten Gläubiger in das Verfahren eingebunden: Betrachte man die Gläubiger vorkonkurslich begründeter Forderungen nach ihrer Befugnis zum Zugriff auf die Sollmasse, falle auf, dass den Absonderungsberechtigten eine Erlösauskehr aus der Masseverwertung vor den einfachen Insolvenzgläubigern zusteht. Dies werde in solchen Fällen deutlich, in denen eine von Sicherheitenrechten freie Masse erst durch Kostenbeiträge der absonderungsberechtigten Gläubiger konstituiert wird, sei es aufgrund der §§170, 171 InsO oder aufgrund von Vereinbarungen zwischen Insolvenzverwalter und Sicherheitengläubiger.
Auch §52 InsO zeige für den Fall des Ausfall eines Absonderungsberechtigten, dass ein untechnisches Nachrangverhältnis zwischen dem Vorgehen aus der Sicherheit und der Insolvenzforderung bestünde. Nach alldem müsse im Rahmen der Auslegung des §245 Abs.2 Nr.2 InsO von einem Nachrang ungesicherter einfacher Insolvenzgläubiger nach den gesicherten Insolvenzgläubigern gesprochen werden.[423]

Der letztgenannten Ansicht ist vorliegend zu folgen: Tatsächlich lässt die Insolvenzordnung erkennen, dass das die Befriedigung eines Absonderungsberechtigten aus der Sicherheit der Befriedigung aus der Forderung vorgeht, §52 InsO, auch wenn kein Rangverhältnis im engeren Sinne nach den §§38, 39 InsO vorliegt.
Die von *Smid* ins Auge gefasste Lösung entspricht v.a. aber auch der materiellen Gerechtigkeit: Von einer angemessenen Beteiligung nach §245 I Nr.2 InsO im Sinne einer fairen und annehmbaren Lösung kann meines Erachtens keine Rede sein, wenn die Befriedigung eines gesicherten Gläubigers aus Sicherheit und Forderung ausgesetzt werden könnte, wohingegen ein nachrangiger Gläubiger, §39 InsO, befriedigt würde.

Von dieser Prämisse ausgehend arbeitet *Smid* überzeugend heraus, wie trotz der Anwendbarkeit des §245 II Nr.2 InsO auf die absonderungsberechtigten Gläubiger ein Insolvenzplan in deren Rechte eingreifen kann, ohne dass man auf deren guten Willen in Form eines freiwilligen Verzichts angewiesen wäre.
Damit die Anwendung des §245 I Nr.2, II Nr.2 InsO auf die absonderungsberechtigten Gläubiger nicht die Funktionstauglichkeit der Regeln des Insolvenzplans aushebelt, plädiert *Smid* für eine teleologische Reduktion dieser Vorschrift:[424] Soweit das Grundpfandrecht valutiert, es aber nicht werthaltig ist, komme die absolute priority rule nicht zur Anwendung. Ein Vorrecht, dessen Schutz durch die absolute priority rule abgesi-

---

[422] diese Ansicht vertreten AG Mühldorf/Inn, Beschl. vom 27.07.1999, 1 IN 26/99 = NZI 1999, S.422; LG Traunstein, Beschl. vom 27.08.1999, 4 T 2966/99 = ZinsO 1999, S.577, 581; *Braun* in Nerlich/Römermann, InsO, §245, Rz.22, 23; *Braun* in Braun, InsO, §245, Rz.9; *Lüer* in Uhlenbruck, InsO, 12.Aufl., §245, Rz.24.

[423] *Smid* in FS Gerhardt, S.1, 25 ff, ähnlich: *Smid/Rattunde* in Smid, InsO, 2.Aufl., §245, Rz.19; *Smid* in InVo 2000, S.1, 7 ff.

[424] so *Smid* in FS Gerhardt, S.1, 29 unter Hinweis auf *Eidenmüller* in FS Drukarczyk S.188, 198.

chert sei, genieße die Forderung nur so weit, wie die Sicherheit tatsächlich reicht. Der Gläubiger, dessen Forderung mit einer grundbuchlich nachrangigen Grundschuld gesichert sei, wird auch dann bei einer Verteilung der Masse nicht unangemessen benachteiligt, wenn Insolvenzgläubiger „etwas“ erhielten: Denn er stehe rechtlich nicht anders als ungesicherte Insolvenzgläubiger da, weil eine Zwangsvollstreckung in die Immobilie aus seinem Grundpfandrecht unergiebig geblieben wäre.[425]
Diese teleologische Reduktion führt also im Ergebnis dazu, dass trotz der grundsätzlichen Anwendbarkeit des §245 II Nr.2 InsO auf den grundpfandrechtlich gesicherten Gläubiger im Einzelfall kein Verstoß gegen diese Norm anzunehmen ist, auch wenn ein Insolvenzgläubiger aufgrund eines Insolvenzplanes etwas erhält.

### c) Der Insolvenzplan im Spiegel von Literatur und Praxis

Auch der Insolvenzplan ist nach seiner Einführung überwiegend skeptisch beurteilt worden.
Anfangs ging der Tenor im Schrifttum im Wesentlichen in die Richtung, dass die mit der Planerstellung verbundenen Schwierigkeiten von dem Nutzen eines Planes nicht aufgewogen werden könnten.[426]
Das Insolvenzplanverfahren sei ein Ergebnis deutscher Gründlichkeit und damit einigermaßen umständlich geregelt.[427] Bedenken hinsichtlich des Erfolges des Instituts des Planverfahrens ergaben sich auch vor dem Hintergrund, dass die Vorschriften über den Insolvenzplan lediglich verfahrensrechtlicher Natur sind, die Sanierung eines notleidenden Betriebs jedoch materielle Sanierungskonzepte voraussetzt, die sich vor allem auf den leistungswirtschaftlichen Teil der Unternehmung beziehen und in finanzwirtschaftlicher Hinsicht zunächst die Bereitstellung liquider Mittel und erst in zweiter Linie Forderungsverzichte oder Stundungen betreffen. Es müsse daher davon ausgegangen werden, dass nur unwesentlich mehr Unternehmen gerettet werden könnten.[428]
Inzwischen mehren sich die Stimmen derer, die, häufig verursacht durch eigene positive Erfahrungen in einem Verfahren, für eine verstärkte Anwendung des Planverfahrens plädieren, sofern eine Sanierung angestrebt wird.

Im Rahmen der Großinsolvenzen ist hier v.a. auf die positiven Erfahrungen im Verfahren Herlitz hinzuweisen:[429] Dieser Großkonzern ist innerhalb kürzester Zeit - die eigentliche Insolvenz dauerte von der Verfahrenseröffnung bis zur Gläubigerversammlung nur fünf Wochen - durch einen Insolvenzplan saniert worden. Der vorgelegte Plan, der fast alle Arbeitsplätze erhielt und die Schuldenmasse um insgesamt 300.000.000 € verringerte fand die 100%ige Zustimmung aller Gläubigergruppen.

---

[425] *Smid* in FS Gerhardt, S.1, 28 ff.
[426] für andere: *v. Leoprechting* in DZWIR 2000, S.67ff; *Engberding* in DZWIR 1998, S.94.
[427] so *Wellensiek* in WM 1999, S.405, 410.
[428] *Saegon* in ZInsO 1999, S.627, 631.
[429] AG Berlin-Charlottenburg – 109 IN 1653/02 sowie 109 IN 1654/02; vgl. ausführlich zum Fall: *Rattunde* in ZIP 2003, S.596, 600.

Inzwischen gibt es auch eine Reihe von Fällen, in denen ein Insolvenzplan zu einer erfolgreichen Sanierung einer Freiberuflerpraxis geführt hat.[430]
So wurde die Praxis des eingangs erwähnten Kiefer- und Gesichtschirurgen mittels Insolvenzplans saniert. Gegen den fast 50-jährigen bestanden Forderungen i.H.v. knapp 1,5Mio. €, Hauptgläubiger war neben der Hausbank das Finanzamt. Der Fall wurde 2002 durch die Annahme eines auf fünf Jahre angelegten Insolvenzplans, der den Gläubigern etwa eine Quote von 20% beschert hat, abgeschlossen.[431] Der Schuldner hatte mit Unterstützung eines Insolvenzberaters den Insolvenzplan selbst erarbeitet und vorgelegt. Er erreichte im Endeffekt eine 100%-ige Zustimmung zu dem Insolvenzplan, wobei ihm als Druckmittel die Ankündigung diente, er werde bei Nichtannahme des Plans seine Tätigkeit unmittelbar einstellen, was zu einer erheblich schlechteren Quote für die Gläubiger geführt hätte.[432]

### III. Eignung von Eigenverwaltung und Plan zur Sanierung der freiberuflichen Praxis

Insgesamt lässt sich feststellen, dass sowohl die Eigenverwaltung als auch der Insolvenzplan in der Literatur einen breiten Raum einnehmen und lebhafte Diskussionen über ihren Sinn und Unsinn angeregt haben. Vielfach werden die Institute von Eigenverwaltung und Insolvenzplan, bzw. insbesondere eine Verbindung der Eigenverwaltung mit einem zuvor erarbeiteten Plan, für den „Königsweg“[433] zur Sanierung der freiberuflichen Praxis gehalten.[434]
Es verwundert jedoch, dass die Eigenverwaltung im Rahmen der Sanierung der freiberuflichen Praxis im wahrsten Sinne des Wortes keine Rolle spielt (trotz intensiver Nachforschungen ist es mir nicht gelungen, einen Fall eines sich selbstverwaltenden Freiberuflers zu finden). Erhebungen zur Nutzung der Eigenverwaltung gibt es lediglich im Bereich der Unternehmensinsolvenzen: Bei insgesamt 40.000 Unternehmensinsolvenzen im Jahr 2003 wurde in 185 Fällen dem Antrag auf Eigenverwaltung entsprochen. Dies entspricht nicht einmal 0,5% aller Fälle. Insofern bezeichnet *Smid* das Eigenverwaltungsverfahren zu Recht als kuriose Ausnahmeerscheinung.[435]
Auch die Sanierung mittels eines Insolvenzplans stellt die seltene Ausnahme dar.[436] Im Jahr 2003 führte bei insgesamt knapp 67.000 Regelinsolvenzverfahren in nur 93 Fällen

---

[430] so in den Fällen des AG Lübeck, 53b IN 85/02; AG Flensburg, 56 IN 305/01; AG Ravensburg, 11 IN 118/01; AG Düsseldorf, 505 IN 166/01; AG Offenbach, 8 IN 113/99; AG Wiesbaden, 10 IN 138/02; AG Wolfsburg, 25 IN 15/00.

[431] AG Lübeck, 53b IN 85/02.

[432] Durchschnittlich liegt die Insolvenzquote für nicht besicherte Normalgläubiger bei Liquidation eines Betriebs bei 3 – 5% der Forderungssumme.

[433] so *Messner* in seinem Vortrag „Die Praxis des Selbständigen in der Insolvenz“ vor dem Arbeitskreis Insolvenzrecht e.V., IHK Köln am 13.01.2004.

[434] wegweisend in diesem Zusammenhang ist der Artikel von *Graf/Wunsch* in ZIP 2001, S.1029 ff.

[435] *Smid* in DZWIR 2002, S.493.

[436] *Smid* spricht vom Insolvenzplan als „terra incognita“, so in FS Gerhardt, S.1, 2.

die Annahme eines Insolvenzplans zur Aufhebung des Verfahrens, was weniger als 0,2% aller Fälle entspricht.[437]

Worin liegt also die Ursache für diese verwunderliche Kluft zwischen Theorie und Praxis? Mangelt es an der Bereitschaft der Beteiligten, neue Möglichkeiten zu adaptieren, oder sprechen erhebliche wirtschaftliche oder rechtliche Erwägungen gegen Insolvenzplan und Eigenverwaltung, die von deren Befürwortern übersehen oder als nicht gravierend betrachtet werden.

## 1. Theoretische Betrachtungen

Nicht von der Hand zu weisen ist, dass eine Verbindung von Plan und Eigenverwaltung zur Sanierung des freiberuflichen Betriebs Vorteile bieten, die eine Reihe der oben ausgeführten spezifischen rechtlichen Probleme in der Insolvenz des Freiberuflers umgehen. Insbesondere die Probleme, die sich aus einer Kollision berufs- und insolvenzrechtlicher Regelungen ergeben, treten bei einer solchen Sanierung nicht auf.

### a) Vorteile des Insolvenzplans in der Freiberuflerinsolvenz

Der Plan bietet bei natürlichen Personen gegenüber der Restschuldbefreiung den Vorteil der größeren Flexibilität und größeren Planungssicherheit für den Schuldner. Einerseits existieren für den Plan keine starren zeitlichen Vorgaben, andererseits gilt bei dem Plan nicht das „Alles-oder-nichts-Prinzip" wie bei der Restschuldbefreiung, die entweder gewährt oder versagt wird. Dagegen lebt beim Insolvenzplan nur diejenige Forderung wieder auf, mit der der Schuldner entgegen den Vorgaben des Plans in Rückstand gerät. Überdies kann eine Schuldenbefreiung mittels Insolvenzplan auch dann erreicht werden, wenn der Schuldner vor Eröffnung des Insolvenzverfahrens nicht alle Voraussetzungen der Redlichkeit erfüllt hat.

Daneben bietet ein angenommener Insolvenzplan die realistische Chance, dass trotz Vermögensverfall ein Zulassungsentzug vermieden werden kann, soweit der Schuldner ansonsten rechtschaffen gewirtschaftet hat. Dies dient neben dem Goodwillerhalt v.a. den Gläubigern, die nur bei Fortsetzung der Berufstätigkeit des Freiberuflers mit einer guten Quote rechnen können.

Zwar fällt nach Insolvenzeröffnung der Neuerwerb zunächst auch in die Masse, was wie oben ausgeführt unter Umständen zu einer Demotivierung des Berufsträgers führt. Diese Phase kann im Falle der Erarbeitung eines Insolvenzplans allerdings vergleichsweise kurz gehalten werden, wobei eine Zeit von weniger als zwei Monaten von Eröffnung bis zum Abschluss des Verfahrens durch Insolvenzplan selbst bei Großunternehmen realistisch ist, wie der Fall Herlitz zeigt.[438] Dem Freiberufler lässt sich vermitteln, dass mit Annahme des Plans und mit Eintritt von dessen gestaltender

---

[437] Daten aus dem ZInsO-Insolvenzreport aus dem Jahr 2003.

[438] AG Berlin-Charlottenburg – 109 IN 1653/02 sowie 109 IN 1654/02; vgl. ausführlich zum Fall: *Rattunde* in ZIP 2003, S.596.

Wirkung einerseits das Insolvenzverfahren aufgehoben wird, andererseits bei Einhaltung der Zahlungsziele des Plans je nach dessen Zeitrahmen innerhalb kurzer Zeit eine Restschuldbefreiung erlangt werden kann. Diese Möglichkeit der Restschuldbefreiung sowie die Aussicht, Einnahmen, die über den Vorgaben des Plans liegen, behalten zu dürfen, stärken die Motivation des Berufsträgers, seine volle Arbeitskraft zur Verfügung stellen. Dies ist auch für die Gläubiger eine wünschenswerte Ausgangsposition, da sie ein vitales Interesse an der Einhaltung des Plans haben, da sie bei Nichteinhalten des Plans und Wiederaufleben ihrer Forderungen erhebliche Probleme haben dürften, diese durchzusetzen. Schließlich hat auch der Verwalter selber ein Interesse an der schnellen Beendigung des Verfahrens, denn je kürzer das Hauptverfahren dauert, desto geringer sind für ihn die Fortführungsrisiken.[439]
Zu berücksichtigen bleibt daneben, dass diese Möglichkeit der Restschuldbefreiung in jedem Fall auch dem Schuldner offen steht, der keinen Eigenantrag auf Insolvenzeröffnung gestellt hat. Der Plan stellt also dann eine Option dar, wenn der Antrag auf Restschuldbefreiung entgegen der hier vertretenen Auffassung mangels Eigenantrag auf Insolvenzeröffnung versagt wird.

Schließlich stellen sich, wie eingangs erörtert, in der Regel auch die Vermögensverhältnisse sowie die Gläubigerstruktur im Falle des insolventen Freiberuflers als überschaubar dar: Das Einkommen wird im Wesentlichen durch die Praxis gewonnen, die Erforschung der Insolvenzursache erfordert im Normalfall keine tieferen betriebswirtschaftlichen Kenntnisse. Gläubiger sind, wie bereits eingangs dargestellt, neben der kreditierenden Hausbank und dem Finanzamt wenige Kleingläubiger wie etwa Lieferanten. Gerade in der Freiberuflerinsolvenz lässt sich überdies feststellen, dass die Gläubiger sich kooperationsbereit und einsichtig zeigen. Von dieser Prämisse ausgehend dürfte die Ausarbeitung eines Insolvenzplans innerhalb kürzester Zeit praktikabel sein, der zeitliche und finanzielle Aufwand der Erarbeitung hält sich – jedenfalls im Vergleich zur Unternehmensinsolvenz - in Grenzen.[440]

Schließlich kann ein Plan einem weiteren oben dargestellten Problem entgegenwirken: Die Frage, ob Ansprüche des Kassenarztes gegen die KV/KZV unter §114 I InsO zu subsumieren sind, wird nach Annahme eines Plans keine Rolle mehr spielen. Denn ein Plan setzt voraus, dass auch in die Rechte der kreditierenden Banken, die regelmäßig als Hauptgläubiger auftreten werden, eingegriffen wird, bzw. diese an einer einvernehmlichen Lösung wesentlich beteiligt sein werden. Jedenfalls wird ein Plan in seinem gestaltenden Teil regeln, wie mit den durch Anspruchsabtretung gesicherten Forderungen der Banken zu verfahren ist.

Schwierigkeiten bei der Durchsetzung eines erarbeiteten Plans können sich daraus ergeben, dass insbesondere die Banken als gesicherte Hauptgläubiger um ihre bis dahin starke, das Geschehen diktierende Position bangen und infolge dessen ihre Zustimmung zum Plan verweigern. Hier kann ein Hinweis auf §133 InsO die Zustimmungsbereitschaft der Banken fördern: Danach ist jede Rechtshandlung anfechtbar, die der

---

[439] Darauf weist auch *Ries* in ZVI 2004, S.221, 229 hin.

[440] so auch *Hess/Obermüller*, Insolvenzplan, Restschuldbefreiung, Verbraucherinsolvenz, S.6, Rz.15a.

Schuldner in den letzten zehn Jahren vor dem Antrag auf Eröffnung des Insolvenzverfahrens oder nach diesem Antrag mit dem Vorsatz vorgenommen hat, seine Gläubiger zu benachteiligen, wenn der andere Teil zur Zeit der Handlung den Vorsatz des Schuldners kannte. Diese Kenntnis des anderen Teils wird vermutet, wenn der andere Teil wusste, dass die Zahlungsunfähigkeit des Schuldners drohte und dass die Handlung Gläubiger benachteiligte.

Zahlungen an die Bank zur Kredittilgung wird der Schuldner im Zweifel zumindest unter billigender Inkaufnahme der Benachteiligung anderer Gläubiger vorgenommen haben. Das erforderliche Wollen des Schuldners wird in der Regel schon dann angenommen, wenn dieser die Schädigung anderer Gläubiger als notwendige Folge der einem Gläubiger gewährten Befriedigung oder Sicherung vorausgesehen hat.[441] Das Wissen von der drohenden Zahlungsunfähigkeit wird eine kontoführende und kreditgebende Bank insbesondere in den häufig auftretenden Fällen kaum widerlegen können, in denen sich die Zahlungsunfähigkeit über Jahre hin anbahnte. Der Verweis auf §133 InsO stellt gerade in einem solchen Fall ein effektives Druckmittel auf die Banken dar.[442]

Nicht zuletzt kann die Erstellung eines Insolvenzplanes auch dazu dienen, eine bereits begonnene Zwangsvollstreckung in das Grundstück des Schuldners zumindest vorerst abzuwenden, § 30 d, e ZVG.

Im Ergebnis lässt sich feststellen, dass der Insolvenzplan den widerstreitenden Interessen der Beteiligten in vieler Hinsicht Rechnung tragen kann. Die Fortsetzung des Praxisbetriebs zur Massemehrung dient einer umfassenden Gläubigerbefriedigung. Diese Fortführung kann wirtschaftlich sinnvoll nur durch Mitarbeit des Schuldners geschehen, wobei der Schuldner mangels Massezugehörigkeit der Arbeitskraft zwar nicht zu einer effizienten Mitarbeit gezwungen werden kann. Aufgrund der zu gewährenden Restschuldbefreiung wird der Schuldner aber zu einer Mitarbeit und einer effektiven Praxisfortführung bereit sein, wenn ihm die Praxis nach Abschluss des Insolvenzverfahrens verbleibt. Auf der anderen Seite kann durch eine planüberwachte Fortführung sichergestellt werden, dass der Goodwill, der je nach Praxis den größten Vermögenswert des Schuldners darstellt, realisiert und an die Gläubiger ausgekehrt wird, und gleichzeitig auf eine Verwertung durch Liquidation verzichtet werden kann.

### b) Vorteile der Eigenverwaltung in der Freiberuflerinsolvenz

Attraktiv ist das Eigenverwaltungsverfahren im Falle der Freiberuflerinsolvenz v.a. unter dem Kostenaspekt: Wie zu Beginn ausgeführt, fehlt es in der Freiberuflerinsolvenz regelmäßig an freier Masse. Die Kosten des Verfahrens werden bei Anordnung

---

[441] *Hirte* in Uhlenbruck, InsO, 12.Aufl., §133, Rz.13.

[442] Im Falle der mangelnden Kooperationsbereitschaft einer Gläubigerbank in einem solchen Fall kann das Anfechtungsrecht nach §133 InsO selbstverständlich auch erfolgreich zur Anreicherung der Masse ausgeübt werden.

der Eigenverwaltung dadurch deutlich gesenkt, dass der Sachwalter lediglich 60% der Vergütung des Insolvenzverwalters erhält. Dieser Kostenvorteil des Sachwalters gegenüber dem Insolvenzverwalter kann sich der die Eigenverwaltung anstrebende Freiberufler in der Form zunutze machen, dass er einen ihm nahe stehenden Dritten findet, der sich bereit erklärt, die Verfahrenskosten, die bei Anordnung der Eigenverwaltung und Bestellung eines Sachwalters anfielen, durch Beischüsse zu decken.[443]

Überdies biete das Institut der Eigenverwaltung bietet bei Freiberuflern den spezifischen Vorteil, dass sich die oben dargestellten Kollisionen zwischen Insolvenzrecht und Berufsrecht vermeiden lassen.[444]
Erörtert wurde, dass zwar eine Fortführung des Betriebs durch den Insolvenzverwalter in Eigenregie bei entsprechender Qualifikation rechtlich unbedenklich ist, sie jedoch aufgrund des Zustimmungserfordernisses der betroffenen Patienten/Mandanten erheblichen tatsächlichen Schwierigkeiten unterliegt. Eine Fortführung des Betriebes durch den Berufsträger unter Verwaltung eines Insolvenzverwalters stößt ebenso schnell an praktische Grenzen: Die fachlichen Entscheidungen muss der Berufsträger aufgrund seiner berufsrechtlichen Gebundenheit selbst treffen, unabhängig davon wie weitreichend die wirtschaftlichen Konsequenzen seines Handelns sind. Eine effektive Überwachung des Berufsträgers, woran dem Verwalter schon wegen der sonst drohenden Haftung gelegen ist, wird ohne eine Einsichtnahme in dem Berufsgeheimnis unterliegende Unterlagen kaum möglich sein.
Die bisher stillschweigend geduldete Handhabung dieses Problems träte bei einer Anordnung der Selbstverwaltung nicht auf.

Neben diesen im Wesentlichen rechtlichen Erwägungen, lassen auch wirtschaftliche die Eigenverwaltung im Falle des Freiberuflers durchaus attraktiv erscheinen: Zwar ist oben konstatiert worden, dass die freiberufliche Praxis als immaterieller Wert dem Insolvenzbeschlag uneingeschränkt unterliegt. Im gleichen Atemzug muss jedoch festgehalten werden, dass dieser immaterielle Wert eng an die Person des Berufsträgers gebunden ist. Dieser je nach Sachlage beträchtliche Wert ist einer selbständigen Verwertung durch den Verwalter also kaum zugänglich.
Nach der gängigen Berechnungsweise zur Ermittlung des Wertes einer freiberuflichen Praxis wird nach der Umsatzmethode zur Ermittlung des Goodwills auf den verkehrsfähigen Mandanten-/Patientenstamm abgestellt. Im tatsächlichen Sinne verkehrsfähig, also übertragungsfähig, ist jedoch nur der Teil der Patienten/Mandanten, die einer Übertragung ihrer Daten auf den Insolvenzverwalter oder, nach einer Übertragung der Praxis, auf den neuen Berufsträger zugestimmt haben.
Hier treten im Wesentlichen zwei Probleme auf, auf die nicht deutlich genug hingewiesen werden kann: Vor einer Übertragung oder einer Einsichtnahme hat eine eindeutige und unmissverständliche Befragung des betroffenen Personenkreises stattzufinden, ob sie einer Überlassung der Karteien zum Zwecke der Weiterbehandlung oder

---

443 zur Unzulässigkeit einer entsprechenden bedingten Zusage: AG Charlottenburg, Beschl. v. 22.12.2004 – 101 IN 2808/04 = DZWIR 2005, S.168; mit Anmerkung von *Smid*.
444 s. S.113 ff.

Weiterbetreuung einverstanden sind. Eine solche Nachfrage löst erhebliche Unsicherheit beim betroffenen Personenkreis aus und erschüttert das Vertrauen, das bisher in die Betreuung oder Behandlung gesetzt wurde. Häufig wird mit dem Imageverlust des Berufsträgers die Erkenntnis der Mandanten/Patienten einhergehen, dass es dem inzwischen insolventen Arzt oder Rechtsanwalt wohl an fachlichem Verstand und Zuverlässigkeit fehlt, was einer Zustimmung eher entgegensteht.
Überdies stellt die Patientenbefragung auch ein erhebliches praktisches Problem dar: Das Verfassen eines entsprechenden Schreibens muss einerseits berücksichtigen, dass die Patienten/Mandanten über die rechtlichen Voraussetzungen und Folgen einer Einwilligung unmissverständlich belehrt werden, andererseits muss das Schreiben vorhandenes Vertrauen, soweit noch vorhanden, nutzen. Wird ein entsprechendes Schreiben mit Billigung und Unterstützung des bisherigen Berufsträgers verfasst, in dem dieser dem Übernehmenden sein Vertrauen ausspricht und sich für eine reibungslose und fachlich kompetente Weiterbehandlung durch seinen Nachfolger verbürgt, dürften die Mandanten/Patienten zu einer Einwilligung bereit sein. Unterstützt der bisherige Berufsträger eine Übertragung dagegen nicht oder boykottiert er sie, weil er hierin eine Zerstörung seines Lebenswerkes sieht, steht der Insolvenzverwalter, der in diesem Fall das Schreiben im eigenen Namen zu verfassen hat, vor kaum überwindbaren Problemen. Einerseits führt ein solches Schreiben, in dem sich der Verwalter als verantwortliche Person für die Fortführung der Praxis legitimiert, zu einem gewissen Befremden und einer erheblichen Unsicherheit bei der Patienten-/Mandantenschaft. Andererseits wird man in der Praxis damit zu rechnen haben, dass der bisherige Berufsträger seine Einflussmöglichkeiten nutzen wird, um die Praxisübertragung bzw. die übernehmende Person in Misskredit zu bringen. Nicht zu Unrecht kann vor diesem Hintergrund vermutet werden, dass man im Einzelfall von einer gegen Null tendierenden Einverständnisquote auszugehen hat.[445]
Man darf unter diesen Voraussetzungen kaum hoffen, dass die Patienten/Mandanten dem Praxisnachfolger einen Freifahrschein ausstellen.[446]

Sollte es entgegen den hier geäußerten Bedenken zu einer Zustimmung zur Überlassung der Karteien kommen, bleibt für die Folgephase höchst zweifelhaft, ob die Patienten/Mandanten die Dienste des Übernehmers dann tatsächlich in Anspruch nehmen. Einzuräumen ist auf der anderen Seite, was jedoch nicht überbewertet werden sollte, dass eine gewisse Zahl an Patienten/Mandanten, die die Dienste des neuen Berufsträgers, der die Praxis in den gleichen Räumlichkeiten fortführt, aus Gewohnheit oder mangels Alternative weiter in Anspruch nehmen, und damit ohne vorherige ausdrückliche Zustimmung sondern konkludent ihre Zustimmung zur Einsichtnahme in die Karteien geben. Hierzu wird es vor allem in ländlichen Regionen kommen, wo die Arztdichte niedriger ist und ein Wechsel zu einem anderen Arzt aufgrund höherer Entfernungen größere Unbequemlichkeiten mit sich bringt. Trotzdem ist als Ergebnis festzuhalten, dass eine erfolgreiche Übertragung der Patienten-/ Mandantenschaft er-

---

[445] *Michalski/Römermann* in NJW 1996, S.1305, 1308.
[446] *Kluth* in NJW 2002, S.186, 188.

hebliche rechtliche und tatsächliche Schwierigkeiten mit sich bringt, die durch die Anordnung der Eigenverwaltung vermieden werden können.

Nicht zuletzt spricht folgender Vorteil für die Eigenverwaltung: Wie erörtert, hindert selbst ein Stilllegungsbeschluss durch die Gläubigerversammlung den Schuldner nicht daran, mit den ihm zu belassenden Gegenständen, §811 I Nr.5 ZPO, seine Tätigkeit mehr oder weniger nach Belieben fortzusetzen. Hier liegt die Erwägung nahe, wenn schon Einzelgegenstände nicht einer Verwertung zugänglich gemacht werden können, zumindest das Wenige abzuschöpfen, was der Schuldner bei einer vergleichsweise kostengünstigen Eigenverwaltung an pfändbarem Überschuss erwirtschaftet.

In Anbetracht der Vielzahl rechtlicher und wirtschaftlicher Schwierigkeiten, mit denen der Insolvenzverwalter im Falle der Insolvenz des Freiberuflers konfrontiert ist, ist immer auch die Liquidation der Praxis eine Verwertungsmöglichkeit, die in Erwägung gezogen werden sollte.
Bedenken hiergegen ergeben sich v.a. daraus, dass neben der Aufgabe des immateriellen Wertes der Praxis auch die materiellen Werte kaum einer wirtschaftlich sinnvollen Verwertung zugänglich gemacht werden können.[447] Denn obwohl in der Anschaffung teilweise ein Vermögen kostend, sind sowohl Praxiseinrichtung einer rechts- oder steuerberatenden Kanzlei wie Hard-, Software und Mobiliar als insbesondere auch die Behandlungsgeräte bei Arzt und Zahnarzt im Wiederverkauf nahezu wertlos. Dies dürfte häufig ein gewichtiges Argument gegen die Zerschlagung darstellen. Nicht zu unterschätzen ist überdies das Problem, dass eine vollständige Liquidation selbst nach einem entsprechenden Beschluss der Gläubigerversammlung nicht erfolgen kann, wenn der Schuldner sich wie im Fall des *AG Köln* auf die Pfändungsschutzvorschriften beruft.[448]

Zuletzt gewährt die Anordnung der Eigenverwaltung auch den Gleichlauf von gewonnenem Recht und begründeter Verpflichtung. Dagegen fällt im Regelverfahren der Neuerwerb des Schuldners kraft Gesetzes, §35 InsO, in die Masse, die Neugläubiger können sich dagegen nur aus dem insolvenzfreien Vermögen des Schuldners befriedigen. Dieses Auseinanderfallen von Recht und Pflicht wird im Falle der Eigenverwaltung vermieden.

Zusammenfassend lässt sich feststellen: In einem Fall, in dem eine Sanierung sowie eine dauerhafte Fortführung einer freiberuflichen Praxis durch den bisherigen Berufsträger angestrebt ist, ist die Eigenverwaltung in Verbindung mit einem Insolvenzplan, zumindest in den Augen des Theoretikers, die ideale Lösung.

---

[447] siehe z.B. erwähntes Wertgutachten im Falle des AG Köln, Beschl. vom 14.04.2003 – 71 IN 25/02 = NZI 2003, S.387.

[448] AG Köln, Beschl. vom 14.04.2003 – 71 IN 25/02 = NZI 2003, S.387.

### c) Plädoyer von Graf/Wunsch für Verbindung von Plan und Eigenverwaltung

Als grundlegende Abhandlung über die Möglichkeiten von Insolvenzplan und Eigenverwaltung in der Insolvenz von Freiberuflern und Handwerkern muss der Aufsatz von *Graf/Wunsch* betrachtet werden.[449] Hierin ist ein starkes Votum für die Sanierung der freiberuflichen Praxis mittels einer Verbindung von Plan und Eigenverwaltung zu sehen.

Ein solches Verfahren böte sich ihnen zufolge für den Freiberufler in erster Linie dann an, wenn dieser seine Praxis selbst fortführen und dabei vermeiden wolle, mit dem Verlust der Verwaltungs- und Verfügungsbefugnis auch den Überblick über sein Geschäft zu verlieren. Sie geben einem solchen Verfahren insbesondere dann gute Chancen, wenn der Schuldner bereits bei der Stellung des Insolvenzantrags einen Antrag auf Eigenverwaltung stellt und einen auf dieser Annahme basierenden vorbereiteten Plan vorlegt.
Die Eigenverwaltung setze daneben voraus, dass Gläubigerinteressen nicht gefährdet seien. Auch hier sei eine frühe freiwillige Antragstellung von Vorteil, da jedenfalls bei einem Antrag wegen drohender Zahlungsunfähigkeit nach §18 InsO, keine Anhaltspunkte für eine Gläubigergefährdung vorlägen.[450] Den wesentlichen Vorteil der Eigenverwaltung, mit denen beide Autoren zum Zeitpunkt des Erscheinens des Artikels noch keine praktischen Erfahrungen gemacht haben, sehen sie darin, dass jegliche Kollision von Berufsrecht und Insolvenzrecht vermieden werden kann. Auch wäre in den Verfahren einer Freiberuflerinsolvenz regelmäßig die für die Verbindung von Plan und Eigenverwaltung idealtypische Voraussetzung gegeben, dass die Einrichtungsgegenstände der Praxen in der Neuanschaffung ein Vermögen kosteten, in einer Verwertung hiermit aber nicht viel zu erzielen sei, so dass auch für die Gläubiger die Fortführung günstiger als die Zerschlagung sei. Auch sei die Zahl der Gläubiger in der Regel überschaubar.

Die praktische Umsetzung der Erstellung eines Plans gliedern die Verfasser in vier Phasen: In einer ersten Phase müsse untersucht werden, ob ein Insolvenzplan möglich und sinnvoll sei. Dazu müsse zunächst festgestellt werden, ob eine Fortführung wirtschaftlich erfolgversprechend sei, anschließend ob die rechtlichen und wirtschaftlichen Voraussetzungen für eine Fortführung geschaffen werden können. Neben der Finanzierung der vorläufigen Fortführung steht die Frage im Mittelpunkt, ob ein entsprechender Plan Aussicht hätte, von der Gläubigerversammlung angenommen zu werden. In dieser frühen Phase sollten v.a. Großgläubiger schon darauf hingewiesen werden, dass eine Eigenverwaltung angestrebt wird. In einer zweiten Phase müsse der Inhalt eine Planes festgelegt werden: Nach einer Feststellung der Verbindlichkeiten müssten unter der Prämisse des Gleichbehandlungsgebotes Gläubigergruppen gebildet werden, wobei neben den gesetzlichen Mindestvorgaben taktische Erwägungen im Vordergrund ständen. In diese Phase falle auch die Planung der mittelfristigen Finanzierung

---

[449] *Graf/Wunsch* in ZIP 2001, S,1029 ff.; neuerdings auch *Smid/Wehdeking/Flöther,* Eigenverwaltung, S.2 ff.

[450] zur Problematik der frühen Antragstellung siehe ausführlich: *Schlegel* in ZIP 1999, S.955 ff.

über das Planverfahren hinaus. Während dieses Zeitraumes müsse die Fortführung des schuldnerischen Betriebes überwacht werden, um die geplante Liquiditätsplanung umsetzen zu können.
In die dritte Phase falle neben der vorläufigen Entscheidung des Gerichts über die Eigenverwaltung die Vorbereitung des Berichtstermins. Hier müssten die Gläubiger von den Vorzügen von Insolvenzplan und Eigenverwaltung in vorbereitenden Gesprächen überzeugt werden. Dabei sollte ihnen eine grobe Vergleichsrechnung zwischen Fortführung und Zerschlagung für die Entscheidung zugunsten der Fortführung an die Hand gegeben werden. In der letzten Phase, der Vorbereitung des Erörterungs- und Abstimmungstermins, müssten notfalls weitere Gespräche mit kritischen Gläubigern geführt werden, deren Grundlage immer eine Vergleichsrechnung bilden sollte. Man müsse sich des Weiteren darauf vorbereiten, dass nicht alle Gläubigergruppen zustimmten oder dass einzelne Gläubiger widersprächen. Dann müsse dem Gericht gegenüber argumentiert werden, weshalb der Plan den oder die Gläubiger gegenüber dem Regelverfahren voraussichtlich nicht schlechter stellte.
Diese Aufgaben seien für den Planersteller zwar anspruchsvoll und erforderten interdisziplinäre Zusammenarbeit mit Betriebswirten, Steuerberatern und Wirtschaftsprüfern. Sie sei jedoch nicht nur lösbar, sondern auch in jeder Hinsicht lohnenswert.[451]

## 2. Bedenken und Schwierigkeiten in der Praxis

Trotz umfangreicher Abhandlungen und teils vehementer Plädoyers für Insolvenzplan und Eigenverwaltung in der Freiberuflerinsolvenz, finden diese Sanierungsinstrumente keine, was die Eigenverwaltung angeht, bzw. in Ausnahmefällen, was den Plan angeht, Anwendung. Bislang fehlt es an einer Erklärung für diese offensichtliche Diskrepanz zwischen theoretischer Eignung und praktischer Bedeutungslosigkeit.

### a) Eigenverwaltung

Zumindest was den Vergleich zwischen Regelinsolvenz und Eigenverwaltung angeht, scheint die Eigenverwaltung, wie bereits mehrfach angedeutet, in der Freiberuflerinsolvenz erhebliche rechtliche wie auch wirtschaftliche Vorteile zu bieten.
Allerdings wollen die Beteiligten die mit der Eigenverwaltung unstreitig verbundenen Risiken und Unsicherheiten, schlechtestenfalls ein Totalausfall für alle Gläubiger, nicht um jeden Preis in Kauf nehmen. Die Entscheidung für ein Insolvenzverfahren in Eigenverwaltung setzt voraus, dass bei einer Abwägung von Chancen und Risiken die Chancen deutlich überwiegen. Zu berücksichtigen ist, dass bei dieser Abwägung neben objektiv rechtlichen und wirtschaftlichen Kriterien, auch subjektive Einschätzungen, Wertungen und Prognosen der Entscheidung zugrunde gelegt werden. Im folgenden Abschnitt wird skizziert, welche Aspekte bei der Entscheidung gegen die Eigenverwaltung in der Regel maßgeblich sind.

---

[451] vgl. ausführlich die Ausführungen von *Graf/Wunsch* in ZIP 2001, S.1029 – 1040; zu Gliederung, Inhalt und Durchsetzung des Plans s. auch *Kautzsch* ,Unternehmenssanierung im Insolvenzverfahren, Diss., S.176 ff.

### (aa) Eigenverwaltung in Konkurrenz zum außergerichtlichen Vergleich

Bisher wurden die Vorteile der Eigenverwaltung v.a. mit einem Vergleich zum Regelverfahren begründet.
Neben den erheblichen Kostenvorteilen lassen sich, wie aufgezeigt, durch die Eigenverwaltung auch Kollisionen zwischen Berufs- und Insolvenzrecht vermeiden.

Übersehen wird dabei jedoch, dass die Eigenverwaltung vielmehr in Konkurrenz zum außergerichtlichen Vergleich als zum Regelinsolvenzverfahren zu sehen ist. Denn es ist zu berücksichtigen, dass, wie bereits ausgeführt, die Anordnung einer Eigenverwaltung dann Aussicht auf Erfolg hat, wenn der Insolvenzantrag zu einem frühen Zeitpunkt wegen drohender Zahlungsunfähigkeit nach §18 I InsO gestellt wird. Hier kann davon ausgegangen werden, dass der Schuldner frühzeitig ein Reorganisationsverfahren einleiten will.
Zu diesem Zeitpunkt, in dem die Antragstellung nicht zwingend ist, steht den Beteiligten aber auch noch die Möglichkeit einer außergerichtlichen Einigung offen. Für den außergerichtlichen Vergleich sprechen dann neben den geringeren Kosten eine Reihe weiterer Argumente, die im Zweifel die Beteiligten dieses Verfahren der mit gewissen Risiken verbundenen Eigenverwaltung vorziehen lassen.

### (1) Nutzung vorhandenen Vertrauens

Sowohl der außergerichtliche Vergleich als auch ein erfolgreicher Eigenverwaltungsantrag setzen zwei wesentliche Tatsachen voraus: Die Gläubiger müssen den Betrieb für sanierungsfähig, den Schuldner für sanierungswürdig halten. Das Vertrauen des Gerichts und der Gläubiger in das schuldnerische Unternehmen und in die Qualifikation der Führung werden als die beiden wichtigsten Elemente des Eigenverwaltungsverfahrens gesehen.[452]
Die Zustimmung zu einer Eigenverwaltung seitens der Gläubiger kann also nur dann erhofft werden, wenn diese den schuldnerischen Betrieb einer Sanierung für fähig halten. Ist diese Grundvoraussetzung erfüllt, müssen die Gläubiger darüber hinaus die Überzeugung gewinnen, dass der Schuldner leistungsfähig und rechtschaffen genug ist, seine eigene Sanierung erfolgreich in die Hand zu nehmen. Fehlt dieses Vertrauen, werden die Gläubiger nicht davon zu überzeugen sein, die mit der Eigenverwaltung verbundenen Risiken in Kauf zu nehmen. Dabei ist davon auszugehen, dass der Verlust in Vertrauenswürdigkeit und Zuverlässigkeit des Schuldners die Regel ist.[453]

Gerade in dem Fall, in dem der Schuldner frühzeitig seine finanzielle Schieflage eingesteht und Sanierungsmaßnahmen einleitet, werden die Schuldner aber bereit sein, seiner Person und seiner Rechtschaffenheit Vertrauen entgegenzubringen. In dem Falle, in dem dieses Vertrauen trotz der finanziellen Krise noch vorhanden ist und die

---

[452] so z.B. *Uhlenbruck* in FS Metzeler, S.85, 92.

[453] so auch *Johann Hahlen* auf der Pressekonferenz des Statistischen Bundesamtes „Insolvenzen in Deutschland 2003“ – Strukturen und Entwicklung – am 18.03.2004 als Präsident des Statistischen Bundesamtes.

Gläubiger an einer Sanierung Interesse haben bzw. sie unterstützen und die Zahlungsunfähigkeit noch nicht eingetreten ist, ist die außergerichtliche Einigung das probate Mittel zu einer schnellen, erfolgreichen und billigen Sanierung. Auch für die Freiberuflerpraxis dürfte der von *Schmidt* geprägte Satz gelten: „Die wirksamsten Unternehmenssanierungen erfolgen früh, schnell und still, also außerhalb des Insolvenzverfahrens."[454]

Zu beachten ist in diesem Zusammenhang auch, dass abgesehen davon, dass ein Insolvenzverfahren gegenüber dem außergerichtlichen Vergleich die teurere Alternative ist, eine Sanierung häufig nicht nur durch einen Forderungsverzicht der Gläubiger erreicht werden kann, sondern dass zusätzlich ein Nachschuss, in der Regel durch die Hausbank, zur kurzfristigen Wiederherstellung der Liquidität benötigt wird. Die Bereitschaft, einem Schuldner, der auf die Insolvenz zusteuert, einen Sanierungskredit zu gewähren, erfordert die Überzeugung seitens der kreditierenden Bank, dass dieser nicht nur diesen Kredit wird tilgen können, sondern darüber hinaus auch auf die bisherigen Forderungen eine höhere Quote wird leisten können. Die Bank wird eine solche Überzeugung v.a. bei Vorlage eines frühen und nachhaltigen Sanierungskonzepts, d.h. idealerweise eines vorgerichtlichen, gewinnen.
Gerade die Banken als Großgläubiger werden den außergerichtlichen Vergleich auch aus dem Grund vorziehen, dass sie mit Eröffnung des Insolvenzverfahrens sich eines Teils ihrer bis dahin starken Einflussmöglichkeiten begeben.

Wartet hingegen der Schuldner zu, bis seine Zahlungsunfähigkeit eingetreten ist und bei Unterlassen der Antragstellung strafrechtliche Konsequenzen drohen, ist das Vertrauen in die wirtschaftliche Leistungsfähigkeit und die Rechtschaffenheit des Schuldners nachhaltig erschüttert. In diesem Stadium des Verfahrens wird ein Antrag auf Anordnung der Eigenverwaltung kaum mehr Erfolg haben.

Für diese Einschätzung sprechen neben den angestellten psychologischen Erwägungen auch rechtliche. Denn §270 II Nr.3 InsO setzt voraus, dass die Anordnung der Eigenverwaltung nicht zu einer Verzögerung des Verfahrens oder zu sonstigen Nachteilen für die Gläubiger führen wird.[455] Stellt der Schuldner seinen Eigenantrag wegen Zahlungsunfähigkeit nach §17 InsO wird die Anordnung einer Eigenverwaltung schwer durchsetzbar und kaum zu verantworten sein. Denn hier hat der Schuldner bis zu einer Lage hin die Zügel schleifen lassen, in der die Gläubiger einen Verlust werden tragen müssen, so dass kein Anlass besteht, ihm Vertrauensvorschuss entgegenzubringen.[456] Zu Recht wird auch die Ansicht vertreten, die materielle Insolvenz des Schuldners stelle stets eine Gefährdung der Schuldner dar, so dass die Anordnung der Eigenverwaltung bei einer Antragstellung nach §17 InsO wegen Zahlungsunfähigkeit a priori ausgeschlossen ist.[457]

---

[454] *Schmidt* in Schmidt/Uhlenbruck, GmbH in Krise, Sanierung und Insolvenz, S.155, Rz.259.

[455] zu den Kriterien der Entscheidung nach §270 II Nr.3 InsO s. auch neuerdings auch *Smid/Wehdeking/Flöther,* Eigenverwaltung, S.54 ff.

[456] *Smid* in Smid, InsO, 2.Aufl., §270, Rz.11.

[457] *Smid,* Grundzüge des InsR, §1, Rz.81, S.31.

### (2) Rechtsunsicherheit für Schuldner bei Antragstellung

Ein weiteres Problem für die effektive Nutzung der Eigenverwaltung ist darin zu sehen, dass der Schuldner zum Zeitpunkt der Antragstellung kaum abschätzen kann, ob die angestrebte Eigenverwaltung angeordnet wird oder nicht.[458] Das Ziel des Gesetzgebers, durch die Möglichkeit der Eigenverwaltung dem Schuldner ein Instrument zur Verfügung zu stellen, welches zu einer frühen Antragstellung bereits bei drohender Zahlungsunfähigkeit nach §18 InsO reizt, damit die Chance auf eine hohe Quote für die Gläubiger fördert, ohne notwendigerweise mit einem Verlust der Verfügungsbefugnis für den Schuldners verbunden zu sein, kann nur dann erreicht werden, wenn für den Schuldner eine hinreichende Sicherheit besteht, dass die Eigenverwaltung tatsächlich angeordnet wird. Nach der augenblicklichen Fassung des Gesetzes konterkariert die Unsicherheit, ob, wie angestrebt, die Eigenverwaltung angeordnet wird, das Ziel einer frühen Antragstellung. Denn gerade der Schuldner, der seine freiberufliche Praxis nach Möglichkeit in Eigenregie fortführen will, wird aufgrund der Gefahr, mit der Antragstellung seine Verwaltungs- und Verfügungsbefugnis zu verlieren, alles daran setzen, eine Antragstellung über die drohende Zahlungsunfähigkeit hinaus hinauszuzögern, um eine außergerichtliche Sanierung zu erreichen.
Scheitert eine solche, u.a. weil er die Vorteile der Insolvenzordnung nicht nutzen konnte, tritt die Zahlungsunfähigkeit ein. Nun ist der Freiberufler zwar gezwungen, Insolvenzantrag zu stellen, zu diesem Zeitpunkt sind allerdings sowohl die Sanierungschancen als auch die Chancen auf Anordnung der Eigenverwaltung gesunken.

Dass die Möglichkeit der frühen Antragstellung wegen drohender Zahlungsunfähigkeit nach §18 InsO kaum genutzt wird, verdeutlicht auch ein Blick auf die Insolvenzstatistik. In weniger als 1% der Unternehmensinsolvenzen ist der Eröffnungsgrund die drohende Zahlungsunfähigkeit.[459]
Die Chancen, die eine Eigenverwaltung bietet, ließen sich deutlich besser nutzen, wenn die Möglichkeit bestünde, den zulässigen Insolvenzantrag wegen drohender Zahlungsunfähigkeit an die Anordnung der Eigenverwaltung zu knüpfen. Eine entsprechende Gesetzesänderung ist wünschenswert.

### (bb) Mangelnde Akzeptanz der Eigenverwaltung bei den Beteiligten

Insgesamt findet die Eigenverwaltung bei keiner der am Verfahren beteiligten Gruppen und Personen einschränkungslos Fürsprecher. Hierin ist meines Erachtens der zweite wesentliche Grund dafür zu sehen, dass die Eigenverwaltung selten zur Anwendung kommt. Denn der Freiberufler in der finanziellen Krise wird von sich aus kaum überblicken, welche Möglichkeiten ihm dieses Institut bieten kann. Er ist also auf rechtliche Unterstützung, Beratung und Wohlwollen der anderen Beteiligten angewiesen, um Maßnahmen und Vorbereitungen für einen erfolgreichen Antrag auf Eigenverwaltung zu treffen.

---

458 ausführlich hierzu: *Schlegel* in ZIP 1999, S.954.

459 Pressekonferenz des Statistischen Bundesamtes „Insolvenzen in Deutschland 2003" – Strukturen und Entwicklung – am 18.03.2004 von Präsident Johann Hahlen.

### (1) Insolvenzverwalter

In erster Linie ist es Aufgabe der Insolvenzverwalter, diese Unterstützung zu bieten. Gerade diese betrachten die Eigenverwaltung allerdings als reine Rechtstheorie, die zu viel „Eigen" und zu wenig „Verwaltung" beinhaltet. Viele begründen ihre Ablehnung auch damit, dass im Augenblick mangels Rechtsprechung und früherer Verfahren nicht abzusehen sei, welchen haftungsrechtlichen Gefahren ein in der Eigenverwaltung eingesetzter Treuhänder ausgesetzt ist.
Die häufig zu hörende Kritik der Insolvenzverwalter führen *Huntemann/Dietrich* vor allem darauf zurück, dass diese um ihre eigene Stellung im Verfahren bangten: Einerseits müssten sie sich als Sachwalter gem. §12 I InsVV grds. mit 60% der Vergütung eines Insolvenzverwalters zufrieden geben, andererseits seien die Verwalter im Gegensatz zum Regelinsolvenzverfahren nicht mehr der „Herr im Hause", was für viele nicht unbedingt erstrebenswert erscheine.[460]

### (2) Richter

Kritisch wird von vielen auch die Rolle der Gerichte im Hinblick auf die Anordnung der Eigenverwaltung gesehen. Es wird darauf hingewiesen, dass von diesen regelmäßig die Begriffe „Bock" und „Gärtner" im Zusammenhang mit der Eigenverwaltung verwendet würden.[461] Einige Richter schlicht ignorierten gestellte Anträge auf Eigenverwaltung.[462] *Uhlenbruck* konstatiert, es bestehe zumindest eine übertriebene Zurückhaltung.[463]

Der Befund, die Verantwortung für die seltene Anwendung grundsätzlich geeigneter Sanierungsinstrumente liege in erster Linie bei den Richtern, greift jedoch meines Erachtens zu kurz. Denn in Gesprächen mit zahlreichen Richtern war festzustellen, dass gerade diese über die Möglichkeiten, die eine Verbindung von Plan und Eigenverwaltung in der Freiberuflerinsolvenz bieten können, gut informiert waren, sich den neuen Verfahrensmöglichkeiten gegenüber offen zeigten und in geeigneten Fällen für deren Nutzung plädierten.
Kritisch sehen viele Richter allerdings, dass sie zu einem frühen Zeitpunkt im Verfahren die Entscheidung nach §270 II Nr.3 InsO zu treffen haben. Hierbei handelt es sich um eine Prognoseentscheidung, häufig fehlten aber sichere Anhaltspunkte, um eine positive Prognose abgeben zu können.

§270 II Nr.3 InsO sieht vor, dass die Eigenverwaltung nur anzuordnen ist, wenn nach den Umständen zu erwarten ist, dass die Anordnung nicht zu einer Verzögerung des Verfahrens oder zu sonstigen Nachteilen für die Gläubiger führen wird. Insbesondere die Frage, was ein sonstiger Nachteil ist, und wann ein solcher droht, ist für den Richter schwer abzusehen. Ein Nachteil kann nur als Ergebnis eines Vergleichs mit einer

---

460 *Huntemann/Dietrich* in ZInsO 2001, S.13, 16; ähnlich auch *Rattunde* in ZIP 2003, S.2103, 2107.
461 siehe bspw. *Graf/Wunsch* in ZIP 2001, S.1029, 1033.
462 *Huntemann/Dietrich* in ZInsO 2001, S.13, 15.
463 *Uhlenbruck* in FS Metzeler, S.85, 90.

Bezugsgröße entstehen. Vergleichsmaßstab kann hier nur, wenn auch nicht ausdrücklich erwähnt, das Insolvenzverfahren mit Insolvenzverwalter sein. Der Richter hat also zu prognostizieren, ob ein fiktives Verfahren in Eigenverwaltung Nachteile gegenüber einem fiktiven Verfahren mit Insolvenzverwalter hat.
Ein Nachteil in diesem Sinne muss in jeder Schlechterstellung der Gläubiger durch das Eigenverwaltungsverfahren im Vergleich zum Regelverfahren gesehen werden. Hierzu können neben masseschädigenden Verfügungen, die falsche Ausübung des Wahlrechts nach §§103, 279 InsO, die Unterschlagung von Vermögensgegenständen oder die Verschleierung von Insolvenzstraftaten gehören.
Zwar übernehmen die Gläubiger ab dem Berichtstermin und der damit einhergehenden Entscheidungsmöglichkeit gem. §271 InsO die Verantwortung für den Verfahrensablauf, die verantwortlichen Richter müssen jedoch bei ihrer Gefahrenprognose den Zeitraum über den Berichtstermin hinaus berücksichtigen.[464]
Für den entscheidenden Richter gibt es zwar gewisse Anhaltspunkte dafür, dass ein Schuldner die Eigenverwaltung nicht missbrauchen oder sachwidrig ausüben wird, wie z.B. eine frühe Antragstellung oder bisherige Gesetzestreue, eine sichere Prognose ist dennoch in keinem denkbaren Fall möglich.[465]
In Anbetracht der Tatsache, dass den Richtern eine Amtshaftung bei fahrlässig falscher Ausübung dieser Prognose droht, ist die Zurückhaltung bei der Anordnung der Eigenverwaltung seitens der Richter nachvollziehbar.
Zu kritisieren ist das Verständnis des §270 II Nr.3 InsO seitens vieler Richter dennoch: Es wird verkannt, dass §270 II Nr.3 InsO nicht fordert, dass die Anordnung der Eigenverwaltung irgendwelche Vorteile für die Gläubiger mit sich bringt. Erforderlich und ausreichend für die Anordnung der Eigenverwaltung ist lediglich, dass die Anordnung zu keiner Verzögerung des Verfahrens oder sonstigen Nachteilen für die Gläubiger führen wird.

### (3) Gläubiger

Auch bei den Gläubigern hat sich bisher die Überzeugung nicht durchsetzen können, die Insolvenz in Eigenverwaltung als Möglichkeit der Sanierung zu betrachten.
Im kontinentalen Rechtsraum gibt es nach wie vor ein tief verwurzeltes rechtshistorisches Misstrauen gegenüber dem Schuldner, der in die Insolvenz gehen musste. Der Schuldner ist ein Rechtsbrecher, er erfüllt nicht zur rechten Zeit oder in der geschuldeten Art und Weise. Ihm irgendwelches Vertrauen entgegenzubringen, entspricht nicht unserer Rechtskultur. So formuliert *Leipold* in seiner Diskussion der Eigenverwaltung, dem Schuldner sei „allein wegen der Eröffnung des Insolvenzverfahrens (...) Misstrauen entgegenzubringen."[466] Dagegen beruht das amerikanische Rechtsverständnis auf der Basis einer rechtsgeschichtlichen Entwicklung, die im Unabhängigkeitskrieg

[464] s. zum Prognosezeitraum *Huhn* in Die Eigenverwaltung, Diss., S.79, Rz.240 ff.
[465] zum Verhältnis von Amtsermittlungspflicht und Einschaltung eines Sachverständigen zur Frage, ob die Voraussetzungen des §270 II Nr.3 InsO vorliegen: *Smid* in DZWIR 2004, S.1, 10.
[466] *Leipold* in Insolvenzrecht im Umbruch, S.168.

schuldnerfreundliche Gesetze forderte und deswegen ein wesentlich schuldnerfreundlicheres Insolvenzrecht schuf, das sich bis heute erhalten hat.[467]
Obwohl das deutsche Insolvenzrecht mit dem Insolvenzplan und der Eigenverwaltung zwei grundlegend neue Institute in die Insolvenzordnung eingeführt hat, die dem amerikanischen Insolvenzrecht entlehnt sind und auf eine Sanierung des Schuldners abzielen, hat sich das dahinter stehende Verständnis in Deutschland bisher kaum durchgesetzt. Zumindest ist dieses Verständnis noch nicht in die Kreise vorgedrungen, die über Wohl und Wehe des schuldnerischen Betriebes zu entscheiden haben, nämlich in die Gläubigerkreise.

Weiterhin stößt die Eigenverwaltung bei Großgläubigern, insbesondere Banken, die bis zur Eröffnung des Verfahrens häufig das Geschehen diktieren, deswegen auf wenig Gegenliebe, weil sie sich mit der Eröffnung des Eigenverwaltungsverfahrens weitgehend ihrer Einflussmöglichkeiten begeben. In diesem Zusammenhang sei nochmals auf die oben erwähnte Möglichkeit der Anfechtung von Schuldnerhandlungen nach §133 InsO verwiesen. Ein Hinweis hierauf setzt insbesondere die Banken unter Zustimmungszwang, die ein jahrelanges Arbeiten des Schuldners in der verdeckten Insolvenz gebilligt oder gefördert haben.

#### (4) Schuldner

Wichtig ist es darüber hinaus, die Chancen und Möglichkeiten einer Sanierung auch von Seiten des unmittelbar betroffenen Schuldners zu betrachten.
Auch dieser hat ein vitales Interesse daran, den Makel der Insolvenz und den mit einem solchen Verfahren verbundenen Reputations- und Gesichtsverlust zu vermeiden. Ein Schuldner, der seine eigene wirtschaftliche Lage überblickt, die drohende Insolvenz erkennt und ein Interesse daran hat, seine freiberufliche Praxis in Eigenregie weiterzuführen, wird mithin erhebliche Anstrengungen unternehmen, mit seinen Gläubigern möglichst früh und ohne großes Aufsehen zu erregen, eine außergerichtliche Einigung herbeizuführen.
Der in dieser Weise agierende Schuldner ist aber gerade der Prototyp des Schuldners, auf den anderenfalls das Institut der Eigenverwaltung zugeschnitten wäre. Es ist nur schwer ein Fall vorstellbar, in dem der Schuldner mit seinen Bemühungen um einen außergerichtlichen Einigungsversuch scheitert, ihm kurze Zeit später aber die Sanierung in Eigenverwaltung anvertraut wird.

### (cc) Ergebnis

Es bleibt festzuhalten, dass Verfahren, die sich für eine Eigenverwaltung eignen würden, in der Regel außergerichtlich erledigt werden. Diese Einschätzung wird von vielen hierauf angesprochenen Verwaltern geteilt. Sie unterstützen die Auffassung, dass, soweit ein Restvertrauen der Gläubiger in die Person und die wirtschaftliche Leistungsfähigkeit des Schuldners vorhanden ist, ein vorgerichtlicher Vergleich die für

---

[467] Braun in NZI 2003, S.588; ähnlich *Zeller/Wlecke* in FAZ Nr.153/2004 vom 05.07.2004, S.18.

beide Seiten anzustrebende Lösung ist. Ein solcher Vergleich ist billiger, schneller und erspart dem Schuldner den mit einer Eröffnung des Verfahrens verbundenen Gesichtsverlust.
Dies wird auf Dauer der entscheidende Vorteil des vorgerichtlichen Vergleichs gegenüber der Eigenverwaltung bleiben.

Der Freiberufler, der die Kontrolle über seine Praxis nicht verlieren möchte, wird die Eigenverwaltung so lange nicht als Sanierungschance wahrnehmen, wie mit der notwendigen Antragstellung auf Insolvenzeröffnung und gleichzeitigem Antrag auf Eigenverwaltung die Gefahr des Verlustes der Verwaltungs- und Verfügungsbefugnis verbunden ist.
Ist die Insolvenz wegen bereits eingetretener Zahlungsunfähigkeit nicht mehr abwendbar, schätzen die Beteiligten, also Verwalter, Gläubiger und Richter, in aller Regel die wirtschaftlichen Risiken der Eigenverwaltung gewichtiger ein als die rechtlichen Vorteile.

Überdies wird sich die Eigenverwaltung auch weiterhin in Deutschland solange nicht großer Beliebtheit erfreuen, wie die Institute des Insolvenzrechts von Schuldnern und Gläubigern gleichermaßen nicht als Sanierungswege erkannt und akzeptiert werden. Schließlich üben sich die Richter hinsichtlich der Anordnung der Eigenverwaltung wegen der Nachteilsprognose, die §270 II Nr.3 InsO vorsieht, in Zurückhaltung.

### b) Insolvenzplan

Wie bereits dargestellt, haben Insolvenzplanverfahren bei Freiberuflerinsolvenzen in einer kleinen Zahl von Fällen zu einer erfolgreichen Sanierung geführt.[468] Das Planverfahren spielt indes in der Rechtspraxis bisher nicht die Rolle, die ihm als Kernstück der neuen Insolvenzordnung zugedacht war. Hierfür lassen sich meines Erachtens im Wesentlichen zwei Gründe anführen.

#### (aa) Insolvenzplan in Konkurrenz zur außergerichtlichen Sanierung[469]

Wie das Eigenverwaltungsverfahren muss auch das Insolvenzplanverfahren in Konkurrenz zu einem vorgerichtlichen Sanierungsplan gesehen werden.
Das Planverfahren ist im Verhältnis zu einem außergerichtlichen Vergleich die kostenintensivere Variante der Sanierung. Dabei ist der Aufwand, der einer erfolgreichen Sanierung vorauszugehen hat, in beiden Fällen nahezu identisch: Aufgrund einer Sanierungsprüfung muss ein Sanierungskonzept entwickelt werden, das mit den Gläubigern abgestimmt und durchgesetzt werden muss.

---

[468] s. bspw. AG Lübeck, 53b IN 85/02; AG Flensburg, 56 IN 305/01; AG Ravensburg, 11 IN 118/01; AG Düsseldorf, 505 IN 166/01; AG Offenbach, 8 IN 113/99; AG Wiesbaden, 10 IN 138/02; AG Wolfsburg, 25 IN 15/00.

[469] Einen Überblick über Vor- und Nachteile von gerichtlicher und außergerichtlicher Sanierung bietet *Keller*, Unternehmenssanierung, S.1 ff. sowie *Uhlenbruck* in BB 2001, S.1641 ff.

Auch im Verhältnis außergerichtliche Sanierung/Insolvenzplan bietet die außergerichtliche Variante den Vorteil, dass der Schuldner einer Publikmachung seiner finanziellen Schieflage entgeht.
Gerade in dem Fall, in dem die Notwendigkeit einer Sanierung frühzeitig erkannt wird und die Gläubiger einer Sanierung des freiberuflichen Betriebes nicht grundsätzlich abgeneigt gegenüberstehen, ist also auch hier die außergerichtliche Lösung im Verhältnis zu dem sog. „prepackaged plan“ als billigeres und schnelleres Verfahren die für alle Beteiligten vorteilhaftere.

Das Anwendungsfeld für den Insolvenzplan ist also v.a. dann eröffnet, wenn es für eine vorgerichtliche Einigung zu spät ist. Denn bei den vorhandenen Vorteilen der außergerichtlichen Sanierung darf nicht übersehen werden, dass auch wenn entsprechende außergerichtliche Bemühungen in Angriff genommen wurden, die Pflicht zur Insolvenzantragstellung bei Zahlungsunfähigkeit nicht entfällt.
In diesem Stadium scheitert die Vorlage eines Insolvenzplanes, der nicht von langer Hand vorbereitet ist, häufig daran, dass dieser in kurzer Zeit ein vergleichsweise hohes Maß an Einarbeitung, Verhandlungen und im Verhältnis zur Regelverwaltung kostenintensiven Vorbereitung bedarf. Hierzu fehlt es einem Großteil der Verwalter an Erfahrung hinsichtlich Entwicklung und Vorlage eines Insolvenzplanes. Dies wird besonders deutlich, wenn man berücksichtigt, dass bei insgesamt 67.000 Regelinsolvenzen im Jahr 2003 lediglich 93 Insolvenzpläne vorgelegt und genehmigt wurden. Zwar gibt die Literatur den Verwaltern eine Zahl von Musterinsolvenzplänen an die Hand, jedoch schreckt ein Blick auf zwanzig und mehr Seiten Musterinsolvenzplan mit entsprechenden Erläuterungen den Verwalter, der die Entwicklung eines Planes erstmalig ins Auge fasst, eher zurück als ihn zu ermutigen.[470]

Schließlich konzentrieren sowohl Schuldner als auch Gläubiger ihre Aufmerksamkeit auf den Versuch einer außergerichtlichen Einigung aus Angst vor dem negativen Image eines Insolvenzverfahrens für den Berufsträger selber und den von ihm geführten Betrieb.[471]

#### (bb) Verkennung der strategischen Möglichkeiten eines Insolvenzplanes

Von vielen wird bislang verkannt, welche strategischen Optionen die Erarbeitung eines Insolvenzplanes mit sich bringen kann. Diese sind unterschiedlicher Natur und hängen im Wesentlichen vom jeweiligen Verfahrensstadium ab, in dem sich der Schuldner gerade befindet.

Vor Insolvenzeröffnung kann das Inaussichtstellen eines Plans für den Fall, dass außergerichtliche Bemühungen scheitern, insbesondere gesicherte Gläubiger zu Zugeständnissen bewegen. Die Gegenüberstellung von der Quote, die bei einem außerge-

[470] s. die Musterinsolvenzpläne von *Lauscher/Weßling/Bange,* ZInsO 1999, S.5-27; *Braun/Uhlenbruck,* Muster eines Insolvenzplans; *Smid/Rattunde,* Insolvenzplan, Musterakte eines simulierten Insolvenzplanverfahrens, S.201 – 249.

[471] *Zeller/Wlecke* in FAZ Nr.153/2004 vom 05.07.2004, S.18.

richtlichen Vergleich zu erwarten ist, mit der, die ein Insolvenzverfahren mit Insolvenzplan erwarten lässt, wird die Verhandlungsposition in den außergerichtlichen Verhandlungen des Schuldners stärken. Als zusätzliches Druckmittel gegenüber den kreditierenden Banken als Hauptgläubiger kann zusätzlich die Androhung der Anfechtung von Schuldnerhandlungen nach §133 InsO dienen.

Scheitern außergerichtliche Bemühungen, ist die Vorlage eines bereits vor Insolvenzantragsstellung erarbeiteten Planes, eines sog. „prepackaged plans", erfolgversprechender, als die Vorlage eines Planes, mit dessen Ausarbeitung erst begonnen wird, nachdem das Verfahren eröffnet ist. Dies setzt voraus, dass es zeitlich noch möglich ist, vor der Verfahrenseröffnung einen detaillierten Sanierungsplan mit Insolvenzplanentwurf zu erstellen.[472] Solche vorbereiteten Pläne haben den psychologischen Vorteil, dass derjenige, der die Initiative ergreift, den Sanierungsprozess steuern kann und nicht nur reagiert. Wie bereits erörtert ist insbesondere das Vertrauen, das die Gläubiger in den Schuldner und dessen Sanierungswürdigkeit setzen, entscheidend dafür, ob sich ein solches Konzept durchsetzen lässt. Die frühe Vorlage eines Insolvenzplanes kann hier als vertrauensbildende Maßnahme eine wesentliche Rolle spielen.[473]
Insbesondere die Möglichkeit, den Gläubigern schon zu diesem frühen Zeitpunkt mit Hilfe einer Vergleichsrechnung aufzuzeigen, welche finanziellen Vorteile ein Plan gegenüber einer Sanierung im Regelverfahren oder einer Liquidation für sie hat, kann ausschlaggebend dafür sein, diese von dem angestrebten Sanierungsweg zu überzeugen. Letztlich haben solche Pläne den Vorteil, dass sie dann einen hohen Grad an Bestätigungswahrscheinlichkeit haben, wenn die Abstimmung der Planziele und der zur Realisierung notwendigen Einschnitte in Forderungen mit den mehrheitsbildenden Gläubigern schon im Vorfeld der Antragstellung abgestimmt wurde.

Nicht zu unterschätzen sind schließlich die Möglichkeiten, die eine taktische Gruppenbildung im Zusammenhang mit dem Obstruktionsverbot bieten. Zwar stellt das Gesetz gewisse Mindestanforderungen an die Gruppenbildung, es lässt jedoch genug Raum, die Gruppen so zu bilden, dass insbesondere lästige Kleingläubiger einer Sanierung mittels Insolvenzplan nicht im Wege stehen.
Dies ist der entscheidende Vorteil, den das Planverfahren gegenüber dem in seinen Wirkungen ähnlichen außergerichtlichen Vergleich hat. Denn wie eingangs erwähnt, setzt die außergerichtliche Einigung zwingend voraus, dass mit allen Gläubigern, auch den Kleinstgläubigern, ein entsprechender Vergleichsvertrag geschlossen werden kann. Scheitert ein solches vorgerichtliches Bemühen an genannten Kleingläubigern, bietet im Insolvenzplanverfahren das sich an die Gruppenbildung anschließende Abstimmungsverfahren die Chance, sich unter den gesetzlichen Voraussetzungen über die Belange dieser Gläubiger hinwegzusetzen.

---

[472] Auf dieses Problem weist *Buchalik* in NZI 2000, S.294, 296 hin; auch *Uhlenbruck* in FS Metzeler, S.85, 93.

[473] Kritisch gegenüber diesem Argument äußert sich *Uhlenbruck* in FS Metzeler, S.85, 93: In der Praxis bestehe ein allgemeines Misstrauen gegenüber einem „prepackaged plan", weil der Plan in der Regel von dem Schuldner oder einem Schuldnerberater erstellt werde.

Ein weiterer strategischer Vorteil, den die Vorlage eines Insolvenzplans bietet, ist vollstreckungsrechtlicher Natur: Droht dem Freiberufler die Zwangsversteigerung des Grundstücks, auf dem er seine Praxis betreibt, führt die Vorlage eines Insolvenzplans, der die Nutzung des Grundstücks für die Fortführung der Praxis vorsieht, dazu, dass das Zwangsversteigerungsverfahren nach §30 d I ZVG auf Antrag eingestellt wird. Besondere taktische Möglichkeiten bietet in solchen Fällen ein „single asset" – Plan dann, wenn man mit *Smid* davon ausgeht, dass der Vorrangschutz des §245 II Nr.2 InsO auf grundpfandrechtlich gesicherte Gläubiger dann keine Anwendung findet, wenn das Grundpfandrecht nicht werthaltig ist, weil es nicht durchgesetzt werden könnte.[474]

Nicht abzusehen ist bislang, welche Auswirkungen die Bestätigung eines Insolvenzplans auf den drohenden Zulassungswiderruf bei Rechtsanwälten, Notaren und Steuerberatern haben kann. Nach der hier vertretenen Auffassung ist die Bestätigung des Plans ein deutliches Indiz dafür, dass das Merkmal des Vermögensverfalls trotz Insolvenz zu verneinen ist. Sollte sich diese an dem Rechtsgedanken des §12 GewO orientierende Auffassung durchsetzen, wird der Insolvenzplan in Zukunft in der Insolvenz von Rechtsanwälten, Steuerberatern und Notaren an Bedeutung gewinnen.

### c) Ergebnis

Auch wenn die Sanierung einer freiberuflichen Praxis mittels Eigenverwaltung und Insolvenzplan von einigen als der Königsweg betrachtet wird, wofür in erster Linie rechtliche Gesichtspunkte sprechen, wird sich dieses Konzept kaum durchsetzen.
Die Anordnung der Eigenverwaltung wird auch in Zukunft an zwei Hürden scheitern: Bislang fehlt im deutschen Rechtsraum das Verständnis dafür, die Insolvenz nicht als Liquidations-, sondern als Sanierungsmittel zu betrachten. Überdies, und das wird auf Dauer schwerer wiegen, werden die Freiberufler, bei denen Insolvenzursache und Verhalten in der finanziellen Krise für Rechtschaffenheit und wirtschaftliches Grundverständnis sprechen, einen Weg finden, sich vorgerichtlich mit ihren Gläubigern zu vergleichen. Hingegen kann die Ausarbeitung eines Insolvenzplans in den verschiedenen Verfahrensstadien die Position des Schuldners erheblich stärken. Dessen taktischen Möglichkeiten wurde bislang nicht hinreichend Beachtung geschenkt. Es ist zu vermuten, dass diese Möglichkeiten des Planverfahrens in Zukunft besser erkannt werden und der Insolvenzplan an Bedeutung gewinnt.

---

[474] *Smid* in FS Gerhardt, S.1, 30.

## G. Thesenartige Zusammenfassung der Ergebnisse

1. Der praktizierende Freiberufler fällt grundsätzlich unter die Vorschriften des Regelinsolvenzverfahrens, also nicht unter die des Verbraucherinsolvenzverfahrens nach §§304 ff. InsO.

2. Ein Eigenantrag auf Eröffnung des Insolvenzverfahrens zur Erlangung der Restschuldbefreiung ist nicht erforderlich.

3. Die freiberufliche Praxis inkl. deren Goodwill sowie Einzelgegenstände in den Grenzen des §36 I InsO i.V.m. §811 I Nr.5 ZPO, wozu auch die Praxisunterlagen des Freiberuflers gehören, sind vom Insolvenzbeschlag umfasst. Bei einer Übertragung der Karteien ist allerdings in jedem Fall die vorherige Einwilligung durch die betroffenen Patienten/Mandanten erforderlich. Nicht massezugehörig sind dagegen die Arbeitskraft des Schuldners und dessen Zulassung sowie beim Arzt/Zahnarzt dessen Vertragsarztsitz.

4. In der Insolvenz eines in der Rechts- oder Steuerberatung (Rechtsanwalt, Steuerberater, Notar, Patentanwalt, Wirtschaftsprüfer) tätigen Freiberuflers ist in aller Regel spätestens mit der Eröffnung des Insolvenzverfahrens mit dem Zulassungsentzug durch die Kammern zu rechnen. Im Einzelfall kann dies durch Bestätigung eines Insolvenzplans oder durch Aufnahme einer Tätigkeit als angestellter Rechts- oder Steuerberater vermieden werden.

5. Ansprüche des Arztes und des Zahnarztes gegen die Kassenärztliche bzw. die Kassenzahnärztliche Vereinigung sind als Bezüge aus einem Dienstverhältnis i.S.d. § 114 InsO zu qualifizieren.

6. Der Insolvenzverwalter ist grundsätzlich verpflichtet, sämtliche Vergütungsansprüche des freiberuflich tätigen Schuldners einschränkungslos einzuziehen Der Schuldner kann beantragen, dass ihm von den pfändbaren Vergütungen als Unterhaltsbedarf so viel belassen wird, wie wenn sein Einkommen aus laufendem Arbeits- und Dienstlohn bestände, § 850 i Abs.1 ZPO, wobei betrieblich veranlasste Kosten vorher zu Gunsten des Schuldners analog § 850 a Nr. 3 ZPO zu berücksichtigen sind.
Es ist dem Insolvenzverwalter aber auch möglich, mit dem Schuldner zu vereinbaren, ihm die für die Fortführung seiner Tätigkeit erforderlichen Mittel aus der bereits vorhandenen Insolvenzmasse oder aus den zukünftigen, gleichfalls zur Masse gehörenden Einkünften, zu belassen, so dass der Schuldner weitestgehend eigenständig weiterarbeiten kann.

7. Der Gemeinschuldner kann nach Eröffnung des Insolvenzverfahrens durch sein Handeln allein keine gegen die Masse gerichteten Verbindlichkeiten begründen. Für den Verwalter besteht trotzdem eine Haftungsgefahr, da insbesondere Finanzämter in Zukunft die Ansicht vertreten werden, durch den Schuldner begründete Steuerverbindlichkeiten seien gegen die Masse gerichtet, für die der Verwalter zu haften habe.

8. Bei der Fortführung der freiberuflichen Praxis in der Insolvenz durch den Verwalter kollidieren berufs- und insolvenzrechtliche Regelungen. Die Fortführung der freiberuf-

lichen Praxis durch den Verwalter bei eigener Qualifikation begegnet trotz grundsätzlicher Zulässigkeit wie die Fortführung durch den Verwalter im Wege der Regelinsolvenz unter Mitwirkung des Freiberuflers rechtlichen Schwierigkeiten und praktischen Problemen.

9. Die Sanierung der freiberuflichen Praxis mittels der Eigenverwaltung bietet eine rechtlich einwandfreie Lösung. Allerdings wird sich dieses Institut auch in Zukunft nicht als Sanierungsinstrument in der Freiberuflerinsolvenz durchsetzen. Dies liegt zum einen an der mangelnden Akzeptanz des Insolvenzrechts und hierbei insbesondere der Eigenverwaltung als Sanierungsmittel, zum anderen an den Möglichkeiten und Vorteilen, die eine außergerichtliche Sanierung im Verhältnis zur Sanierung in Eigenverwaltung allen Beteiligten bietet.

10. Der Insolvenzplan wird zur Sanierung der freiberuflichen Praxis bislang kaum genutzt. Hierfür ist in erster Linie der vergleichsweise hohe zeitliche und finanzielle Aufwand bei der Ausarbeitung eines Plans verantwortlich.
Die taktischen Möglichkeiten eines Insolvenzplans sind bisher nur unzureichend erkannt und genutzt worden. Es ist zu vermuten, dass den Möglichkeiten des Planverfahrens in Zukunft mehr Aufmerksamkeit geschenkt wird und der Insolvenzplan als Sanierungsweg in der Freiberuflerinsolvenz an Bedeutung gewinnt.

## Literaturverzeichnis


| | |
|---|---|
| Alter, Thomas | Anmerkung zu Thüringer FG, Urt. v. 11.09.2003 – IV 966/02 in Zeitschrift für das gesamte Insolvenzrecht (ZInsO) 2004, S.393; |
| Arndt, Herbert/ Lerch, Klaus/ Sandkühler, Gerd | Kommentar zur Bundesnotarordnung, 5.Aufl., 2003, Köln u.a.; |
| Balz, Manfred/ Landfermann, Hans | Die neuen Insolvenzgesetze, mit Einleitung, Begründung des Regierungsentwurfes, Bericht des Rechtausschusses des Deutschen Bundestages sowie ergänzenden Hinweisen, Verweisungen und Sachverzeichnis, 1995, Düsseldorf; |
| Baumbach, Adolf/ Lauterbach, Wolfg./ Albers, Jan/ Hartmann, Peter | Kommentar zur Zivilprozessordnung, 62. Auflage, 2004, München, zit.: *Bearbeiter* in Baumbach/Lauterbach; |
| Bearbeiter | Münchner Kommentar zur Zivilprozessordnung, Band 1-3, 2.Aufl., 2001, München, zit.: *Bearbeiter* in MüKo zur ZPO; |
| Bearbeiter | Münchner Kommentar zur Insolvenzordnung, Band 1-3, 2003, München; zit.: *Bearbeiter* in MüKo zur InsO; |
| Bearbeiter | Insolvenzrecht, Berliner Praxiskommentar, 2002, Berlin, zit.: *Bearbeiter* in BK; |
| Beck, Siegfried/ Depré, Peter/ Bearbeiter | Praxis der Insolvenz, 2003, München, zit.: *Bearbeiter* in Praxis der Insolvenz; |
| Berger, Christian | Zur Neuregelung der Zession anwaltlicher Gebührenforderungen, in Neue Juristische Wochenschrift (NJW) 1995, S.1406; |
| Bichlmeier, Wilhelm/Engberding, Anton/Oberhofer, Hermann | Insolvenzhandbuch, 2.Aufl., 2003, Frankfurt; |
| Bogs, Harald | Das Grundrecht der Berufsfreiheit (Art.12 GG) im Spiegel des Artsystems, in Festschrift für Werner Thieme, 1993, Köln u.a.; |

| | |
|---|---|
| Bork, Reinhard/ Koschmieder, Kurt/ Bearbeiter | Fachanwaltshandbuch für Insolvenzrecht, 2003, Köln, zit.: *Bearbeiter* in Fachanwaltshandbuch; |
| Bräuer, Karl | Die Frage der Heranziehung der Ärzte zur Gewerbesteuer. Ein Beitrag zur Erkenntnis des steuerlichen Charakters freiberuflicher Einkommen, 1929, Jena; |
| Braun, Eberhard | Kommentar zur Insolvenzordnung, 2002, München; |
| Braun, Eberhard | Zwei Insolvenzverwalter in der Eigenverwaltung, in Neue Zeitschrift für Insolvenzrecht (NZI) 2003, S.588; |
| Braun, Eberhard/ Uhlenbruck, Wilhelm | Die Unternehmensinsolvenz, 1997, Düsseldorf, zit.: *Bearbeiter* in Unternehmensinsolvenz; |
| Breutigam, Axel/ Blersch, Jürgen/ Goetsch, Hans/ | Berliner Kommentar zur Insolvenzordnung, Stand 7/2003, Berlin, zit.: *Bearbeiter* in BK; |
| Buchalik, Robert | Faktoren einer erfolgreichen Eigenverwaltung, in Neue Zeitschrift für Insolvenzrecht (NZI) 2000, S.294; |
| Bundesministerium der Finanzen | Bundesministerium der Finanzen zur ertragssteuerlichen Behandlung von Sanierungsgewinnen, Steuerstundung und Steuererlass aus sachlichen Billigkeitsgründen (§§163, 222, 227 AO), Schreiben des BMF vom 27.03.2003 - IV A 6 - S 2140 - 8/03, in Zeitschrift für Wirtschaftsrecht (ZIP) 2003, S.690; |
| Buth, Andrea/ Hermanns, Michael | Restrukturierung, Sanierung, Insolvenz, 1998, München, zit.: *Bearbeiter* in Restrukturierung, Sanierung, Insolvenz; |
| Cramer, Udo | Praxiswert und Praxisbewertung heute, in Medizinrecht (MedR) 1992, S.313; |
| Cramer, Udo/ Maier, Bernd | Praxisübergabe und Praxiswert, in Medizinrecht (MedR) 2002, S.616; |
| Delhaes, Wolfgang | Zur Zulässigkeit des Restschuldbefreiungsantrags in einem durch Gläubigerantrag eingeleiteten Verbraucherinsolvenzverfahren, in Zeitschrift für das gesamte Insolvenzrecht (ZInsO) 2000, S.358; |

| | |
|---|---|
| Deppert, Katharina | Die Rechtsprechung des Senats für Anwaltssachen des BGH im Jahre 2000, in Bundesrechtsanwaltskammer-Mitteilungen (BRAK-Mitt.) 2001, S.111; |
| Diepold, Hugo | Hat § 49 b BRAO Auswirkungen auf die Pfändbarkeit von Vergütungsforderungen von Rechtsanwälten?, in Monatsschrift für Deutsches Recht (MDR) 1995, S.23; |
| Eckardt, Diederich | Kurzkommentar zu LG Erfurt, Urteil vom 30.10.2002 – 3 O 2992/01, in Entscheidungen im Wirtschafsrecht (EWiR) 2002, S.69; |
| Ehlers, Harald | Amerikanische Erfahrungen mit „Chapter 11“ und die Insolvenzrechtsreform, in Zeitschrift für Wirtschaftsrecht (ZIP) 1998, S.1025; |
| Ehricke, Ulrich | Sicherungsmaßnahmen bei Antrag auf Anordnung einer Eigenverwaltung, insbesondere zur Person des vorläufigen Sachwalters, in Zeitschrift für Wirtschaftsrecht (ZIP) 2002, S.782; |
| Eickmann, Dieter (Hrsg.) | Heidelberger Kommentar zur Insolvenzordnung, 3.Aufl., 2003, Heidelberg, zit.: *Bearbeiter* in HK; |
| Eidenmüller, Horst | Unternehmenssanierung zwischen Markt und Gesetz, 1999, Köln; |
| Eidenmüller, Horst | Obstruktionsverbot, Vorrangregel und Absonderungsrechte, in Festschrift für Prof. Dr. Dr. hc Jochen Drukarczyk zum 65. Geburtstag, Hrsg.: Frank Richter, 2003, München; |
| Eisenberg, Judith | Ärztliche Organisations- und Kooperationsformen, Dissertation, 2002, Frankfurt u.a.; |
| Englert, Joachim | Die Bewertung von freiberuflichen Praxen mit Hilfe branchentypischer Wertfindungsmethoden, in Betriebsberater (BB) 1997, S.142; |
| Eylmann, Horst/ Vaasen, Hans-Dieter | Kommentar zur Bundesnotarordnung, 2000, München; |
| Feser, Udo | Insolvenzplan und Eigenverwaltung – ein gangbarer Weg in der Insolvenz von Rechtsanwälten?, auf www.rak-berlin.de/info- mitglieder/berufsrecht/zulassung/insolvenzpl. |

| | |
|---|---|
| Feuerich, Wilhelm/ Weyland, Dagmar | Kommentar zur Bundesrechtsanwaltsordnung, 6.Aufl., 2003, München; |
| Fiedler, Jann | Gibt es ein Anwaltsleben nach dem "wirtschaftlichen Tod"?, Stellungnahme des Kammervorstand zum Widerrufsverfahren bei Insolvenzplan, auf www.rak-berlin.de/infomitglieder/Berufsrecht/Zulassung/Widerruf.htm; |
| Flessner, Axel | Grundfragen des künftigen Sanierungsrechts, in Zeitschrift für Wirtschaftsrecht (ZIP) 1981, S.113; |
| Flessner, Axel | Sanierung und Reorganisation, Insolvenzverfahren für Großunternehmen in rechtsvergleichender und rechtspolitischer Untersuchung, 1982, Tübingen; |
| Förster, Karsten | Klartext: Wem nützt die Eigenverwaltung?, in Zeitschrift für das gesamte Insolvenzrecht (ZInsO) 2003, S.402; |
| Förster, Karsten | Klartext: Von Böcken und Gärtnern, in Zeitschrift für das gesamte Insolvenzrecht (ZInsO) 1999, S.153; |
| Frege, Michael/ Keller, Ulrich/ Riedel, Ernst | Insolvenzrecht, Handbuch zur Rechtspraxis, 6.Aufl., 2002, München; |
| Friauf, Karl-Heinz/ Bearbeiter | Kommentar zur Gewerbeordnung, Loseblattsammlung, Stand Januar 2004, zit.: *Bearbeiter* in Friauf; |
| Fuchs, Karlhans | Die Änderungen im Restschuldbefreiungsverfahren – Problemlösung oder neue Fragen?, in Neue Zeitschrift für Insolvenzrecht (NZI) 2002, S.298; |
| Fuchs, Karlhans (Red.)/ Bearbeiter | Kölner Schrift zur Insolvenzordnung, 2.Aufl., 2000; herausgegeben durch den Arbeitskreis für Insolvenz- und Schiedsgerichtswesen e.V., Köln, zit.: *Bearbeiter* Kölner Schrift zur InsO; |
| Georg, Thomas | Insolvenzplanverfahren: Erste Erfahrungen, in Zeitschrift für das gesamte Insolvenzrecht (ZInsO) 2000, S.93; |
| Gerhardt, Walter | Zur Reichweite der Vermögenshaftung, in Festschrift Gaul, S.139, 1997; |

| | |
|---|---|
| Gerhardt, Walter | Kurzkommentar zu BGH, Urteil vom 12.12.1985 - IX ZR 1/85, in Zeitschrift für Wirtschaftsrecht (ZIP) 1986, S.170; |
| Gottwald, Peter | Insolvenzrechtshandbuch, 1990, München; |
| Graf, Ulrich/ Wunsch, Irene | Eigenverwaltung und Insolvenzplan – gangbarer Weg in der Insolvenz von Freiberuflern und Handwerkern? in Zeitschrift für Wirtschaftsrecht (ZIP) 2001, S.1029; |
| Graf-Schlicker, M./ Maus, Karl-Heinz/ Uhlenbruck, Wilhelm | Die Unternehmensinsolvenz nach der InsO, Zwei Modellverfahren mit Ablauf und Erläuterungen, 1997, Köln; |
| Gravenbrucher Kreis | Appell gegen die Verabschiedung der Insolvenzrechtsreform, in Zeitschrift für Wirtschaftsrecht (ZIP) 1994, S.585; |
| Grote, Hugo | Restschuldbefreiungsantrag des Verbraucherschuldners im Insolvenzverfahren, das auf Gläubigerantrag eröffnet wurde, in Zeitschrift für das gesamte Insolvenzrecht (ZInsO) 2000, S.146; |
| Grote, Hugo | Anmerkung zu BGH, Beschluss vom 20.03.2003 - IX ZB 388/02, in Zeitschrift für das gesamte Insolvenzrecht (ZInsO) 2003, S.416; |
| Grub, Volker | Kommentar zu FG Düsseldorf, Beschluss vom 24.03.1992 = Zeitschrift für Wirtschaftsrecht (ZIP) 1992, S.635, in Entscheidungen im Wirtschaftsrecht (EWiR) 1992, S.81; |
| Grub, Volker | Insolvenzplan und Eigenverwaltung, in Anwaltsblatt (AnwBl) 2000, S.580; |
| Grub, Volker/ Rinn, Katja | Die neue Insolvezordnung – ein Freifahrschein für Bankrotteure, in Zeitschrift für Wirtschaftsrecht (ZIP)1993, S.1583; |
| Häsemeyer, Ludwig | Insolvenzrecht, 2. neubearbeitete Aufl., 1998, Köln, u.a.; |
| Häsemeyer, Ludwig | Insolvenzrecht, 3.Aufl., 2003, Köln; |
| Henssler, Martin/ Prütting, Hanns | Kommentar zu Bundesrechtsanwaltsordnung, 1.Aufl., 1997, München; |
| Henssler, Martin/ Prütting, Hanns | Kommentar zur Bundesrechtsanwaltsordnung, 2.Aufl., 2004, München; |

| | |
|---|---|
| Herzig, Dirk | Das Insolvenzplanverfahren, Eine schwerpunktmäßige Untersuchung aus praktischer Sicht unter dem Gesichtspunkt der Zeitkomponente mit rechtsvergleichender Betrachtung des Reorganisationsverfahrens nach Chapter 11 des Bankruptcy Codes, Dissertation, 2000, Frankfurt u.a.; |
| Hess, Harald | Die Vorausverfügung über Vergütungsansprüche der Arbeitnehmer in der Insolvenz, in AR-Blattei SD, Insolvenz II, 915.2, 2000; |
| Hess, Harald/ Fechner, Dietrich/ Freund, Konrad/ Körner, Friederike | Sanierungshandbuch, 3.Aufl., 1998, München; |
| Hess, Harald/ Obermüller, Manfred | Insolvenzplan, Restschuldbefreiung und Verbraucherinsolvenz, 3.Aufl., 2002, Heidelberg; |
| Hess, Harald/ Röpke, Andreas | Die Insolvenz der kammerabhängigen freien Berufsangehörigen, in Neue Zeitschrift für Insolvenzrecht (NZI) 2003, S.233; |
| Heuss, Theodor | Organisationsprobleme der "freien Berufe", in Festschrift Lujo Brentano zum 70. Geburtstag, S.237, 1916, München/Leipzig; |
| Heyer, Hans-Ulrich | Die Änderungen im Eigen- und Fremdantragsverfahren nach dem InsOÄndG 2001, in Zeitschrift für das gesamte Insolvenzrecht (ZInsO) 2002, S.59; |
| Hintzen, Udo | Insolvenzantrag und Antrag auf Eigenverwaltung, in Zeitschrift für das gesamte Insolvenzrecht (ZInsO) 1998, S.15; |
| Huhn, Christoph | Die Eigenverwaltung im Insolvenzverfahren, Dissertation, 2001, Köln; |
| Huntemann, Eva/ Dietrich, Martin | Eigenverwaltung und Sanierungsplan – der verkannte Sanierungsweg, in Zeitschrift für das gesamte Insolvenzrecht (ZInsO) 2001, S.13; |
| Jaeger, Ernst/ Henckel, Wolfram | Kommentar zur Konkursordnung, 9.Aufl., 1997, Berlin; |
| Jessnitzer, Kurt/ Blumberg, Hanno | Kommentar zur Bundesrechtsanwaltsordnung, 9.Aufl., 2000, Köln u.a.; |

| | |
|---|---|
| Kamps, Hans | Der Verkauf der Patientenkartei und die ärztliche Schweigepflicht, in Neue Juristische Wochenschrift (NJW) 1992, S.1545; |
| Kautzsch, Christof | Unternehmenssanierung im Insolvenzverfahren, Dissertation, 2001, Köln u.a.; |
| Keller, Richard | Unternehmenssanierung, 1999, Herne/Berlin; |
| Keller, Ulrich | Die Vergütung des Insolvenzverwalters im masselosen Insolvenzverfahren, in Zeitschrift für Wirtschaftsrecht (ZIP) 2004, S.633. |
| Kemper, Martin | Die US-amerikanischen Erfahrungen mit „Chapter 11", Dissertation, 1996, Frankfurt; |
| Kilger, Joachim/ Schmidt, Karsten | Insolvenzgesetze, KO/VglO/GesO, 16.Aufl., 1993, München; |
| Kilger, Joachim/ Schmidt, Karsten | Insolvenzgesetze, KO/VglO/GesO, 17.Aufl., 1997, München; |
| Kirchhof, Hans-Peter | Das Verbraucherinsolvenzverfahren aus Gläubigersicht, in Zeitschrift für das gesamte Insolvenzrecht (ZInsO) 1998, S.54; |
| Kleine-Cosack, Michael | Kommentar zur Bundesrechtsanwaltsordnung, 4.Aufl., 2003, München; |
| Kluth, Thomas | Die freiberufliche Praxis „als solche" in der Insolvenz – „viel Lärm um nichts"? in Neue Juristische Wochenschrift (NJW) 2002, S.186; |
| Kluth, Thomas | Das „Allerletzte" zur Analogie in der Eigenverwaltung, in Zeitschrift für das gesamte Insolvenzrecht (ZInsO) 2002, S.1170; |
| Koch, Asja | Die Eigenverwaltung nach der Insolvenzordnung, Dissertation, 1998, Frankfurt u.a.; |
| Kothe, Wolfhard | Anmerkung zu BGH, Beschl. vom 20.03.2003 – IX ZB 388/02, in Neue Zeitschrift für Insolvenzrecht (NZI) 2003, S.393; |

| | |
|---|---|
| Kothe, Wolfhard/ Busch, Dörte | Anmerkung zu BGH, Beschl. v. 08.07.2004 – IX ZB 209/03, in Deutsche Zeitschrift für Wirtschafts- und Insolvenzrecht DZWIR 2005, S.71; |
| Kraemer, Joachim | Handbuch zur Insolvenz, 1.Aufl., 15.Aktualisierung, 1997, Bonn; |
| Kübler, Bruno (Hrsg.)/ Bearbeiter | Neuordnung des Insolvenzrechts, 1999, Köln, zit.: *Bearbeiter* in Kübler, Neuordnung des Insolvenzrechts; |
| Kübler, Bruno/ Prütting, Hanns/ Bearbeiter | Kommentar zur Insolvenzordnung, Band I und II, Stand Dezember 2003, Köln; zit.: *Bearbeiter* in Kübler/Prütting; |
| Kuhn, Georg/ Uhlenbruck, Wilhelm | Kommentar zur Konkursordnung, 12. Aufl., 1998, München; |
| Küntzel, Wolfram | Bewertung von Arztpraxen, in Zeitschrift für Deutsches Steuerrecht (DStR) 2000, S.1103; |
| Kussmaul, Rolf/ Steffan, Bernhard | Insolvenzplanverfahren: Der prepackaged plan als Sanierungsalternative, in Der Betrieb (DB) 2000, S.1849; |
| Landmann, Robert/ Rohmer, Gustav | Kommentar zur Gewerbeordnung und ergänzende Vorschriften, Stand: Mai 2003, München; |
| Langguth, Hermann | Vertragsarzt – Konkurseröffnung – Befugnis zur Verlegung des Vertragsarztsitzes, in Zeitschrift für Deutsches Steuerrecht (DStR) 2001, S.1358; |
| Laufhütte, Heinrich | Aus der Rechtsprechung des Anwaltssenats beim Bundesgerichtshof, in Deutsche Richterzeitung (DRiZ) 1990, S.431; |
| Laufs, Adolf/ Uhlenbruck, Wilhelm | Handbuch des Arztrechts, 3.Aufl., 2002, München; |
| Lauscher, Rudolf/ Weßling, Johannes/ Bange, Hubertus | Musterinsolvenzplan, in Zeitschrift für das gesamte Insolvenzrecht (ZInsO)1999, S.5; |

Leipold, Dieter (Hrsg.) — Insolvenzrecht im Umbruch, Analysen und Alternativen; Würzburger Arbeitstagung der Vereinigung der Zivilprozessrechtslehrer zum Referentenentwurf einer Insolvenzordnung, 1991, Köln;

Loose, Matthias — Anmerkung zu Thüringer FG, Urt. v. 11.09.2003 - IV 966/02 in Entscheidungen der Finanzgerichte (EFG) 2004, S.1171;

Lüke, Wolfgang — Zur Haftung des Insolvenzverwalters im Planverfahren, in Festschrift Uhlenbruck, 2000, S.519;

Lüke, Wolfgang — Anmerkung zu LG Cottbus, Beschluss vom 17.07.2001 - 7 T 421/00 = Zeitschrift für das gesamte Insolvenzrecht 2001, S.2188, in Zeitschrift für Wirtschaftsrecht (ZIP) 2001, S.2189;

Maus, Karl-Heinz — Steuern bei Neuerwerb im Insolvenzverfahren, oder: Der ungeliebte Neuerwerb, in Zeitschrift für Wirtschaftsrecht (ZIP) 2004, S.389;

Maus, Karl-Heinz — Die Steuerzahlungspflicht des Insolvenzverwalters bei Neuerwerb des Schuldners, in Zeitschrift für das gesamte Insolvenzrecht (ZInsO) 2001, S.493;

Mentzel, Franz/ Kuhn, Georg — Kommentar zur Konkursordnung, 8.Aufl., 1976, München;

Messner, Olaf — Die Praxis des Selbständigen in der Insolvenz, Vortrag vor dem Arbeitskreis Insolvenzrecht, 13.01.2004, IHK Köln;

Michalski, Lutz/ Römermann, Volker — Verkauf einer Anwaltskanzlei, in Neue Juristische Wochenschrift (NJW) 1996, S.1305;

Miller, H., u.a. — Formulation and Confirmation of Chapter 11 plans under the Bankruptcy Code, Commercial Law and Practise Course, Handbook Series 35;

Musielak, Hans-J. — Kommentar zur Zivilprozessordnung, 3.Aufl., 2002, München;

Nerlich, Jörg/ Römermann, Volker/ Bearbeiter — Kommentar zur Insolvenzordnung, Stand: Juli 2003, zit.: *Bearbeiter* in Nerlich/Römermann;

Niedernhöfer, Diana — Der clevere Freiberufler schlägt der Insolvenz ein Schnippchen, in Handelsblatt vom 21.07.2004, S.14;

| | |
|---|---|
| Nipperdey, Hans-C. | Das deutsche Privatrecht in der Mitte des 20. Jahrhunderts, in Festschrift H. Lehmann, 1956, Berlin; |
| Obermüller, Manfred | Insolvenzrecht in der Bankpraxis, 6.Aufl., 2002, Köln; |
| Palandt, Otto/ Bearbeiter | Kommentar zum Bürgerlichen Gesetzbuch, 63. Aufl., 2004, München, zit.: *Bearbeiter* in Palandt; |
| Pape, Gerhard | Vorschläge zur Reform des Insolvenzverfahrens, insbesondere des Verbraucherinsolvenzverfahrens, in Zeitschrift für Wirtschaftsrecht (ZIP) 2000, S.1553; |
| Pape, Gerhard | Kommentar zu BFH, Urteil vom 22.03.1994 – VII R 58/93 = Zeitschrift für Wirtschaftsrecht (ZIP) 1994, S.1283, in Entscheidungen im Wirtschaftsrecht (EWiR) 1994, S.1003; |
| Pape, Gerhard | Unzulässigkeit von Neugläubigerklagen gegen Schuldner, in Zeitschrift für das gesamte Insolvenzrecht (ZInsO) 2002, S.917; |
| Pape, Gerhard | Erforderlichkeit eines Eigenantrags des Schuldners im Fall des Antrags auf Restschuldbefreiung bei Anschließung an einen Gläubigerantrag, in Neue Zeitschrift für Insolvenzrecht (NZI) 2002, S.186; |
| Pape, Gerhard/ Uhlenbruck, Wilhelm | Insolvenzrecht, NJW-Schriftenreihe, 2002, München; |
| Pech, Janine | Die Einbeziehung des Neuerwerbs in die Insolvenzmasse, Dissertation, 1998, Köln u.a.; |
| Picot, Gerhard/ Aleth, Franz | Unternehmenskrise und Insolvenz, 1.Aufl., 1999, München; |
| Piltz, Detlev | Die Unternehmensbewertung in der Rechtsprechung, 3.Aufl., 1994, Düsseldorf; |
| Prütting, Hanns/ Huhn, Christoph | Kollision von Gesellschaftsrecht und Insolvenzrecht bei der Eigenverwaltung?, in Zeitschrift für Wirtschaftsrecht (ZIP) 2002, S.777; |
| Quaas, Michael | Zur Berufsfreiheit der Freiberufler, insbesondere der Ärzte, in Zeitschrift für Medizinrecht (MedR) 2001, S.34; |

Rajak, Harry — Die Kultur der Insolvenz, in Zeitschrift für das gesamte Insolvenzrecht (ZInsO)1999, S.666;

Rattunde, Rolf — Sanierung durch Insolvenz, in Zeitschrift für Wirtschaftsrecht (ZIP) 2003, S,2103;

Rattunde, Rolf — Sanierung von Großunternehmen durch Insolvenzpläne – der Fall Herlitz, in Zeitschrift für Wirtschaftsrecht (ZIP) 2003, S.596;

Ries, Stephan — Die Praxis des Vertragsarztes in der Insolvenz; die Masse zahlt alle Betriebskosten und die Bank kassiert das Honorar? Zugleich Anmerkung zu Uhlenbruck, Insolvenzrechtliche Probleme der vertragsärztlichen Praxis, Zeitschrift für Verbraucher- und Privatinsolvenzrecht (ZVI) 2002, S.49, in Zeitschrift für das gesamte Insolvenzrecht (ZInsO) 2003, S.1079;

Ries, Stephan — Die Insolvenz des Freiberuflers, in ZVI 2004, S.221;

Robinski, Severin/ Bearbeiter — Gewerberecht, 2.Aufl., 2002, München, zit.: *Bearbeiter* in Robinski;

Roellenbleg, Rainer — Verfassungswidrigkeit der InsO?, in Neue Zeitschrift für Insolvenzrecht (NZI) 2004, S.176;

Roggenbuck, Ellen — Aus der Rechtsprechung des Anwaltssenates beim Bundesgerichtshof, in Neue Justiz (NJ) 1991, S.206;

Runkel, Hans-Peter — Probleme beim Neuerwerb in der Insolvenz, in Festschrift Uhlenbruck, S.35, 2000;

Saegon, Christopher/Wiester, Roland — Erste praktische Erfahrungen mit der Insolvenzordnung aus Verwaltersicht, in Zeitschrift für das gesamte Insolvenzrecht (ZInsO) 1999, S.627;

Sander, Jürgen — Zur (Un-)Anwendbarkeit von §114 InsO auf Honorare von Kassenärzten, in Zeitschrift für das gesamte Insolvenzrecht (ZInsO) 2003, S.1129;

Schick, Walter — Der Konkurs des Freiberuflers – berufsrechtliche, konkursrechtliche und steuerrechtliche Aspekte, in Neue Juristische Wochenschrift (NJW) 1990, S.2359;

Schick, Walter — Die freien Berufe im Steuerrecht, 1973, Köln;

Schiessler, Wolfram — Der Insolvenzplan, Dissertation, 1997, Bielefeld;

Schippel, Helmut — Kommentar zur Bundesnotarordnung, 7.Aufl., 2000, München;

Schlegel, Stephan — Insolvenzantrag und Eigenverwaltungsantrag bei drohender Zahlungsunfähigkeit, in Zeitschrift für Wirtschaftsrecht (ZIP) 1999, S.954;

Schmahl, Hermannj. — Keine Restschuldbefreiung ohne Eigenantrag, in Zeitschrift für das gesamte Insolvenzrecht (ZInsO) 2002, S.212;

Schmidt, Karsten/ Uhlenbruck, Wilhelm — Die GmbH in Krise, Sanierung und Insolvenz, 2.Aufl., 1999, Köln;

Schmield, Wolfgang — Das Recht des Vertrags(zahn)arztes auf angemessene Vergütung in Zeiten der Budgetierung, in Zeitschrift für Medizinrecht (MedR) 2002, S.116;

Schmittmann, Jens — Vermögensverfall und Widerruf der Bestellung der freien kammergebundenen rechts- und steuerberatenden Berufe, in Neue Juristische Wochenschrift (NJW) 2002, S.182;

Schmucker, Alexandra — STAR: Umsatz- und Einkommensentwicklung der Rechtsanwälte 1999 – 2001, in Bundesrechtsanwaltskammer - Mitteilungen (BRAK-Mitt.) 2003, S.254;

Schneider, Matthias/ Waschk, Michael — Das Unternehmen zwischen Krise und Insolvenz, 2002, Bonn;

Scholten, Gerd — Abschaffung der Steuerfreiheit für Sanierungsgewinne, in Zeitschrift für das gesamte Insolvenzrecht (ZInsO) 1998, S.82;

Schönke, Adolf/ Schröder, Horst/ Bearbeiter — Kommentar zum Strafgesetzbuch und Nebengesetze, 51.Aufl., 2001, München, zit.: *Bearbeiter* in Schönke/Schröder;

Serick, Rolf — Wiedereinführung der altorientalischen Schuldknechtschaft durch die Insolvenzordnung?, in Betriebsberater (BB) 1992, S.2441;

Seybold, Karl/ Schippel, Helmut/ Bearbeiter — Kommentar zur Bundesnotarordnung, 6. Auflage, 1995, München, zit.: *Bearbeiter* in Seybold/Schippel;

Smid, Stefan — Kommentar zur Insolvenzordnung, 1.Aufl., 1999;

Smid, Stefan — Kommentar zur Insolvenzordnung, 2.Aufl., 2002;

Smid, Stefan — Grundzüge des Insolvenzrechts, 4.Aufl., 2002, München;

Smid, Stefan — Sanierungsverfahren nach dem neuen Insolvenzrecht, in Wertpapiermitteilungen (WM) 1998, S.2489;

Smid, Stefan — Abwehr der Amtsenthebung durch Insolvenzplan des verschuldeten Notars, in Zeitschrift für die Notarpraxis (ZNotP) 2004, S.316;

Smid, Stefan — Struktur und systematischer Gehalt des deutschen Insolvenzrechts in der Judikatur des IX. Zivilsenats des Bundesgerichtshofs, in Deutsche Zeitschrift für Wirtschafts- und Insolvenzrecht (DZWIR) 2004, S.1;

Smid, Stefan — Zu einigen Fragen der Eigenverwaltung, in Deutsche Zeitschrift für Wirtschafts- und Insolvenzrecht (DZWIR) 2002, S.493;

Smid, Stefan — Stellung der Grundpfandgläubiger, Zwangsversteigerung und Schuldenreorganisation durch Insolvenzplan, in Festschrift für Gerhardt, S.1;

Smid, Stefan — Anmerkung zu AG Charlottenburg, Beschl. v. 22.12.2004 – 101 IN 2808/04, in Deutsche Zeitschrift für Wirtschafts- und Insolvenzrecht (DZWIR) 2005, S.168;

Smid, Stefan/ Nellessen, Eckehard — Acht Thesen zum Verhältnis der Aufgaben von Insolvenzgericht und Insolvenzverwalter zu den verfahrensrechtlichen Befugnissen des Schuldners im neuen Insolvenzverfahren, in Insolvenz und Vollstreckung (InVO) 1998, S.113;

Smid, Stefan/ Rattunde, Rolf — Der Insolvenzplan, 1998, Stuttgart u.a.;

Smid, Stefan/ Wehdeking, Silke — Arbeitseinkommen des Schuldners und Rechtszuständigkeit des Insolvenzverwalters bzw. Treuhänders in dem über das Vermögen natürlicher Personen eröffneten Insolvenzverfahren, in Insolvenz und Vollstreckung (InVO) 2000, S.293;

| | |
|---|---|
| Smid,Stefan/ Wehdeking,Silke/ Flöther, Lukas | Eigenverwaltung des insolventen Schuldners, 2005; |
| Sodan, Helge | Freie Berufe als Leistungserbringer im Recht der gesetzlichen Krankenversicherung. Ein verfassungs- und verwaltungsrechtlicher Beitrag zum Umbau des Sozialstaates, Habitilationschrift, 1997, Tübingen; |
| Stein, Friedrich/ Jonas, Martin/ Bearbeiter | Kommentar zur Zivilprozessordnung, Band 1-7, 21.Aufl., ab 1993, Tübingen, zit.: *Bearbeiter* in Stein/Jonas; |
| Stephan, Guido | Das InsO-Änderungsgesetz 2005 – Die geplanten Neuerungen im Referentenentwurf eines Gesetzes zur Änderung der Insolvenzordnung, des Kreditwesengesetzes und anderer Gesetze, in Neue Zeitschrift für Insolvenzrecht (NZI) 2004, S.521; |
| Stephan, Guido | InsO-Änderungsgesetz 2005 – Die Auswirkungen eines Gesetzes zur Änderung der Insolvenzordnung, des Kreditwesengesetzes und anderer Gesetze auf das Insolvenzverfahren natürlicher Personen, in Zeitschrift für Verbraucher- und Privatinsolvenz (ZVI) 2004, S.505; |
| Terhart, Peter | Chapter 11 Bankruptcy Code: Eine Alternative für Deutschland, Dissertation, 1995, Frankfurt; |
| Tettinger, Peter/ Wank, Rudolf | Kommentar zur Gewerbeordnung, 6.Aufl., 1999, München; |
| Tetzlaff, Christian | Kurzkommentar zu AG Köln, Beschluss vom 14.04.2003 – 71 IN 25/02 = Neue Zeitschrift für Insolvenzrecht 2003, S.387, in Entscheidungen im Wirtschaftsrecht (EWiR) 2003, S.1151; |
| Tetzlaff, Christian | Entstehung von Masseverbindlichkeiten durch das Handeln des Schuldners in der Insolvenz der natürlichen Person, in Zeitschrift für Verbraucher- und Privatinsolvenzrecht (ZVI) 2002, S.309; |
| Tetzlaff, Christian | Die Abwicklung von Insolvenzverfahren bei selbständig tätigen natürlichen Personen, in Zeitschrift für Verbraucher- und Privatinsolvenzrecht (ZVI) 2004, S.2; |

Thomas, Heinz/ Putzo, Hans — Kommentar zur Zivilprozessordnung, 23.Aufl., 2001, München;

Tröndle, Herbert/ Fischer, Thomas — Kommentar zum Strafgesetzbuch und Nebengesetze, 51. Aufl., 2003, München;

Uhlenbruck, Wilhelm — Insolvenzrechtliche Probleme der vertragsärztlichen Praxis, Zeitschrift für Verbraucher- und Privatinsolvenzrecht (ZVI) 2002, S.49;

Uhlenbruck, Wilhelm — Mit der Insolvenzordnung 1999 in das neue Jahrtausend, in Neue Zeitschrift für Insolvenzrecht (NZI) 1998, S.4;

Uhlenbruck, Wilhelm — Chancen und Risiken eines plangesteuerten Insolvenzverfahrens als Eigenverwaltung, in Festschrift Metzeler, S.85, 2003;

Uhlenbruck, Wilhelm — Die Verwertung einer freiberuflichen Praxis, in Festschrift Henckel, S.877, 1995;

Uhlenbruck, Wilhelm — Gerichtliche oder außergerichtliche Sanierung? – Eine Schicksalsfrage notleidender Unternehmen, in Betriebsberater (BB) 2001, S.1641;

Uhlenbruck, Wilhelm — Sanierung und Reorganisation als drittes Insolvenzverfahren in einem künftigem Recht, in Konkurs, Treuhand, Sanierung (KTS) 1981, S.513;

Uhlenbruck, Wilhelm/ Bearbeiter — Kommentar zur Insolvenzordnung, 12. Aufl., 2003, München, zit.: *Bearbeiter* in Uhlenbruck;

v. Gleichenstein, H. — Die Altersvorsorge Selbständiger in der Insolvenz, in Zeitschrift für Verbraucher- und Privatinsolvenzrecht (ZVI) 2004, S.149;

v. Leoprechting, G. — Insolvenzplan scheitert im Praxistest, in Deutsche Zeitschrift für Wirtschafts- und Insolvenzrecht (DZWIR) 2000, S.67;

Vallender, Heinz — Die Arztpraxis in der Insolvenz, in Festschrift Metzeler, S.21, 2003;

Vallender, Heinz — Eigenverwaltung im Spannungsfeld zwischen Schuldner- und Gläubigerautonomie, in Wertpapiermitteilungen (WM) 1998, S.2129;

| | |
|---|---|
| Vallender, Heinz | Rechtliche und tatsächliche Probleme bei der Abwicklung der Arztpraxis in der Insolvenz, in Neue Zeitschrift für Insolvenzrecht (NZI) 2003, S.530; |
| Vallender, Heinz | Die bevorstehenden Änderungen des Verbraucherinsolvenz- und Restschuldbefreiungsverfahrens auf Grund des InsOÄndG 2001 und ihre Auswirkungen auf die Praxis, in Neue Zeitschrift für Insolvenzrecht (NZI) 2001, S.561; |
| van Zwoll, Christiane | Anmerkung zu AG Köln, Beschluss vom 15.04.2003 – 71 IN 25/02, in Gesundheitsrecht (GesR) 2003, S.329; |
| Vogt, Matthias | Sanierungsplan, Eine Darstellung innerhalb und außerhalb des Insolvenzrechts, Dissertation, 1999, Köln; |
| Voigt, Joachim/ Gerke, Lars | Die insolvenzfreie selbständige Arbeit, in Zeitschrift für das gesamte Insolvenzrecht 2002, S.1054; |
| Wegener, Burkhard/ Köke, Jens | Der Bestand der Forderungszession niedergelassener Ärzte in der Insolvenz, in Zeitschrift für Verbraucher- und Privatinsolvenzrecht (ZVI) 2003, S.382; |
| Weintraub, Benjamin/Resnick, Alan | Bankruptcy Law Manual, 1986, Boston u.a.; |
| Wellensiek, Jobst | Ein Jahr Insolvenzordnung – Erste Praxiserfahrungen mit dem neuen Recht, in Betriebsberater (BB) 2000, S.1; |
| Wellensiek, Jobst | Sanieren oder liquidieren? Unternehmensfortführung und –sanierung im Rahmen der neuen Insolvenzordnung, in Wertpapiermitteilungen (WM) 1999, S.405; |
| Wimmer, Klaus (Hrsg.)/Bearbeiter | Frankfurter Kommentar zur Insolvenzordnung, 3.Aufl., 2001, Neuwied, zit.: *Bearbeiter* in FK; |
| Wittig, Arne | Beseitigung der Insolvenzgründe mit Bankbeiträgen als Voraussetzung der freien Unternehmenssanierung, in Neue Zeitschrift für Insolvenzrecht (NZI) 1998, S.49; |
| Wollny, Paul | Unternehmens- und Praxisübertragungen, 5.Aufl., 2001, Herne; |
| Wutzke, Wolfgang | Der fehlgeplante Plan – Aspekte der praktischen Undurchführbarkeit von Insolvenzplänen, in Zeitschrift für das gesamte Insolvenzrecht (ZInsO) 1999, S.1; |

| | |
|---|---|
| Zeller, Roman/ Wlecke, Ulrich | Die ungenutzte Sanierungsalternative, in Frankfurter Allgemeine Zeitung, Nr.153/2004 vom 05.07.2004, S.18; |
| Zöller, Richard/ Bearbeiter | Kommentar zur Zivilprozessordnung, 23.Aufl., 2002, Köln, zit.: *Bearbeiter* in Zöller; |

Oliver Wiegmann

# Grund, Grenzen und Wirkungsweise des § 105 InsO

Frankfurt am Main, Berlin, Bern, Bruxelles, New York, Oxford, Wien, 2004. 174 S.
Schriften zum Wirtschaftsrecht, Steuerrecht und Zivilprozeßrecht.
Herausgegeben von Jürgen Costede. Bd. 14
ISBN 3-631-52364-5 · br. € 39.–*

Die Behandlung noch nicht vollständig erfüllter gegenseitiger Verträge nach Eröffnung des Insolvenzverfahrens gehört zu den meistdiskutierten Fragestellungen des Insolvenzrechtes. § 105 InsO ordnet in diesem Zusammenhang an, dass die Vertragspartner des Schuldners ihren Leistungsanspruch wegen bereits erbrachter Teilleistungen stets nur als Insolvenzgläubiger geltend machen können, auch wenn der Insolvenzverwalter wegen der noch ausstehenden Leistungen die Erfüllung des Vertrages verlangt. Die Arbeit untersucht, inwieweit die mit der Regelung beabsichtigten Zielsetzungen erreicht werden können und beleuchtet insbesondere die Frage der Teilbarkeit der Leistung sowie die Anwendung des § 105 InsO auf unterschiedlichste Vertragstypen.

*Aus dem Inhalt*: Praktische Bedeutung des § 105 InsO · Entstehungsgeschichte und Gesetzeszweck des § 105 Satz 1 InsO · Voraussetzungen des § 105 Satz 1 InsO · Rechtsfolge des § 105 Satz 1 InsO, § 105 Satz 2 InsO

FSC
www.fsc.org
MIX
Papier | Fördert
gute Waldnutzung
FSC® C083411

Kolibri 360 GmbH
Ferdinand-Jühlke-Straße 7
99095 Erfurt, Deutschland
produktsicherheit@kolibri360.de

Druck:
CPI Druckdienstleistungen GmbH
im Auftrag der
Kolibri 360 GmbH
Ferdinand-Jühlke-Str. 7
99095 Erfurt